"十二五"普通高等教育本科国家级规划教材配套教材
国家卫生和计划生育委员会"十二五"规划教材配套教材
全国高等医药教材建设研究会"十二五"规划教材配套教材
全国高等学校配套教材

供8年制及7年制("5+3"一体化)临床医学等专业用

细胞生物学
实验指导

主　编　刘艳平

副主编　赵俊霞　项　荣　涂知明　刘晓颖

编　者　(按姓氏笔画排序)

王彦玲(河北医科大学)　　　　　　杨　娟(西安交通大学医学院)

刘　丽(河北医科大学)　　　　　　郑　红(郑州大学基础医学院)

刘艳平(中南大学生命科学学院)　　周叶方(中南大学生命科学学院)

刘晓颖(安徽医科大学生命科学学院)　周娜静(河北医科大学)

闫小毅(浙江大学医学院)　　　　　项　荣(中南大学生命科学学院)

李　杰(中南大学生命科学学院)　　封青川(郑州大学基础医学院)

李　敏(浙江大学医学院)　　　　　赵俊霞(河北医科大学)

陈　辉(郑州大学基础医学院)　　　贺　颖(郑州大学基础医学院)

吴茉莉(大连医科大学基础医学院)　涂知明(华中科技大学生命科学与技术

张树冰(中南大学生命科学学院)　　　　　 学院)

人民卫生出版社

图书在版编目(CIP)数据

细胞生物学实验指导 / 刘艳平主编. —北京：人民
卫生出版社，2015
ISBN 978-7-117-21419-3

Ⅰ. ①细…　Ⅱ. ①刘…　Ⅲ. ①细胞生物学－实
验－高等学校－教材　Ⅳ. ①Q2-33

中国版本图书馆 CIP 数据核字(2015)第 239398 号

人卫社官网　www.pmph.com	出版物查询，在线购书	
人卫医学网　www.ipmph.com	医学考试辅导，医学数据库服务，医学教育资源，大众健康资讯	

细胞生物学实验指导

主　　编：刘艳平
出版发行：人民卫生出版社（中继线 010-59780011）
地　　址：北京市朝阳区潘家园南里 19 号
邮　　编：100021
E - mail： pmph @ pmph.com
购书热线：010-59787592　010-59787584　010-65264830
印　　刷：三河市潮河印业有限公司
经　　销：新华书店
开　　本：787×1092　1/16　印张：11　插页：1
字　　数：282 千字
版　　次：2015 年 12 月第 1 版　2015 年 12 月第 1 版第 1 次印刷
标准书号：ISBN 978-7-117-21419-3/R·21420
定　　价：25.00 元

打击盗版举报电话：010-59787491　E-mail：WQ @ pmph.com
（凡属印装质量问题请与本社市场营销中心联系退换）

2014年3月,全国高等医药教材建设研究会和人民卫生出版社联合在北京召开了"全国高等学校八年制临床医学专业第三轮规划教材主编人会议"。此次会议确定第三轮修订在前一版的基础上进一步优化,在主干教材的基础上,配套编写"实验指导/实习指导"、"学习指导及习题集"。

本实验指导是根据"北京会议"精神,结合细胞生物学学科特点编写而成。本书共分为六篇,第一篇显微镜技术,含五个实验,主要从普通光学显微镜、相差显微镜、荧光显微镜、电子显微镜、显微摄影介绍显微镜的使用和相关细胞结构的观察;第二篇细胞结构及成分的显示,含五个实验,主要介绍了光学显微镜下线粒体、中心体、液泡、核仁、DNA、RNA等结构和成分的观察;第三篇亚细胞结构的分离与鉴定,含两个实验,主要介绍了分离单个细胞及细胞内细胞核、线粒体、微粒体、脂蛋白等结构成分的方法;第四篇细胞培养,含三个实验,主要介绍了细胞的原代、传代培养技术和小鼠胚胎干细胞的培养方法、以及细胞的计数与显微测量的方法;第五篇细胞分子生物学和细胞遗传学技术,含四个实验,主要从细胞分子生物学的水平介绍了DNA、RNA、蛋白质的分析方法,从细胞遗传学的水平介绍了染色体的制备、观察及核型分析的方法;第六篇细胞功能实验,含九个实验,主要介绍了细胞运动、细胞骨架、细胞膜的功能、细胞增殖、细胞衰老与死亡、细胞周期和细胞分裂、细胞信号转导等细胞功能研究中常用的方法。每一个实验都由实验目的要求、实验用品、实验内容和方法、作业和思考题等部分构成,对实验原理、技术方法、相关试剂的配制及注意事项等都有详细地阐述;而且,每个大实验又由几个小实验组成,力求全面地将相关实验和技术融合在一起,如实验一中就包括了普通光学显微镜的使用、细胞形态的观察、临时玻片的制作等几个内容。使用学校可以根据课程教学内容、设备条件和教学时数等实际情况进行选择性开设。

本书在编写过程中虽然力求完善,但由于作者水平有限,书中难免有不妥之处,敬请老师和同学们批评指正,以便进一步修改和完善。

刘艳平

2015年5月

目　录

第五篇　细胞分子生物学和细胞遗传学技术

第六篇　细胞功能实验

第一篇　显微镜技术

引　言

显微镜是细胞生物学研究领域的科技工作者观察了解各种细胞和微观结构所必需的研究工具。根据人眼睛的生理结构及其几何光学性质计算得知,人的裸眼不能直接观察到比0.2毫米更小的物体或物质的结构细节。然而普通光学显微镜的发明,使人类的视觉得以延伸,借此人们可以观察到像细菌、细胞那样小尺寸的物体。普通光学显微镜是引领人们进入微观世界的第一代视觉扩展工具。17世纪末,列文·虎克研制成功了第一台光学显微镜。但由于光波经透镜组合要产生衍射效应,普通光学显微镜即使没有任何像差,它的分辨本领也要受到衍射的限制,使得普通光学显微镜的分辨率不会很高。

在普通光学显微镜的基础上,人们根据光的波粒二象性,对早期的普通光学显微镜进行了各种改造,现在根据被观测对象、放大倍数、分辨率、精密程度、用途以及目的要求的不同,显微镜可以分为很多不同种类。除了普通光学显微镜外,还有倒置显微镜,相差显微镜,荧光显微镜,电子显微镜等。

细胞生物学实验课的教学目的,主要是通过基本技能训练及观察分析实验结果,使学生了解掌握有关的实验技术原理和操作方法,进而提高学生动手实践、观察分析和解决问题的能力。本篇主要是关于各种显微镜的原理和使用方法,通过对本篇的学习和实践,必须掌握普通光学显微镜,相差显微镜,荧光显微镜,电子显微镜等的成像原理、基本构造,以及正确的使用方法。为日后的专业课学习和实际科研工作打下基础。

第一篇共设计五个实验。第一个实验是普通光学显微镜,内容包括显微镜的使用,细胞形态的观察和临时玻片的制作等,普通光学显微镜适合观察各种动植物细胞,组织切片,还有各种肉眼无法看到的微生物。实验二是相差显微镜,相差显微镜能够改变直射光或衍射光的相位,并且利用光的衍射和干涉现象,把相差变成振幅差(明暗差),同时它还吸收部分直射光线,以增大其明暗的反差。因此可用以观察活细胞或未染色标本。本实验主要内容是关于如何使用相差显微镜观察活的细胞。实验三是荧光显微镜,主要内容是关于荧光显微镜的使用和免疫荧光染色的方法。荧光显微镜是免疫荧光组织化学的基本工具,是细胞生物学实验和研究中的重要仪器之一。荧光显微镜是利用一个高发光效率的点光源,经过滤色系统发出一定波长的光作为激发光,激发检测标本内的荧光物质发射出各种不同颜色的荧光后,通过物镜和目镜系统的放大以观察标本的荧光图像的光学显微镜。利用荧光显微镜可以看见荧光所在的细胞或组织,从而确定抗原或抗体的性质和定位,以及利用定量技术测定含量。由于免疫荧光组织化学的特异性、快速性和在细胞水平定位的准确性,已在细胞生物学、免疫学、微生物学、病理学、肿瘤学以及临床检验等许多方面得到广泛应用,发挥了重要的作用。实验四是电子显微镜(电镜),细胞生物学的形成和发展与电镜的应用有着极为密切的关系。人们借助电镜在细胞中发现了在光镜下无法看到的许多精细结构,这些细胞超微结构的阐明对人类认识细胞中各种生命活动的规律以及各种结构与功能的关系有重要意义,电子显微镜是细胞生物学等众多领域的强有力的研究工具,获得了越来越广泛的应用。电镜的出现,大大地推进了细胞超微结构的研究,使人们发现内质网、溶酶体、核糖体等多种细胞器,同时,对质膜、细胞核和线粒体等细胞器的细微构造有更深刻的认识。从电子显微镜诞生至今的几十年的时间里,电子显微术有了惊人的进展,电子显微镜技术一直是研究物质微细结构的重要手段。目前已经发展成为电子显微镜科学,它包括电镜的设计与制造、电镜样品的制备及电子显微镜图像的分析、处理等方面的内容。目前,除了性能十分完善的透射式电镜外,还有许多不同类型的电镜被应用于细胞生物学及其他研究领域,如扫描式电镜、高压电镜、超高压电镜、分析电镜、全息电镜和扫描透射电镜等。本实验主要内容是关于电镜的原理及使用,包括透射式电子显微镜(transmission electron microscope,TEM)和扫描式电子显微镜(scanning electron microscope,SEM)。还为此专门介绍了两种电镜动物标本样品的制备。实验五是显微摄影。显微摄影术是一种利用显微照相装置,把显微镜视野中所观察到物件的细微结构真实地记录下来,以供进一步分析研究之用的一种技术。它在科学研究中,尤其是医学、生物学研究领域中已成为一项常规又不可缺少的研究技术之一。

(涂知明)

实验一　普通光学显微镜的使用及细胞形态的观察

显微镜是由一个透镜或几个透镜组合构成的一种光学仪器,它将一个全新的微观世界展现在人类面前。人们第一次看到了数以百计的"新的"微小动物和植物细胞,以及各种生物细胞的内部构造。显微镜还有助于科学家发现新物种,也有助于疾病的诊断和治疗。本实验主要包括普通光学显微镜的构造及使用、临时玻片的制作与观察、细胞的基本形态与结构观察三个部分。

一、普通光学显微镜的构造及使用

(一)实验目的和要求

1. 熟悉普通光学显微镜的基本构造和性能。
2. 初步掌握显微镜的使用技术。

(二)实验用品

1. **材料**　擦镜纸、纱布、镜油瓶或二室瓶。
2. **器材**　普通光学显微镜(双目镜筒或单目镜筒类型)。
3. **试剂**　无水乙醇、乙醚、香柏油。

(三)实验内容与方法

光学显微镜统称光镜。它是借助光所形成的像来观察并研究物体细微结构的精密光学仪器,是医学教学、临床工作及科学研究诸领域中广泛使用的重要观测工具。

1. **显微镜的构造及性能**　光学显微镜由机械部分、照明部分和光学部分构成。

(1)机械部分:由精密而牢固的零件组成,包括如下构造:

镜座:是显微镜的基座,位于最底部。通常呈长方形或马蹄形,用以支持和稳固镜体,其上装有照明部分的反光镜。

镜柱:是镜座上方垂直的柱形粗大部分,上端与弯曲的镜臂相连。在其两侧有突出的圆形螺旋,为调节器。

镜臂:紧接镜柱顶部并向前弯曲,上端与镜筒相连,也是取用显微镜时手握之处。

镜筒:是连于镜臂前或上方的结构,呈圆筒状或矩形,顶部装有目镜(单目或双目)。

镜台(载物台):与镜柱相连,为一块方形(或圆形)平板,用以放置标本。镜台中央有一圆形通光孔,由反光镜反射来的光线经此孔射向标本。镜台上装有推进器。

推进器:位于镜台后部。在镜台左下方有上下两个同轴螺旋,转动时,可使推进器前后或左右移动。推进器上装有可动的弹簧夹,用于固定玻片标本。

游标尺:推进器后方与侧面上有纵横游标尺,用以测量标本在视野中的位置和长度。它由主标尺m和副标尺n组成。主标尺刻有1mm的分度;副标尺刻有9/10mm的分度,读数为0.1mm。使用时首先看副标尺"0"的位置,然后看与主标尺相重叠的一致点,副标尺"0"的位置在

12mm与13mm之间,而副标尺的8与主标尺的20完全重合在一起,则得知读数为12.8mm。

调节器:是装在镜柱上的大小两种螺旋,转动时可使载物台或镜臂镜筒上下移动,以调节物镜和标本之间的距离,即调节焦距。

粗调节器转动时上下移动范围较大,能迅速调节物镜与标本的距离,使物像呈现于视野中。一般用于低倍镜调焦。

细调节器转动时升降幅度小,一般在用粗调节器调焦的基础上或在使用高倍镜或油镜时,用它做比较精确的调节,从而得到完全清晰的物像,并能观察标本不同层次和不同深度的结构。在细调节器上有刻度,用以测量物体的厚度,在OLYMPUS-CHC型镜的细调节器上有180个刻度,一个刻度为2.5 μm。

在左侧粗调节器与镜柱之间有一窄环,称为松紧调节。可控制调节器的松紧(松紧已调好,勿轻易调动)。

在右侧粗调节器与镜柱之间有一具小柄的窄环,此柄为粗调限位柄,可使粗调节器限定镜台只能在一定范围内升降,此环已锁好,初学者勿动。

旋转盘(物镜转换器):连于镜筒下端,为一凸形圆盘,可以自由地左右转动,其下方有3~4个螺旋口,可按顺序装上不同放大倍数的物镜。当物镜转到工作位置时(即与光轴合轴),即发出"咔"的声音,否则无法观察标本。请勿随意拆卸物镜。

(2)照明部分:在载物台下方装有一套照明装置,由反光镜、聚光器、光阑组成。其照明亮度的选择可根据物镜的不同放大倍数、所观察标本的透明度及厚度而定。

反光镜:是装在镜座上的小圆镜,有平、凹两面,可向任意方向转动。用以把光源的光线反射入聚光器中,再经过通光孔照明标本。反光镜的凹面镜聚光能力强,适于光线较弱时使用,在光线较强时,宜选用平面镜。在使用平面镜时,有时会在视野内出现窗框或窗外景物,可将聚光器略下降以消除物象的干扰。

聚光器:位于镜台通光孔下方,由一组透镜组成,可将光线汇集成束,以增强照明作用。会聚后的光线经通光孔射至标本上。在聚光器的侧下方(右或左侧)有一小螺旋,转动时可升降聚光器。上升时光线强,下降时则光线弱。

光阑(光圈):位于聚光器下方,由一组金属薄片组成。其侧面有一小黑柄,移动时可使光阑开闭。当光阑开大,则光线较强,适于观察色深标本;光阑缩小,则光线较弱,适于观察透明(或无色)的标本。

光源:可以是天然光源或电光源,随情况而定。使用电光源的,在镜臂或底座侧面有电源开关及光源亮度调节钮,可根据不同需要如标本种类、染色方法的不同等来调节、选择光的亮度。

(3)光学部分:由物镜和目镜组成。

物镜:是决定显微镜质量、分辨力和放大倍数最关键的光学部分。物镜壁上刻有主要性能参数,按放大倍数不同,分述如下:

低倍镜:镜筒最短,镜面直径最大。筒上刻有"10"或"10×"字样,即表示放大10倍。另刻有"0.25"字样为数值孔径(简写为"N.A."),可反映该物镜的分辨力之大小,数值愈大,表示分辨力愈高。

高倍镜:镜筒较低倍镜筒长,镜面直径较小。筒上刻有"40"或"40×"字样,即放大40倍。另刻有"0.65"及"0.17"字样,分别表示其N.A.及物镜要求的盖玻片厚度。

油镜:镜筒最长,镜面直径最小。筒上刻"100"或"100×"字样,即放大100倍。另刻有"HL"

表示油镜;"1.30"为N.A.值。

目镜:它将物镜放大形成的中间像进一步放大,便于观察,但它并不能提高显微镜的分辨力。目镜位于镜筒上端,可装有一个目镜(单目镜筒)或两个目镜(双目镜筒),其上刻有"10×"或"15×"等字样,表示其放大倍数。目镜通常由两个透镜组成,上面与眼接触的为接目透镜;下面的叫视野透镜(在镜筒内,可不观察)。目镜中装有一指针,可以指示视野中的某一部分,以便提问或讨论。

显微镜的总放大倍数的计算是目镜放大倍数与物镜放大倍数之积。如目镜为"10×",物镜为"40",则物体放大倍数为400倍。

2. 显微镜的使用方法

(1)低倍镜的使用方法

1)显微镜的提取与安放:使用时,打开镜箱,右手握住镜臂,左手托住镜座,保持平稳状态轻轻放在实验台上。如使用的为双目镜筒的显微镜应放在观察者的正前方;如使用的为单目镜筒的显微镜时,应放观察者的左前方。显微镜距桌沿约3~6cm。调节凳的高度,使眼与目镜接近,以便观察并保持姿势端正。

2)对光:转动旋转盘,使低倍镜对准镜台上的通光孔,当听到"咔"的轻微碰击声时,说明目镜与物镜的光轴一致。打开光阑,上升聚光器。两眼睁开,在目镜上观察,转动反光镜,使它朝向光源,直至目镜中视野范围内的光线均匀,亮度适宜为止。在连接电光源显微镜的电源插头与插座之前,请先检查显微镜的电源开关是否处于"关"或"0",以及光源亮度调节钮是否调到最小。插上电源后,可打开电源开关至"开"或"—",再将光源亮度渐渐转大,调节至适宜为止。

3)置片:取玻片标本,使有盖片的一面朝上(无盖片的标本应使有材料一面朝上),放在载物台上,用弹簧夹夹住。然后用左手转动推进器螺旋,将标本移至通光孔中央。

4)调焦:先从显微镜的侧面注视低倍镜,转动粗调节器使镜台上升至距标本0.5cm处,根据显微镜类型各取下述方法继续操作:

如使用单目镜筒:用左眼从目镜中观察视野,同时右眼要张开。再慢慢转动粗调节器,使镜台慢慢下降,直到视野中出现物像为止。

如使用双目镜筒:首先调节双目镜间的距离,使之与观察者的瞳孔距离一致。调节时分别用双手的拇指、食指把住目镜下黑色横板(双目镜筒间调节座)的边缘,向外拉或向内推,此时双目在两目镜上观察,直至看到一个大而明亮的视野为止,读出目镜筒间距数值。然后,旋转右镜筒长度补偿环的刻度值,使与双目镜筒间距数值一致并对准环下外侧的白色刻度线。再转动粗调节器,使镜台慢慢下降,直到右眼所观察的物像清晰。随后再旋转左镜筒长度补偿环,至物像清晰为止。通过以上操作,左右目镜的焦点已对好,此镜筒长就能保持物镜的放大倍数和同等焦距正确,并调节双目镜筒的距离和补偿观察者两眼的视度差。在操作时必须两眼张开,两手并用(右手操纵调节器,左手操纵推进器),并养成这种习惯。

(2)高倍镜的使用方法:先从低倍镜下看清物像并移到视野中央,然后可直接换用高倍镜观察。转换高倍镜时速度要慢,并从侧面观察,防止高倍镜碰撞玻片。转换好高倍镜后,从目镜上观察,慢慢转动细调节器(切勿用粗调节器,以防压碎玻片、损坏镜头),直至物像清晰为止。观察时如光线较弱,可调节照明系统,使光线适宜。如在视野内找不到物像,说明观察的目的物不在视野中央,或焦距不对,必须从低倍镜开始按上述过程重新操作。

(3)油镜的使用方法:把在高倍镜下观察的目的物,移至视野中央后,移开高倍镜,在玻片标本上滴一滴香柏油,眼睛从侧面注视镜头,轻轻转换油镜,使镜头浸在"油"中。观察时,只需略微转动细调节器,就能看清物像。

观察完毕后,转动旋转盘,移开油镜,转动粗调节器,使镜台下降,取下制片,在一张擦镜纸上滴加去油剂,擦净镜头上的香柏油,再另换一张干净擦镜纸再揩擦两次。有盖玻片的标本也按上法擦净,无盖玻片的标本不要擦。

(四)显微镜使用的注意事项与维护

显微镜是贵重的精密仪器,要做到正确而熟练地使用,应注意如下事项。

1. 操作时注意事项

(1)放置玻片标本时,应特别注意有材料的一面朝上,切勿反放。反放对低倍镜影响不大,但当换用高倍镜或油镜时,不但在视野内找不到物像,而且容易损坏物镜上的透镜及标本。

(2)掌握粗、细调节器的转动方向与镜台升降的关系,调焦时一定要从侧面注视,使镜台上升至0.5cm处,然后再下降,以免压坏标本和镜头。

(3)在使用双目镜筒观察时,首先要调好双目的瞳孔距离及镜筒长度补偿环的数值刻度。

(4)观察任何标本时,都应从低倍镜开始。使用高倍镜,也要先在低倍镜下找到物像,并将所要观察的部分移至视野中央,再调到高倍镜。如使用油镜,也要按先低倍镜后高倍镜再油镜的顺序进行。

(5)观察色深的标本适于用较强的光线,观察透明或色浅的标本适于用较弱的光线。

(6)观察时姿势要端正,两眼都张开。使用单目镜筒左眼观察,左手调节焦距,右眼和右手则用于绘图。

2. 显微镜的维护

(1)按要求拿取显微镜,切勿单手提取,前后摆动,以免碰坏或使部件脱落。

(2)显微镜离实验台边缘应保持一定距离,以免翻倒落地。

(3)使用前要检查,发现问题,立即报告老师。

(4)不得随意拆卸任何部件,不得转动已锁好的部件。

(5)显微镜用前用毕都应擦拭干净。机械部分用纱布揩擦;光学部分和照明部分用擦镜纸揩擦,不得用手摸或用其他物品擦拭。

(6)转换物镜时,应使用旋转盘,不得用力拨动物镜头。

(7)不得将临时制片的水或药品沾污镜头和镜台。

(8)使用完毕,应降下镜台,取下玻片标本,旋转转换器,使物镜离开通光孔,并使三个物镜均向前方。如有四个物镜,则使最低倍数的物镜对准通光孔。使反光镜镜面与镜柱平行,最后将各部分揩净,将显微镜放回原处。

(五)作业与思考题

1. 作业   简述显微镜的使用过程及注意事项。

2. 思考题

(1)使用显微镜时,是否光线愈强愈好?

(2)为什么在使用高倍镜或油镜时,必须从低倍镜开始观察,并把目标移至视野中央?

(3)显微镜下看到的物像是正像还是反像?物像与玻片的移动方向是否一致?

(4)光学显微镜由哪几部分构成?

(5)照明部分由哪几部分构成?

(6)当观察的时候,低倍镜下物像清晰,但一旦转为高倍镜,则不能观察到物像,排除显微镜本身的原因,请问故障在哪里? 这样有什么后果?

二、临时玻片的制作与观察

(一)实验目的和要求

1. 初步掌握临时制片的方法。
2. 进一步掌握显微镜的使用技术,学习生物显微绘图的方法。
3. 了解光镜下动植物细胞的基本形态结构。

(二)实验用品

1. **材料**　洋葱鳞茎、口腔黏膜上皮、大白鼠精子、蟾蜍或蛙血。
2. **器材**　光学显微镜、解剖刀、镊子、剪刀、解剖针、载玻片、盖玻片、牙签、吸水纸、擦镜纸、纱布。
3. **试剂**　2%碘液、Giemsa染液。

(三)实验内容与方法

1. **洋葱鳞叶表皮细胞制片与观察**　取一洗净的载玻片,以左手拇指及中指夹住载玻片的两端,右手拇指及食指夹住纱布(或擦镜纸),轻轻擦拭玻片的两面,直到透明为止。

盖玻片的擦拭方法与载玻片相同,但盖玻片小而薄,擦拭时须格外小心,用力要均匀,否则容易破碎。

在载玻片中央滴一滴清水,在洋葱地下茎鳞叶的内侧面(即凹的一面)有一层膜状的半透明的表皮,用镊子轻轻撕下2~3mm²大小的表皮一块,置载玻片水滴上,铺平,轻轻盖上盖玻片(加盖玻片的方法: 用镊子轻轻夹住盖玻片的一侧或用拇指、食指夹住两侧,使盖玻片的另一侧先接触水滴,然后逐渐放下盖玻片,至完全平放在标本上为止)。置显微镜下观察,先用低倍镜再用高倍镜观察,可见许多长柱状排列整齐,彼此相连的细胞,其内有时可见到圆形的核。

在盖玻片一侧的边缘加碘液1滴(注意: 不要将碘液加在盖玻片上),用吸水纸从相对的一侧吸水,引染液入盖玻片内,在低倍镜下选择一个较典型的细胞,移至视野中央,再转换高倍镜仔细观察以下结构:

(1)细胞壁(cell wall): 为细胞最外面的一层由纤维素组成的较厚的壁(它是植物细胞的重要特征之一)。细胞膜位于细胞壁内侧并与其紧密相贴,光学显微镜下不易分辨。

(2)细胞核(nucleus): 多位于细胞中部,染为深黄色的圆形或椭圆形结构,核内有一个或者几个颗粒状的核仁(nucleolus)。

(3)细胞质(cytoplasm): 是细胞膜与细胞核之间的区域,其中有时可看到点状或泡状的液泡。

2. **人口腔黏膜上皮细胞制片与观察**　在清洁的载玻片中央滴一滴碘液。用牙签的宽头轻刮自己口腔下唇的内侧或两侧颊部的上皮,将刮下的黏膜细胞洗于玻片碘液中(可能肉眼觉察不到),轻轻搅动,使细胞散开。盖上盖玻片,盖玻片与载玻片之间不能有气泡,也不能让碘液溢出盖玻片,如有多余的碘液,用吸水纸吸去。

将制好的临时玻片标本置于显微镜的载物台上,先用低倍镜观察,可见被染成黄色的细胞,成群或分散存在。选择完整而轮廓清楚没有重叠的细胞移至视野中央,再转高倍镜观察以下结构:

(1)细胞膜(cell membrane): 细胞呈扁平形,细胞的外面有一层薄膜叫细胞膜(如铺展不好,则细胞膜会出现皱褶)。

(2)细胞核: 位于细胞中部,染色较深,呈圆形或椭圆形,核中可见一致密的结构,即为核仁。

（3）细胞质：是细胞膜与细胞核之间的区域，染色较浅。

3. **大白鼠的精子涂片及观察**　取大白鼠的附睾头从中横切为两段，用镊子夹住，让切面在载玻片上轻轻涂（用力均匀不要太大，否则易使精子头部脱落）。待干后，用吸管吸入Giemsa染液，滴于涂片上，染色20分钟，用水冲洗，然后插入玻片板上，待干后进行观察。镜下可见，大白鼠的精子由头部、中部和尾丝三部分构成。

4. **蟾蜍（或蛙）血涂片的制备与观察**　将蟾蜍用乙醚麻醉后，剪开胸腔，打开心包，取心脏血滴一滴在洁净的载玻片一端，另取一块边缘平整的载玻片将血滴推成较薄的血涂片，晾干。先在低倍镜下，再用高倍镜观察。辨认红细胞，呈椭圆形，浅橙红色，中部可见一椭圆形的核（其他细胞不辨认）。

（四）作业与思考题

1. **作业**　绘口腔上皮细胞、洋葱表皮细胞图，并注明细胞各部分名称。

2. **思考题**　洋葱表皮细胞在光镜下，细胞核一般位于什么部位？什么形状？染成了什么颜色？

三、细胞的基本形态与结构观察

（一）实验目的和要求

1. 通过对不同形态动物细胞的观察，掌握光镜下细胞的基本形态结构。

2. 熟悉生物显微绘图的方法。

（二）实验用品

1. **材料**　蛙表皮玻片标本、神经细胞玻片标本、卵巢切片标本、人精子涂片标本、平滑肌装片标本。

2. **器材**　光学显微镜、永久装片、擦镜纸、纱布。

（三）实验内容与方法

使用显微镜观察以下不同形态的动物细胞：

1. **扁平上皮细胞**　取蛙表皮玻片标本，在低倍镜下观察，可见染成蓝绿色的薄膜，这是从蛙体表剥落下来的一层表皮。高倍镜下观察，可见染成深蓝色的圆形或椭圆形结构，这是细胞核，围绕细胞核的是细胞质，在细胞质的外围有深染的线条，分隔各个细胞，可见蛙表皮细胞为排列紧密的多边形细胞。

2. **圆形细胞**　取卵巢切片标本，置低倍镜下观察，在标本的外周部分可见到一些较普通细胞大很多的圆形卵细胞，呈红色。换高倍镜观察，可见卵细胞被染色较深的透明带包绕，透明带外又被染成紫红色的细胞围绕，称为放射冠。由于切片的原因，在视野中也可能看到没有经过细胞核的切面，因而只观察到细胞质而看不到细胞核。此外，成熟的卵细胞还可观察到卵泡腔（图1-1/文末彩图1-1）。

3. **蝌蚪形细胞**　取人精子涂片低倍镜观察，可见许多染成红色的小颗粒，即为人的精子，转换高倍镜观察，可观察到很多蝌蚪形的精子，着色较深的圆形部分为头部，内有细胞核。细长的部分称为尾部，在头部与尾部之间有很短的颈部，但在标本上不易区分。

4. **星形细胞**　取神经细胞染色标本在低倍镜下观察，可见许多分布不均匀，着色很深并呈不规则突起的神经细胞，然后换高倍镜观察（图1-2/文末彩图1-2）。

5. **梭形细胞**　取平滑肌分离装片标本观察，可见染成红色的呈梭形的细胞，此为平滑肌细胞，细胞中央染成淡蓝色的为细胞核，多呈圆形或椭圆形。

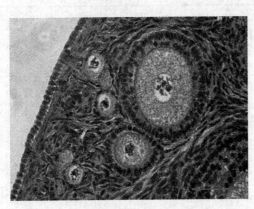

图1-1　兔卵巢部分结构示意图

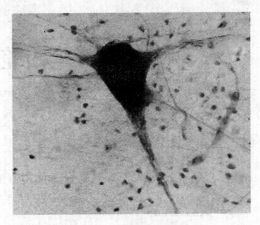

图1-2　猪神经细胞图

(四)作业与思考题

1. **作业**　绘所观察的各种细胞形态图,并注明各部分名称。
2. **思考题**　观察平滑肌分离装片标本,平滑肌细胞被染成什么颜色? 呈什么形状?

（项　荣　刘艳平）

实验二　相差显微镜的使用

一、实验目的和要求

掌握相差显微镜的原理、构造及其使用方法。

二、实验用品

(一)材料

载玻片、盖玻片、牙签、滤纸条、指甲油。

(二)器材

相差显微镜,包括相差物镜、转盘聚光器、调中合轴望远镜、绿色滤色镜等配件。

(三)试剂

蒸馏水或生理盐水。

三、实验内容与方法

(一)原理

光波有振幅(亮度)、波长(颜色)及相位(指在某一时间上光的波动所能达到的位置)的不同。当光通过物体时,如波长和振幅发生变化,人们的眼睛才能观察到,这就是普通显微镜下能够观察到染色标本的道理。而活细胞和未经染色的生物标本,因细胞各部微细结构的折射率和厚度略有不同,光波通过时,波长和振幅并不发生变化,仅相位有变化(相应发生的差异即相差),而这种微小的变化,人眼是无法加以鉴别的,故在普通显微镜下难以观察到。相差显微镜能够改变直射光或衍射光的相位,并且利用光的衍射和干涉现象,把相差变成振幅差(明暗差),同时它还吸收部分直射光线,以增大其明暗的反差。因此可用以观察活细胞或未染色标本。相差显微镜与普通显微镜的主要不同之处是:用环状光阑代替可变光阑,用带相板的物镜(通常标有"PH"的标记)代替普通物镜,并带有一个合轴用的望远镜。环状光阑是由大小不同的环状孔形成的光阑,它们的直径和孔宽是与不同的物镜相匹配的,其作用是将直射光所形成的像从一些衍射旁像中分出来。相板安装在物镜的后焦面处,相板装有吸收光线的吸收膜和推迟相位的相位膜,它除能推迟直射光线或衍射光的相位以外,还有吸收光使亮度发生变化的作用。调轴望远镜是用来进行合轴调节的。相差显微镜在使用时,聚光镜下面环状光阑的中心与物镜光轴要完全在一直线上,必需调节光阑的亮环和相板的环状圈重合对齐,才能发挥相差显微镜的效能。否则直射光或衍射光的光路紊乱,应被吸收的光不能吸收,该推迟相位的光波不能推迟,就失去了相差显微镜的作用。

1. **相差**　同一光线经过折射率不同的介质其相位发生变化并产生的差异。相位是在某一时间上,光的波动所达到的位置。但由于被检物体(如不染色的细胞)所能产生的相差太小,我们的眼睛很难分辨出这种差别的,只有变相差为振幅差(明暗之差),才能被分辨。当光波通过两种折射率不同的物质时,如由空气→水,或空气→玻璃,其波长、振幅和相位均有不同变化。

如光波通过1cm厚的水和1cm厚的玻璃时,由于两者折射率不同,通过它们的光波在相位上产生一定的差异。通过玻璃的光波相位落后,因为玻璃的密度和折射率比水大,所以光波的波长和频率都小于水。相差决定于光波通过介质的折射率之差及其厚度,等于折射率与厚度的乘积之差(光程之差)。介质越厚或折射率越大光波减速也越大,即相差显微镜就是利用被检物的光程之差进行镜检的(图2-1)。

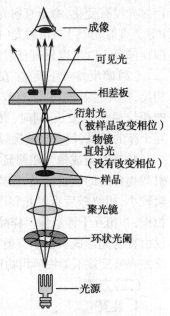

图2-1 相差显微镜的原理

2. **衍射与干扰** 肉眼看不见的相差,只要利用衍射和干涉现象,把相差变成明暗的振幅差就可能看见。

衍射:波在同一介质里传播是沿直线方向传播,如果在它传播的方向上,遇到迎面挡住的孔或障碍物不比它的波长大很多,这次波就会明显地绕到障碍物后面或孔的外面去(传播路线发生弯曲),这种现象叫做波的衍射。

干涉:在同一种媒质里传播的两列波,如果频率与波长同,在两列波相交的区域里,由于叠加的结果,每一点的合振幅都是一定的,并且出现振动加强或减弱,这就是波的干涉现象。光通过小颗粒的物体后产生直射光和衍射光,衍射光的光波振幅小,相位滞后。在光学系统中,这两种光相遇或光的叠加,振幅发生变化,光线或明或暗,这就是光的干涉现象。如果物体粒子是折射率稍大于周围媒质的极小的透明体时,由于光程(折射率与厚度的乘积)比较大,所以通过粒子的光比周围的光在相位上有所推迟。这是因为被检粒子的衍射光相位比折射光相位大约迟1/4波长的缘故。若是在直射光的通过点和大部分的衍射光的通过面放置吸收光的物质或推迟相位的物质时,就能分别改变直射光和衍射光的相位和振幅。如果把直射光相位推迟1/4波长,使与衍射光保持同一相位,合成波(P)等于直射光(S)与衍射光(D)的振幅之和(P=S + D),振幅加大,亮度提高。相反地,把衍射光相位推迟1/4波长,两者的相差变为1/2波长,合成波的振幅等于两波的振幅差(P=S − D),这时亮度减弱变暗。光线的相位肉眼是看不见的,但利用衍射和干涉的现象把相位差变为振幅差(明暗反差)就能用肉眼识别。衍射光的相位比直射光推迟1/4波长,合成波由两者干涉而生成,形成被检物体的像,振幅与S同,相位稍延迟。

3. **相板的作用** 为了达到相差效应,在相差显微镜的物镜中,装有由光学玻璃制成的相板。在圆形相的平面上,有一圈与周围(里外)相板厚度不同的或凸或凹的圆环。相板分两部分:

共轭面:通常为环状,是直射光通过部分。其环是凸起的,也可能是凹陷的。

补偿面:共轭面内外两侧部分,是通过衍射光的部分。

在相板的共轭面和补偿面上,涂有改变光波相位或吸收光线的物质,当光线通过时,使光波的相位或振幅改变,从而达到不同目的的观察效果。利用相板把光波相位推迟,振幅改变。相板的作用,除推迟直射光和衍射光的相位之外,还有吸收光,使亮度改变。物镜的后焦点位于透镜中间而相板位于物镜的后焦面上,所以,相板也安装在透镜中间。

不同种类的相板对光吸收率不同,产生不同的反差效果,从反差上可分成两大类:

(1)**明反差或负反差**:在相差显微镜的视场中,物象亮度大于背景亮度的现象。在被检物体的折射率大于媒质时,被相板的共轭面(因为在共轭面上涂有改变相位和吸收光的物质)推迟1/4波长,同时吸收80%→90%,振幅变小,致使仅由直射光照射的背景变暗。通过补偿面的衍射光没有变化,由于直射光推迟1/4波长,两者(直射光与衍射光)有完全相同的相位,合成波P等于直射光(S)与衍射光(D)之和(P=S+D),故振幅加大。物像是这两种波的合成波造成,即物像等于P,所以只有直射光照射的背景亮得多。

（2）暗反差或正反差: 在相差显微镜的视场中,背景亮度大于物像亮度的现象。与明反差相反,把通过补偿面(涂有改变直射光相位的物质)的衍射光推迟1/4波长,使衍射光与直射光的相位相差1/2波长,同时,直射光在共轭面(涂有吸光物质)被部分吸收。由于两者在像点相互干涉的结果,使合成波振幅变小,被检物的影像比背景变暗。

4. 光路与成像　相差显微镜的照明光束,由转盘聚焦器环状光阑的环状孔射入聚光镜,投射载物台上的被检样品,经样品后,入射光除投射的直射光外,同时产生衍射光。衍射光的振幅较小,相位滞后直射光和衍射光进入物镜,前者由环状的共轭面、后者由较大的补偿面透过相板,并相互干涉造像。样品的影像由直射光(S)和衍射光(D)经干涉后的合成波造成,背景仅由直射光形成。由于直射光和衍射光两种光波的相位差异不同造成不同的反差效果,或明反差或暗反差不等视所用物镜的相板类型而定。

（二）方法

1. 装置

（1）相差物镜: 在相差物镜内的后焦面上装有不同的相板,造成视场中被检样品影像与背景不同的明暗反差。

物镜在明暗反差上可区分为两大类: 即明反差(B)或负反差(N)物镜和暗反差(D)或正反差(P)物镜,标志在物镜外壳上,并兼有高(H)、中(M)、低(L)等不同反应。有的相差显微镜用"PH"字样表示。相差物镜多为消色差物镜或平场消色差物镜。

（2）转盘聚光器: 由聚光镜和环状光阑构成。环状光阑位于聚光器之下,由不同大小的环状通光孔构成,环状光阑的环宽与直径各不相同,与不同放大率的相差物镜内的相板相匹配,不可滥用。转盘前端朝向使用者一面有标示窗(孔),转盘上的不同部位有0、1、2、3和4或0、10、20、40和100字样。0表示非相差的明视场的普通光阑;1或10、2或20、3或30、4或100,表示与相应放大率的相差物镜相匹配的不同规格的环状光阑的标志。

（3）合轴调中望远镜(CT): 又名合轴调中目镜,作为环状光阑的环孔(亮环)与相差物镜相板的共轭面环孔(暗环)的调中合轴与调焦之用。使用时,转盘聚光器的环状光阑与相差物镜必须匹配,且环状光阑的环孔与相差物镜相板的共轭面环孔在光路中要准确合轴,并完全吻合或重叠,以保证直射光和衍射光各行其道,使成像光线的相位差转变为可见的振幅差。

（4）绿色滤色镜: 从色差的消除情况看,分为多束消色差物镜或PL物镜。消色差物镜的最佳清晰范围的光谱区510~630nm。欲提高相差显微镜性能最好以波长范围小的单色照明,故在光路上加用透射光线波长为500~600nm左右的绿色滤色镜,使照明光线中的红、蓝光被吸收,只透过绿光,可提高物镜的分辨能力。

2. 安装方法与步骤

（1）相差装置的安装: 相差显微镜区别于普通显微镜的装置主要有相差物镜、转盘聚光器、合轴调中目镜和绿色滤色镜四种部件。

相差物镜的安装: 从物镜转换器上拆下普通物镜,旋入相差物镜,与普通目镜配套使用。

转盘聚光器的调换安装: 旋转聚光器升降螺旋,把普通明视场聚光器调至最低位,放松固紧螺丝,卸下普通显微镜使用的聚光器。把转盘聚光器安放到相应位置上,旋紧固紧螺丝,转动聚光器升降螺旋,使其升至最高位置,标示孔朝向操作者。将环状光阑装在聚光器支架上,把绿色滤光片放在上面。再从转换器上旋下普通物镜,换上相差物镜。

聚光器调中转盘聚光器调换安装后,要进行合轴调中,使聚光器的光轴与显微镜的主光轴合一。

（2）方法:

1）旋转集光器转盘的环状光阑,将"0"位对准标示孔,使普通聚光器的明视场照明用的普通可变光阑进入光路。

2）旋转聚光器升降螺旋,升至最高位。

3）打开光源,使视场明亮。

4）把被检样品放到载物台上,用低倍(×4)物镜聚焦。

5）缩小镜座上的视场光阑开口,至最小。

6）从目镜观察,在视场中可见一缩小的、明亮的、多角形的视场光阑图像。

7）转动转盘聚光器的两个调中杆,推动聚光器,把视场中明亮的多角形的视场光阑图像,调至视场中央。

8）开放视场光阑至视场同大,两者周边完全重合。否则,重新调中。

（3）相板圆环与环状光阑圆环的合轴:拔出目镜,插入合轴望远镜,一边从望远镜内观察,并用左手固定其外筒;一边用右手转动望远镜内筒使其下降,当对准焦点就能看到环状光阑的亮环和相板的黑环,此时可将望远镜固定住。再升降集光器并调节其下的螺旋使亮环的大小与黑环一致,然后左右前后调节环状光阑聚光器上的调节钮,使两环完全重合,如亮环比黑环小而位于内侧时,应降低集光器使亮环放大;反之,则应升高聚光器,使亮环缩小。如若升到最高限度仍不能完全重合,则可能是载玻片过厚之故,应更换。合轴调整完毕,抽出望远镜,换回目镜,按常规要领进行观察。在更换不同倍率的相差物镜时,每一次都要使用相匹配的环状光阑和重新合轴调整。使用油镜时,集光器上透镜表面与载玻片之间要同时加上香柏油。在视场中看见环状光阑为一明亮的圆环,而相板的圆环为一暗环,使用时两者要合轴,互相重叠。

方法:

1）相差物镜与环状光阑的匹配,如×40相差物镜的环状光阑转向Ph3或40,使相应的环状光阑进入光路。

2）把CT放入目镜筒,观察视场中明环与暗环图像。

3）聚焦,转动CT目镜可调部分至清晰地看见明暗环。

4）与暗环的调中重叠,相板的暗环是固定不动的,处于光路之中,暗环的中心。环状光阑的亮环可调节。

3. 实验操作步骤

（1）取一张洁净的载玻片,滴一滴生理盐水或蒸馏水,用牙签刮自己的口腔黏膜少许与水混匀,盖上盖玻片。

（2）×10相差物镜旋入光路。

（3）将相应于×10相差物镜的聚光器环状光阑移入光路中,完全打开聚光器孔径光阑。

（4）将样品置于载物台上,聚焦样品。

（5）调节聚光器。

（6）观察物镜后焦面,调节环状光阑的像和相板中圆环互相吻合。具体方法:取下一个目镜,插入聚焦望远镜,转动望远镜的接目镜,直到在望远镜中观察到清晰的环状光阑和相板的像。

（7）如果换用高倍相差物镜观察,需要移入相应的高倍聚光器环状光阑,重复以上调节步骤。

(三)结果

在相差显微镜下观察活细胞,可清楚地分辨细胞的形态,细胞核、核仁以及胞质中存在的颗粒状结构。

四、作业与思考题

(一)作业

1.绘制一个相差显微镜下观察到的活细胞图。

2.为什么相差显微镜可以直接观察活体样品?

(二)思考题

1.相差显微镜由哪些部件构成?画出其光路图。

2.概述相差显微镜的调焦方法。

3.概述明反差与暗反差相板的构成及其原理。用明反差与暗反差物镜分别观察同一物体,阐述其物像的区别。

4.为什么相差显微镜要用绿色滤色镜?

（涂知明）

实验三　荧光显微镜的使用和细胞的荧光染色

一、荧光显微镜的使用

(一)实验目的和要求

1. 掌握荧光显微镜的原理和用途。
2. 掌握荧光显微镜的调校和使用方法。

(二)实验用品

1. **材料**　口腔黏膜上皮细胞临时制片或任何一种培养细胞(如人肝癌细胞,Hela细胞等)片。

2. **器材**　荧光显微镜、牙签、载玻片、盖玻片、滴管、吸水纸、擦镜纸、三角烧瓶(25~50ml)、冰及冰槽(或1000ml烧杯)、电磁搅拌器、灭菌吸管、透析袋、玻棒、棉线及烧杯(500ml)、pH 7.2的0.01mol/L PBS葡聚糖凝胶G-25层析柱等。

3. **试剂**

(1)0.1mol/L pH 7.0 PBS液:

1)A液: $NaH_2PO_4 \cdot H_2O$ 2.76g,加蒸馏水至100ml。

2)B液: $Na_2HPO_4 \cdot 7H_2O$ 5.36g,加蒸馏水至100ml。

取A液16.5ml + B液33.5ml + NaCl 8.5g,用蒸馏水稀释至100ml。

(2)0.5mol/L pH 9.0碳酸盐缓冲液。

(3)抗体溶液、异硫氰酸荧光素、无菌生理盐水、1%吖啶橙原液: 取0.1g吖啶橙加蒸馏水稀释至100ml(临时时配制0.01%吖啶橙染液: 将1%吖啶橙原液用pH 7.0 PBS溶液稀释10倍)。

(三)实验内容与方法

1. **原理**　荧光显微镜是免疫荧光组织化学的基本工具,是细胞生物学实验和研究中的重要仪器之一。分透射和落射两种类型,落射光无需镜内操作,方便,效果更好。荧光显微镜是利用一个高发光效率的点光源,经过滤色系统发出一定波长的光(如紫外光365nm或紫蓝光420nm)作为激发光,激发检测标本内的荧光物质发射出各种不同颜色的荧光后,通过物镜和目镜系统的放大以观察标本的荧光图像的光学显微镜。它是由超高压光源、滤板系统(包括激发和压制滤板)和光学系统等主要部件组成。荧光显微镜是由荧光光源、荧光镜组件、滤板系统和光学系统等主要部件组成(图3-1)。

(1)荧光光源:多采用200W的超高压汞灯作荧光光源,它是用石英玻璃制作,中间呈球形,内充一定数量的汞,工作时由两个电极间放电,引起水银蒸发,球内气压迅速升高,超高压汞灯的发光是电极间放电使水银分子不断解离和还原过程中发射光量子的结果。它发射很强的紫外光和蓝紫光,足以激发各类荧光物质。

(2)滤色系统:是荧光显微镜的重要部位,主要由激发滤光片和阻断滤光片组成。激发滤光片,位于光源和标本之间,仅允许能激发标本产生荧光的光通过,激发滤光片有四组:紫外光(U)、紫光(V)、蓝光(B)、绿光(G);阻断滤光片,位于标本与目镜之间,可吸收和阻挡激发光进入目镜并把剩余的紫外线吸收掉,以免干扰荧光和损伤眼睛,还可选择并让特异的荧光透过,

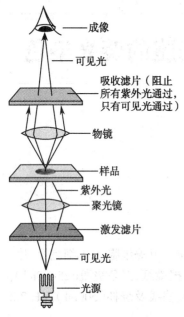

图3-1　荧光显微镜成像原理

（图中标注，从上到下：成像、可见光、吸收滤片（阻止所有紫外光通过，只有可见光通过）、物镜、样品、紫外光、聚光镜、激发滤片、可见光、光源）

只让激发出的荧光通过，这样有利于增强反差。激发滤光片和阻断滤光片必须选择配合使用。

（3）反射荧光装置：通过反射荧光装置将激发光经过物镜向下落射到标本表面。其反光镜的反光层一般是镀铝的，因为铝对紫外光和可见光的蓝紫区吸收少，反射达90%以上，而银的反射只有70%，一般使用平面反光镜。

（4）聚光镜：专为荧光显微镜设计制作的聚光镜是用石英玻璃或其他透紫外光的玻璃制成。根据成像光路的特点，荧光显微镜可分为透射荧光显微镜和落射荧光显微镜。透射荧光显微镜激发光源是通过聚光镜穿过标本材料来激发荧光的。常用暗视野聚光镜，也可用普通聚光镜，调节反光镜使激发光转射和旁射到标本上，这是比较旧式的荧光显微镜。但在低倍镜时荧光强，所以对观察较大的标本材料较好。落射荧光显微镜是激发光从物镜向下落射到标本表面，物镜起着照明聚光镜和收集荧光的作用。光路中双色束分离器与光轴成45°角，把激发光反射到物镜中，并聚集在样品上，样品所产生的荧光以及由物镜表面、盖玻片表面反射的激发光同时进入物镜，再返回到双色束分离器，使激发光和荧光分开，残余激发光被阻断滤片吸收。选择不同的激发滤光片/双色束分离器/阻断滤光片的组合插块，可满足不同荧光反应产物的需要。落射荧光显微镜的优点是视野照明均匀，成像清晰，放大倍数愈大荧光愈强。

吖啶橙（acridine orange，AO）是最经典的极灵敏的荧光染料，它可对细胞中的DNA和RNA同时染色而显示不同颜色的荧光。其激发峰为492nm，荧光发射峰为530nm（DNA）、640nm（RNA），它与双链DNA的结合方式是嵌入双链之间，而与单链DNA和RNA则由静电吸引堆积在其磷酸根上。在蓝光（502nm）激发下，细胞核发亮绿色荧光（约530nm），核仁和胞质RNA发橘红色荧光（>580nm）。吖啶橙的阳离子也可以结合在蛋白质、多糖和膜上而发荧光，但细胞固定阻抑了这种结合，从而主要显示DNA、RNA两种核酸。

2. **方法与步骤**

（1）取口腔上皮细胞涂在干净载玻片上，或培养细胞片。

（2）95%乙醇溶液固定5分钟。

（3）滴加0.01%吖啶橙染液5分钟。

（4）盖上盖玻片，吸水纸吸去盖玻片周围多余液体，镜下观察。

（5）荧光显微镜使用观察规程：

1）用窗帘遮蔽光线，关闭房间内的灯光，除去显微镜的防尘罩，确保显微镜灯室通风良好、无遮盖。装上汞灯灯箱，并转动灯箱卡圈上的拨杆，将灯箱与镜臂连接。

2）将汞灯灯箱的电源插头插入荧光电源箱后的插座，再将荧光电源箱的插头插入220V外接电源。

3）打开电源开关，电压表显示出电源电压，如电源电压波动不大于额定电压值的±5%，即可按下启动开关点燃汞灯，如因天气太冷或电压不稳定等原因，一次启动未点燃汞灯，可以多揿动几次。待超高压汞灯弧光达到稳定状态并达到最大发光效率，即可开始工作。

4）灯泡的调中：

①任选一块标本放在载物台上。

②转动镜臂上的聚光镜旋钮使聚光镜移出光路,转动滤色片组转换手轮,将紫光(V)或蓝光(B)或绿光(G)激发滤色片组转入光路,并将×10荧光物镜转入光路。

③调节粗微调手轮,将标本像调焦清晰。

④前后推动垂直照明器右边的聚光镜调焦推杆,使视场光栏成像清晰,转动视场光栏拨杆将视场光栏收小,调节视场光栏调中螺钉使视场光栏居中,然后再将视场光栏开至最大。

⑤转动镜臂上的聚光镜旋钮使聚光镜移入光路,前后调节灯箱上的聚光镜拨杆,使汞灯的弧光在视场内成像清晰。

⑥调整灯箱上的灯泡水平调节螺钉和垂直调节螺钉,使汞灯的弧光居中。

⑦调整反光镜水平调节螺钉和垂直调节螺钉,使光源的反射像与汞灯的弧光分开。

⑧转动聚光镜旋钮把聚光镜移出光路,此时视场照明均匀。

5）荧光观察:

①将荧光染色标本放到载物台上。

②将×10平场物镜或×40荧光物镜转入光路,调节载物台纵横移动手轮,将标本移入光路。

③转动滤光片转换拨轮,将荧光染色标本所需要的激发滤光片组转入光路。激发滤光片组编号刻在滤片组转换拨轮上。滤光片选择正确与否,是荧光显微镜能否得到正确应用的关键。选用滤光片时,必须遵守斯托克斯定律:激发滤光片的透射波长＜双色束分离器的透射波长＜阻断滤光片的透射波长。由于激发滤光片、双色束分离器和阻断滤光片,出厂时已按其用途和本身的光学特性进行了严格的组合匹配,在观察和摄影时,只需选择滤光片组即可。

④调节粗调手轮,当看清荧光图像轮廓后,再用微调手轮调焦,直至看到清晰的荧光图像。

⑤当需要得到较强的荧光图像时,可转动聚光镜旋钮把聚光镜移入光路,可获得较明亮的荧光图像。

⑥当需要使用×40或×100荧光物镜观察时,应在标本和物镜间加上甘油,油中不能有影响观察的小泡或杂质。使用时可使甘油慢慢浸润一会儿,然后轻轻左右来回转动物镜转换器以排除气泡。

6）荧光显微摄影:由于荧光图像一般均较明场观察暗得多,所以进行荧光显微摄影需要较长的曝光时间,在曝光时应注意避免仪器震动。为了缩短曝光时间,可选择倍率较低的摄影目镜或感光度较高的摄影胶片如ASA200以上或DIN24以上。荧光显微镜摄影技术对于记录荧光图像十分必要,由于荧光很易退色减弱,要即时摄影记录结果。方法与普通显微摄影技术基本相同。因紫外光对荧光淬灭作用大,如FITC的标记物,在紫外光下照射30秒,荧光亮度降低50%。所以,曝光速度太慢,就不能将荧光图像拍摄下来。一般研究型荧光显微镜都有半自动或全自动显微摄影系统装置。

7）荧光图像的记录方法:荧光显微镜所看到的荧光图像,一是具有形态学特征,二是具有荧光的颜色和亮度,在判断结果时,必须将二者结合起来综合判断。结果记录根据主观指标,即凭工作者目力观察。作为一般定性观察,基本上是可靠的。随着科学技术的发展,在不同程度上采用客观指标记录判断结果,如用细胞分光光度计,图像分析仪等仪器。但这些仪器记录的结果,也必须结合主观的判断。

8）使用结束,关闭所有电源,做好镜头和载物台的清洁工作,待灯室冷却至室温后,用防尘罩盖好显微镜,并做好使用记录。

3. 结果　荧光显微镜下(选用蓝色激发滤片),可见含DNA的细胞核显示黄绿色荧光,含

RNA的细胞质及核仁显示橘红色荧光。

请记录以下数据: 标本号及名称,荧光类型,最大吸收光谱,最大发射光谱,适用滤光片组,激发光波段荧光波长等。

(四)作业与思考题

1. 作业

(1)荧光显微镜的两种滤光片各起什么作用?

(2)荧光显微镜的光源有什么特点?

2. 思考题 使用荧光显微镜时如何注意对眼睛的保护?

二、免疫荧光染色的方法

(一)实验目的和要求

1. 掌握生物材料荧光染色的原理。

2. 掌握几种荧光染色的方法。

(二)实验用品

1. 材料 口腔黏膜上皮细胞临时制片或任何一种培养细胞(如人肝癌细胞,HeLa细胞等)片。

2. 器材 荧光显微镜、冰箱、三角烧瓶、玻璃棒、牙签、载玻片、盖玻片、滴管、吸水纸、擦镜纸、冰及冰槽(或1000ml烧杯)、电磁搅拌器、灭菌吸管、透析袋、玻棒、棉线及烧杯(500ml)、pH 7.2的0.01mol/L PBS葡聚糖凝胶G-25层析柱等。

3. 试剂

(1)0.1mol/l pH 7.0 PBS液:

1)A液: $NaH_2PO_4 \cdot H_2O$ 2.76g,加蒸馏水至100ml。

2)B液: $Na_2HPO_4 \cdot 7H_2O$ 5.36g,加蒸馏水至100ml。 取A液16.5ml + B液33.5ml + NaCl 8.5g,用蒸馏水稀释至100ml。

(2)0.5mol/L pH 9.0碳酸盐缓冲液

(3)抗体溶液、异硫氰酸荧光素、无菌生理盐水、1%吖啶橙原液: 取0.1g吖啶橙加蒸馏水稀释至100ml(临用时配制0.01%吖啶橙染液: 将1%吖啶橙原液用pH 7.0 PBS溶液稀释10倍),及其他需要的荧光染料。

(三)实验内容与方法

1. 原理 免疫荧光组织化学是现代生物学和医学中广泛应用的技术之一,免疫荧光技术与形态学技术相结合发展成免疫荧光细胞(或组织)化学。它与葡萄球菌A蛋白(SPA)、生物素与卵白素、植物血凝素(ConA等)相结合拓宽了领域;与激光技术、电子计算机,扫描电视和双光子显微镜等技术结合发展为定量免疫荧光组织化学技术; 荧光激活细胞分类器(fluorescin activated cell sorter, FACS)的应用,激光共聚焦显微镜的问世,使免疫荧光细胞技术发展到更高的阶段,开创了免疫荧光技术的新领域。细胞显微分光光度计与图像分析仪的结合使免疫荧光组织化学的定量检测更加准确。80年代到90年代相继又有新的荧光素出现如R-藻红朊,B-藻红朊,C-藻青蛋白, cy2, cy3, cy5, cy7均在流式细胞仪和激光共聚焦显微镜中广泛应用。由于免疫荧光组织化学的特异性、快速性和在细胞水平定位的准确性,已在细胞生物学、免疫学、微生物学、病理学、肿瘤学以及临床检验等许多方面得到广泛应用,发挥了重要的作用。

2. 方法与步骤

（1）FITC标记抗体的Marsshall法：

1）抗体的准备：取适量已知抗体浓度之溶液，加入三角烧瓶中，再加入生理盐水及碳酸盐缓冲液，使最后抗体浓度为20mg/ml，碳酸盐缓冲液容量为总量的1/10，混匀，将三角烧瓶置冰槽中，电磁搅拌（速度适当以不起泡沫为宜）5~10分钟。

2）荧光素的准备：根据标记的抗体总量，按每毫克蛋白加0.01mg荧光素，用分析天平准确称取所需的异硫氰酸荧光素粉末。

3）结合：边搅拌边将称取的荧光素渐渐加入抗体溶液中，避免将荧光素粘于三角烧瓶壁或搅拌玻棒上（大约在5~10分钟内加完），加完后，在4℃左右继续搅拌12~18小时，通常将装置安放4℃冰箱或冰库中进行。

4）透析：结合完毕后，将标记的抗体溶液离心（2000r/min）10分钟，除去其中少量的沉淀物，装入透析袋中再置于烧杯中用0.01M pH 7.2缓冲盐水透析（0~4℃）过夜。

5）过柱：取透析过夜的标记物，通过葡聚糖凝胶G-25或G-50柱，分离游离荧光素，收集标记的荧光抗体进行鉴定。

（2）四甲基异硫氰酸罗达明标记抗体方法：

1）取IgG 10ml（6mg/ml）在0.1mol/L pH 9.5碳酸盐缓冲液中透析过夜。

2）将四甲基异硫氰酸罗达明（每毫克IgG加入5~20μg）溶于二甲亚砜（1mg/ml），取此溶液300μl，一滴一滴加入抗体溶液中，同时电磁搅拌。

3）在室温中搅拌2小时，避光。

4）把结合物移入直径3cm，高30cm大小的Bio-Gel P-6层析柱，用0.01mol/L pH 8.0的PBS平衡过柱，流速为1.5ml/min。

5）收集先流出的红色结合物，即为标记抗体，分装，4℃保存备用。

（3）藻红蛋白标记抗体方法：

1）巯基化藻红蛋白（phycoerthrin, PE）的制备：600μl的15.5mg/ml盐酸巯醇亚胺（iminothiolane hydrochloride）加到1.2ml的3.6mg/ml的PE中，和1.2ml PB（pH 6.8）混合，装入透析袋置入50mmol/L pH 6.8 PB中透析，4℃过夜，再换用pH 7.5 PB透析6小时。每个PE分子中可结合8个巯基。

2）巯基PE-IgG制备异双功能试剂SPDP[N-Succinimdyl 3-（2-pyridyldithio）propionate]：30μg（1.1mg/ml）的乙醇溶液，加入700μl的4.2mg/ml IgG PB溶液（50mmol/L pH 7.5），在室温中反应2.5小时。再加入巯基化PE 400μl（1.7mg/ml）加到500μl反应混合液中，室温反应12小时，加入100μl的50mmol/L碘乙酸钠封闭残余巯基，在4℃用PB透析过夜。加入0.01% NaN₃分装，4℃保存半年。

3）PE-标记蛋白A方法：

①取4.08mg PE溶于0.1mol/L pH 7.4 PB（含0.1mol/L NaCl）1ml中，溶解后，取出0.5ml，再加入10μl SPDP无水甲醇液（2.6mg/ml），SPDP/蛋白摩尔比为10，22℃反应5分钟，过Sephadex G-50（1×17cm），用100mmol/L pH 7.4 PBS（含0.1mol/L NaCl）平衡和洗脱。

②0.5ml蛋白（2mg/ml）100mmol/L PBS（含有100mmol/L NaCl pH 7.4），加入2.6μl上述SPDP甲醇液，SPDP：蛋白A=9：5，22℃，40分钟，加入25μl二硫苏糖醇（DTT）pH 7.4缓冲液，22℃，25分钟，同上过Sephadex G-25，收集蛋白A峰。

③取0.77mg/ml的PE和0.27mg/ml蛋白A等量混合，22℃反应6小时，混合物4℃保存备用，以上两种PE标记制品，可最后溶于0.01mol/L pH 7.4 PB（含有0.1mol/L EDTA、1mol/L碘乙酰胺、1%

BAS和0.1% NaN$_3$),0~4℃保存。

（4）蓝色荧光素标记抗体方法: Kbaffan等（1986年）首先创立了蓝色荧光素标记和染色技术,可进行双标记或多标记。

1）取7-氨基-甲基香豆素（7-amino-4-methyl coumarin，AMC）260μg溶于二甲亚砜25μl中。

2）将上液加入10ml IgG-巴比妥缓冲液（0.5mol/L, pH 8.5,内含50~100mg IgG）中,室温反应2小时,过Sephadex G-50除去游离荧光素,最大荧光波长430nm,最大吸收波长354nm。

（5）荧光抗体的保存: 以0~4℃或-20℃低温保存,防止抗体活性降低和蛋白变性。最好加入浓度为1:5000的硫柳汞或者1:10 000叠氮钠防腐,小量分装,如0.1~1ml,真空干燥后更易长期保存。

3. **结果**   荧光显微镜下可见目的色荧光,依据所用染料不同可有不同颜色的荧光。

请记录以下数据: 标本号及名称,荧光类型,最大吸收光谱,最大发射光谱,适用滤光片组,激发光波段荧光波长等。

(四)作业与思考题

1. **作业**   常见的荧光染料有哪些?

2. **思考题**   不同的荧光染料各有哪些特点? 有哪些用途?

三、免疫荧光组织化学染色方法

(一)实验目的和要求

1. 掌握免疫组化荧光染色的原理。

2. 掌握几种免疫组化荧光染色的方法。

(二)实验用品

1. **材料**   口腔黏膜上皮细胞临时制片或任何一种培养细胞(如人肝癌细胞,Hela细胞等)片。

2. **器材**   荧光显微镜、冰箱、三角烧瓶、玻璃棒、牙签、载玻片、盖玻片、滴管、吸水纸、擦镜纸、冰及冰槽(或1000ml烧杯)、电磁搅拌器、灭菌吸管、透析袋、玻棒、棉线及烧杯（500ml）、pH 7.2的0.01mol/L PBS葡聚糖凝胶G-25层析柱等。

3. **试剂**

（1）0.1mol/l pH 7.0 PBS液:

1）A液: NaH$_2$PO$_4$ · H$_2$O 2.76g,加蒸馏水至100ml。

2）B液: Na$_2$HPO$_4$ · 7H$_2$O 5.36g,加蒸馏水至100ml。

取A液16.5ml + B液33.5ml + NaCl 8.5g,用蒸馏水稀释至100ml。

（2）0.5mol/L pH 9.0碳酸盐缓冲液

（3）抗体溶液、异硫氰酸荧光素、无菌生理盐水、1%吖啶橙原液: 取0.1g吖啶橙加蒸馏水稀释至100ml(临用时配制0.01%吖啶橙染液: 将1%吖啶橙原液用pH 7.0 PBS溶液稀释10倍),及其他需要的荧光染料。

(三)实验内容与方法

1. **原理**   免疫荧光组织化学是根据抗原抗体反应的原理,先将已知的抗原或抗体标记上荧光素,再用这种荧光抗体(或抗原)作为探针检查细胞或组织内的相应抗原(或抗体)。在细胞或组织中形成的抗原抗体复合物上含有标记的荧光素,荧光素受激发光的照射,由低能态进入高能态,而高能态的电子是不稳定的,以辐射光量子的形式释放能量后,再回到原来的低能态,这时发出明亮的荧光(黄绿色或橘红色),利用荧光显微镜可以看见荧光所在的细胞或组织,从而确定抗原或抗体的性质和定位,以及利用定量技术测定含量。免疫荧光组织化学技术经过半个多世纪的不断改进和创新,已成为现代研究生物和医学的重要手段之一。免疫组织化学有了很大的发展,如免疫金银法,免疫胶体铁法,SP,Evision和CSA法,但由于它有自己独特的优点,特异性强,定位准确、简便、快速、鲜明,在许多领域中仍占有不可取代的地位。由于免疫荧光技术与形态、机能相结合不断完善和发展,尤其是合成了多种新荧光素与抗体容易结合,结合物稳定。可以和FITC结合进行免疫荧光组织化学双标记或三标记。至今,它已和亲和化学技术如SPA,Biotin及avidin,ConA相结合,应用领域也日益扩大,又与现代的电子计算机和扫描电视技术,共聚焦显微镜,荧光激活细胞分类器(FACS)以及数码相机摄影技术的应用,使得快速性、简便性有了更大的提高,使得定量更加准确。90年代又开展了荧光原位末端标记和荧光原位杂交技术,使得范围更广大。

2. 方法与步骤

荧光抗体染色方法

1)直接方法:

①染色切片经固定后,滴加经稀释至染色效价如1:8或1:16的荧光抗体,在室温或37℃染色30分钟,切片置入能保持潮湿的染色盒内,防止干燥。

②洗片倾去荧光抗体,将切片浸入pH 7.2 PBS中洗两次,电磁振动,每次5分钟,再用蒸馏水洗1分钟,除去盐结晶。

③50%缓冲(0.5mol/L碳酸盐缓冲液pH 9.0~9.5)甘油封固、镜检。

直接法比较简单,适合做细菌、螺旋体、原虫、真菌及浓度较高的蛋白质抗原如肾、皮肤的检查和研究。此法每种荧光抗体只能检查一种相应的抗原,特异性高而敏感性较低。

2)间接方法(双层法):

①切片固定后用毛细滴管吸取经适当稀释的免疫血清滴加在其上,置于染色盒中保持一定的湿度,37℃作用30分钟。然后用0.01mol/L pH 7.2 PBS洗两次,10分钟,用吸水纸吸去多余的液体。

②再滴加间接荧光抗体(如兔抗人 γ-球蛋白荧光抗体等),同上步骤,染色30分钟,37℃,缓冲盐水洗两次,10分钟,振动,缓冲甘油封固,镜检。

3)间接方法(夹心法):

①切片或涂片固定后,置于染色湿盒内。

②滴加未标记的特异性抗原作用切片于37℃,30分钟。

③缓冲盐水洗2次,每次5分钟,吹干。

④滴加特异性荧光抗体在切片上37℃,30分钟。

⑤如③水洗。

⑥缓冲甘油封固,镜检。

4)补体方法:材料和试剂:免疫血清60℃灭活20分钟,用Kolmers盐水做2倍稀释成1:2,1:4,1:8……。补体用1:10稀释的新鲜豚鼠血清,抗补体荧光抗体等,按下述的补体法染色。免疫血清补体结合的效价如为1:32则免疫血清应用1:8稀释。

补体用新鲜豚鼠血清一般做1:10稀释或按补体结合反应试管法所测定的结果,按2单位的比例,用Kolmers盐水稀释备用。Kolmers盐水配法:即在pH 7.4的0.1mol/LPBS中溶解$MgSO_4$的含量为0.01%浓度。

抗补体荧光抗体:在免疫血清效价为1:4,补体为2单位的条件下,用补体染色法测定免疫豚鼠球蛋白荧光抗体的染色效价,然后按染色效价1:4的浓度用Kolmers盐水稀释备用。

方法步骤:

①涂片或冰冻切片用冷丙酮固定10分钟和PBS洗一次,3分钟,吹至组织表面无水分。

②吸取经适当稀释的免疫血清及补体的等量混合液(此时免疫血清及补体又都各稀释一倍)滴于切片上,37℃作用30分钟,置于保持一定湿度的染色盒内。

③用缓冲盐水洗2次,搅拌或振动,每次5分钟,吸干标本周围水分。

④滴加经过适当稀释的抗补体荧光抗体30分钟,37℃,水洗同③。

⑤蒸馏水洗1分钟,缓冲甘油封固。

5)膜抗原荧光抗体染色方法:本法应用直接法或间接法的原理和步骤,可对活细胞在试管内进行染色,常用于T和B细胞、细胞培养物、瘤细胞抗原和受体等的研究,阳性荧光主要在细胞膜上。FACS即采用此原理和方法。

6)双重染色方法:在同一标本上有两种抗原需要同时显示(如A抗原和B抗原),A抗原的抗体用FITC标记,B抗原的抗体用罗达明标记,可采用以下染色方法:

①一步法双染色方法先将两种标记抗体按适当比例混合(A+B),按直接方法进行染色。

②二步法双染色方法先用RB200标记的B抗体染色,不必洗去,再用FITC标记的A抗体染色,按间接法进行。

3. **结果**　A抗原阳性荧光呈现绿色,B抗原阳性呈现橘红色荧光。

(四)作业与思考题

1. **作业**　免疫组化荧光染色在科研上有哪些作用?

2. **思考题**　免疫组化荧光染色有哪几种方法?

(五)注意事项

1. 制片后一定要晾干玻片,再进行后续步骤,否则会导致细胞脱落。

2. 每种荧光染料,均有自己的最适pH值,此时荧光最强。当pH改变时,不仅荧光强度减弱,而且波长将有所改变,因此荧光检测要在一定的pH缓冲液中进行。

3. 严格按照荧光显微镜厂家说明书要求进行操作,不要随意改变程序。

4. 观察对象必须是可自发荧光或已被荧光染料染色的标本。

5. 应在暗室中进行检查。进入暗室后,接上电源,点燃超高压汞灯5~15分钟,待光源发出强光稳定后,眼睛完全适应暗室,再开始观察标本。

6. 载玻片、盖玻片及镜油应不含自发荧光杂质,载玻片的厚度应在0.8~1.2mm之间,太厚可吸收较多的光,并且不能使激发光在标本平面上聚焦。载玻片必须光洁,厚度均匀,无油渍或划痕。盖玻片厚度应在0.17mm左右。

7. 选用效果最好的滤光片组。

8. 荧光标本一般不能长久保存,若持续长时间照射(尤其是紫外线)易很快退色。因此,如有条件则应先照相存档,再仔细观察标本。

9. 启动高压汞灯后,不得在15分钟内将其关闭,一经关闭,必须待汞灯冷却后方可再开启。严禁频繁开闭,否则,会大大降低汞灯的寿命。

10. 若暂不观察标本时,可拉过阻光光帘阻挡光线。这样,既可避免对标本不必要的长时间照射,又减少了开闭汞灯的频率和次数。

11. 较长时间观察荧光标本时,一定要戴能阻挡紫外光的护目镜,加强对眼睛的保护。在未加入阻断滤光片前不要用眼直接观察,否则会损伤眼睛。

12. 标本染色后立即观察,因时间久了荧光会逐渐减弱。若将标本放在聚乙烯塑料袋中4℃保存,可延缓荧光减弱时间,防止封裱剂蒸发。

13. 荧光亮度的判断标准　一般分为四级,即"－":无或可见微弱荧光;"＋":仅能见明确可见的荧光;"＋＋":可见有明亮的荧光;"＋＋＋":可见耀眼的荧光。

14. 激发光长时间的照射,会发生荧光的衰减和淬灭现象,因此尽可能缩短观察时间,暂时不观察时,应用挡板遮盖激发光。

15. 做油镜观察时,应用"无荧光油"。

（涂知明）

实验四 电子显微镜

细胞生物学的发展与电镜的应用有着极为密切的关系。人们借助电镜在细胞中发现了在光镜下无法看到的许多精细结构,这些细胞超微结构的发现对人类认识细胞中各种生命活动的规律以及各种结构与功能的关系有重要意义,电子显微镜是细胞生物学等众多领域的强有力的研究工具,获得了越来越广泛的应用。

电子显微镜按结构和用途主要分为透射式电子显微镜(TEM)和扫描式电子显微镜(SEM)。与光镜相比,电镜用电子束代替了可见光,用电磁透镜代替了光学透镜并使肉眼不可见的电子束在荧光屏上成像。

透射电子显微镜可以看到在光学显微镜下无法看清的小于0.2nm的细微结构,这些结构称为亚显微结构或超微结构。透射式电子显微镜的光路与普通光学显微镜相仿,常用于观察那些用普通显微镜所不能分辨的细微物质结构。它的分辨率为0.1~0.2nm,放大倍数可从几十倍连续地变化到几十万倍。其镜筒的顶部是电子枪,电子从钨丝阴极发射出,连续通过两个聚光镜使电子束聚焦。电子束透过样品后经过聚焦与放大所产生的物像,由物镜成像于中间镜上,再通过中间镜和投影镜逐级放大,成像于荧光屏或照相机上进行观察。改变中间镜的焦距,即可在同一样品的微小部位上得到电子显微像和电子衍射图像。在这种电子显微镜中,图像细节的对比度是由样品的原子对电子束的散射形成的。由于电子易散射或被物体吸收,故穿透力弱,必须将样品制备成非常薄的超薄切片(通常为50~100nm),这种切片被称为超薄切片(ultrathin section)。一个细胞被切成100~200片。往往从图像可知,样品较薄或密度较低的部分,电子束散射较少,这样就有较多的电子通过物镜光栏,参与成像,在图像中显得较亮;反之,样品中较厚或较密的部分,在图像中则显得较暗。如果样品太厚或过密,则像的对比度变差,甚至会因吸收电子束的能量而被损坏。因此,要求将样品制备超薄。

扫描式电子显微镜诞生于1942年,它是用极细的电子束在样品表面扫描,将产生的次级电子用特制的探测器收集形成电信号,经显像管在荧光屏上显示物体。显像管的偏转线圈与样品表面上的电子束保持同步扫描,这样显像管的荧光屏就显示出样品表面的形貌图像。扫描式电子显微镜主要用于观察固体表面的形貌,产生的图像有很强的立体感,也可以与X线衍射仪或电子能谱仪相结合,构成电子微探针,利用电子束与物质相互作用所产生的次级电子、吸收电子和X线等信息分析物质成分。与透射式电镜相比,扫描式电子显微镜的电子束不穿过样品,仅在样品表面扫描激发出次级电子,要求样品表面的导电性良好。扫描式电子显微镜的分辨率,主要取决于在样品表面上扫描时所激发出的次级电子束的直径。放大倍数是显像管上扫描幅度与样品上扫描幅度之比,可从几十倍连续地调整到几十万倍。扫描电镜的最大特点是所显示图像的立体感强,为三维的立体图像,而且样品的制备较为简单,不必作超薄切片。扫描电镜是观察研究细胞表面或断面形态的极好工具。

一、透射电镜的使用

(一)实验目的和要求

1. 了解电子显微镜的种类。
2. 熟悉透射电镜的工作原理。
3. 了解透射电镜的使用方法。

(二)实验用品

1. **材料** 有关电镜照片、幻灯片或录像带、待观察的超薄切片、小白鼠或其他生物组织样品。
2. **器材** 透射式电镜、样品盒等。

(三)实验内容与方法

1. 原理

(1)透射电镜的结构: 透射电镜由电子透镜系统(镜筒)、真空系统和电源系统三大部分构成。下面简单介绍各系统的组成及其作用:

1)透射电镜系统: 是电镜的主体,其作用是成像与放大并记录。它由照明系统、成像放大系统和观察记录系统构成。由于机械稳定的要求,镜筒一般是直立的,顶部是电子枪,中部是各级透镜,下部是观察记录系统。

照明系统由电子枪和聚光镜组成,其作用是产生足够强的、高度稳定的电子束。整个照明系统通过机械的或电磁的调整系统可以平移或倾斜,相对于物镜作合轴调整。成像与放大系统由样品室、物镜、中间镜及投影镜组成。聚光镜将电子束聚在样品上,电子束穿过样品,经物镜形成一级放大像,再经中间镜的投影镜做二级、三级放大,在荧光屏上形成最大的放大像。这种三级放大的总放大率等于物镜、中间镜和投影镜放大率的乘积。观察及记录系统位于镜筒的下部,它由观察室、照相舱和自动曝光装置等组成。镜筒的最下部为观察窗及照相室。观察窗有1个或3个,上要有防护X线的铅玻璃。观察窗下面为荧光屏;荧光屏下面是照相舱,内装有照相底片,底片由传送机械送到荧光屏的下方。投镜产生的最终放大像形成在荧光屏上,在选择好图像,调好焦距后拉起荧光屏,图像即记录在感光底片上。由于电镜的焦深很长,一旦荧光屏上聚焦清楚了,则在荧光屏下方或上方的底片上的图像也是清晰的。为进行精确的调焦,观察窗上还装有一立体显微镜(放大5倍到10倍)。在较先进的电镜中,有自动曝光装置并且将底片序号及放大倍数随图像一起记录在底片上。

2)真空系统: 电镜的真空系统由机械泵、油扩散泵、真空管道、阀门及检测系统组成。它用以排除镜筒中的空气,使镜内达到真空状态。电镜的镜筒必须在高真空状态下才能工作,这是由于镜筒内如果有很多空气,这些气体分子将对镜筒的工作状态产生以下不良影响:①气体分子与高速运动的电子相互碰撞,使电子的自由程很短,且使电子发生散射,引起"炫光"或减低像的反差;②碰撞使气体电离放电引起电子束的不稳定或"闪烁";③气体与炽热的灯丝相互作用,不断腐蚀灯丝而缩短灯丝的寿命;④残余气体聚集在样品上会造成样品的污染。电镜中有自动保护电路,保证高压电路只在高真空状态下工作;当真空度达不到要求时,高压自动断路。在更换底片及样品时,有气锁或附加小室装置,只破坏照相舱或样品预抽室的局部真空,镜筒仍保持高真空状态。镜筒的高真空状态是由旋转机械泵与油扩散泵串联抽气而实现的。

3)电源系统: 由高压电源、透镜电源、操作控制电源和附属电源组成,主要是前两部分。高压电源是一小电流、高电压电源,产生50千伏至100千伏乃至更高的电压,用以加速电子;透镜电源是大电流低电压的电源,使电子束聚焦成像。这两部分电源都要求有极高的稳定度,为获得0.5nm左右的分辨率,需要有"单色"的电子束(即同一波长的电子束),加速电压的稳定度要求在2×10^{-5}/分,透镜电流稳定度要求为1×10^{-5}/分。

(2)透射电镜的成像:电子显微镜的成像过程大致如下,由阴极发射的电子在几万至几百万伏加速电压作用下,经过会聚透镜会聚成很细的电子束后,以极高速度射到很薄的样品上。当电子穿过样品时,大量的入射电子直接穿过很薄的样品。但有一部分入射电子会与样品的原子核或外层电子发生碰撞,从而使入射电子的运动方向和运动速度发生变化导致散射。当电子与原子核碰撞时,入射电子速度基本不变,但运动方向改变了;当入射电子与样品外层电子碰撞时,入射电子的运动速度和方向都会改变。由于样品各部位的厚度和密度不同,入射电子穿透样品时,各部位对电子的散射程度就不同了,即样品的质量厚度越大,电子散射角也越大;而质量厚度较小的样品,其电子散射角也越小。当通过样品后面的物镜光阑时,散射角大的电子会被挡住,不再参与成像。这样,样品中质量较大的区域如糖原、核糖体等处,将形成电子密度较小的区域,该区由于缺少电子而成为暗区,而透过质量较小区域的电子可穿过物镜光阑形成密度较大的区域成为亮区。这样电子束通过样品后便产生能反映样品结构的形貌信息的电子密度不同的区域。当疏密不同的电子束经过接物电磁透镜磁场的折射后,可被放大形成初像,再经中间透镜及投射透镜的再次折射,将物像进一步放大,最后在荧光屏上将人眼不可见的电子像转换为可见光像(终像)(图4-1)。

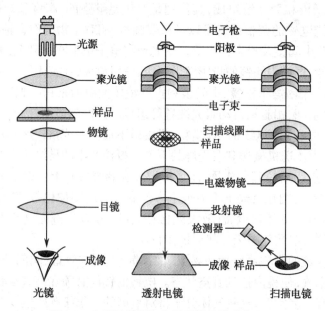

图4-1 光学显微镜和电子显微镜的成像原理

2. **方法与步骤(参观演示)** 电镜的使用依靠操作台上的一系列控制按钮来完成,其基本程序如下:

(1)打开稳压水源,接通冷却循环水。

(2)用钥匙开机,抽真空。

(3)选择加速电压(一般选用80千伏)。

(4)抽出样品杆,装入样品(同铜网载片)。

（5）在低倍镜下选择无破裂、无痕的观察区域，聚焦，再转换高倍镜观察。

（6）选择图像，拍照记录。

（7）关机：30分钟后关冷却水并切断电源。

二、扫描电镜的使用

（一）实验目的和要求

1. 了解电子显微镜的种类。

2. 熟悉扫描电镜的特点和工作原理。

3. 了解扫描电镜的使用方法。

4. 熟悉扫描电镜生物样品的制备过程及对样品的要求。

（二）实验用品

1. **材料** 有关电镜照片、幻灯片或录像带、待观察的超薄切片、小白鼠或其他生物组织样品。

2. **器材** 扫描式电镜、样品盒等。

（三）实验内容与方法

1. 原理

（1）扫描电镜的结构：扫描电子显微镜主要由产生扫描电子束的电子光学系统，电子信号的收集、处理、显示与记录系统，真空系统、电源系统及各种附件（如能谱仪）等组成。真空系统和电源系统基本上与透射式电子显微镜相同，其他系统则有所区别。

1）电子光学系统：包括电子枪、第一、第二聚光镜、扫描系统及物镜。其作用是产生一束直径约几个nm的扫描电子束（即扫描电子探针），并且使该电子束在样品表面作光栅状扫描。

电子枪由阴极、栅极和阳极组成，通常可产生1千伏~40千伏的加速电压。这种三极电子枪发射直径约为30μm的高速电子束。电磁透镜在SEM中不是起放大作用，而是起着缩小电子束斑的直径的作用。来自电子枪的30μm左右电子束，经过第一、第二聚光及物镜的缩小作用，形成一直径为几个nm的扫描电子束（电子探针）。扫描系统的作用是使电子束作光栅状扫描，而且透镜中电子束的扫描运动必须与显像管中的电子束的扫描运动严格同步。扫描系统一般采用磁偏转式，它由两对扫描线圈组成，扫描线圈放置在末透镜极靴的上方，电子束在进入末透镜的强区之前就发生偏转。在两组偏转线圈的作用下，入射电子束经过两次偏转后，原来与轴的方向一致的电子束都能通过末透镜的光阑中心。

2）电子信号收集、处理系统：在样品室中，扫描电子束与样品发生相互作用后产生出多种信号，各种信号被特定的检测系统检测后，可形成不同的图像，并用于不同的目的。主要信号及用途是：①二次电子：通常所说的扫描电镜像指的就是二次电子像，它是研究样品表面形貌的最有用的电子信号；②背散射（或背反射）电子：利用背散射电子的颜射图可研究样品的晶体学特征；③X线：不同元素可以发出不同特征X光，据此可以对样品进行成分分析；④吸收电子：它可与二次电子加背散射电子像互补；⑤俄歇（Auger）电子：主要用以研究样品的表面物性；⑥透射电子：这是透过样品的入射电子，可用以产生透射扫描电子像。在这些信号中，二次电子、背散射电子及X线是主要的，为常用的信号，其他一些信号则是次要的。由于电子束与样品相互作用后能产生如此众多的信号，故扫描电镜有着极为广泛的用途。入射电子束与样品相互作用后，产生的各种信号分别被特定的检测器所检测，产生的二次电子打在闪烁体上，从而产生光，这种光经光导管传到光电倍增管，光信号转变为电流信号，再经前置放大，最后电流信号转变为电压信号,被输送到显像管的栅极处。

3)信号的显示与记录系统:扫描电子显微镜的图像显示在阴极射线管(显像管)上,并由照相机记录。检测系统处理后的信号送到显像管的栅极上,显像管中的电子束在荧光屏上也作光栅状扫描,并且,这种扫描与电子束在样品表面的扫描严格同步,显像管栅极上的电压强度调制着荧光屏上的光点的亮度,因此,扫描电子像的衬度相应于接收信号的强度,这种图像反映了样品表面的形貌或成分特征。SEM一般有两个显示通道,一个用来观察,一个用以照相记录。

4)扫描电子显微镜的真空系统也由机械泵和油扩散泵组成,其作用是使镜筒达到高真空,以保证电子束额自由程及避免气体的电离放电。

5)电源系统则供给各部件所需要的特定电源。

(2)扫描电镜的成像:从电子枪阴极发出的直径20~30μm的电子束受到阴、阳极之间的1千伏到40千伏的加速电压的作用,射向镜筒。经过第一、第二聚光镜和物镜(末透镜)的会聚作用,缩小成直径约几个nm的电子探针。在末透镜上部的扫描线圈的作用下,电子探针在样品表面作光栅状扫描,并且激发出多种电子信号。这些电子信号被相应的检测器俘获,经过放大、转换,变成电压信号,最后被送到显像管的栅极上,并且调制显像管的亮度。显像管中的电子束在荧光屏上也作光栅状扫描,并且这种扫描运动与样品表面的电子束的扫描运动严格同步,这样,即获得衬度与所接收信号强度相对应的扫描电子像。这种图像可反映样品表面形貌或成分的特征。

(3)扫描电镜的特点:与光学显微镜和透射式电镜相比较,扫描电镜具有以下特点:

1)景深大,图像富有立体感:扫描电镜的景深比光学显微镜的大几百倍,比透射电镜的大几十倍。由于扫描电镜是利用电子束轰击样品后所释放的二次电子成像,它的有效景深不受样品的大小与厚度的影响;而透射电镜是利用穿透电子成像,它的有效景深直接受到样品厚度的限制。

2)图像的放大范围大,分辨率也较高:光学显微镜的有效放大倍数为1000倍左右,透射电镜的放大倍数为几百倍到一百万倍,而扫描电镜可放大十几倍到几十万倍,它基本上包括了从放大镜、光学显微镜直到透射电镜的放大范围。扫描电镜的分辨率介于光学显微镜和透射电镜之间,而且,一旦聚焦好了之后,可以任意改变放大倍数而不需要重新再聚焦。

3)样品制备过程简单,不需要做超薄切片,有的甚至不需要做任何处理就可以直接进行观察。观察样品的尺寸可大至120mm×80mm×50mm,而透射电镜的样品只能装在直径为2mm或3mm的铜网上。

4)样品可以再样品室中作三维空间的平移和旋转,因此,可以从各种角度对样品进行观察,有的甚至可以再观察过程中对样品进行显微镜解剖。

5)电子束对样品的损伤与污染程度很少。扫描电镜中打在样品上的电子束流很小(约10^{-10}~10^{-12}安培),电子束的直径为5nm到几十nm,束的能量较小(加速电压可小至2千伏),电子束不是固定照射在样品的某一区域而是以点的形式在样品表面作光栅状扫描,因此,由电子束照射所引起的样品损伤与污染也较小。

6)在观察形貌的同时,还可利用从样品发出的其他信号作微区成分分析或进行晶体学分析。

2. 方法

(1)接通循环水和电源。

（2）打开样品室,将标本放到样品台上,关紧室门。

（3）接通真空泵开关,使镜筒进入真空状态。

（4）选择合适的高压(加速电压)和合适的工作距离。当灯丝电流加至饱和工作位置时即出现样品像。

（5）选择合适的放大倍率。

（6）聚焦,并使束斑、亮度和对比度处于合适状态,即可获得清晰的样品像。

（7）观察样品像并对有价值的物像进行照相记录(只需按动曝光快门即可自动拍照)。

3. **结果**　在利用扫描电镜练习样品的观察时,应注意了解样品全貌及各部分的形态结构,搞清样品的工作距离与焦深和分辨细节的关系,并掌握如何选择合适的高压及合适的束斑。

(四)作业与思考题

1. 透射电镜的扫描电镜成像原理是怎样的?

2. 透射电镜与扫描电镜的基本结构是怎样的?

3. 用于透射电镜观察的样本为什么要制成超薄片?

4. 扫描电镜有何特点及应用?

三、人体及动物细胞透射电镜样品的制备

(一)实验目的和要求

1. 熟悉透射电镜样品的制备原理。

2. 了解超薄切片的制备程序。

(二)实验用品

1. **材料**　待观察的超薄切片、小白鼠或其他生物组织样品。

2. **器材**　透射式电镜、超薄切片机、制刀机、控温烤箱、电热恒温箱、冰箱、解剖镜、磁力振荡器、玻璃条、玻璃缸、载玻片、酒精灯、培养皿、小吸管、小烧杯、青霉素小瓶、注射器、镊子、手术剪、刀片、铜质载网、滤纸、牙签、眉笔、样品盒、包埋模具和医用胶布等。

3. **试剂**　2.5%戊二醛、1% O_sO_4、0.2mol/L PBS、50%乙醇、60%乙醇、70%乙醇、80%乙醇、90%乙醇、无水乙醇、90%丙酮、无水丙酮、Epon812环氧树脂(包埋剂)、铀染液、柠檬酸铅染液。

(三)实验内容与方法

1. **原理**　透射式电镜主要用于观察细胞内部的细微结构,由于电子的穿透力较弱,故用于透射电镜观察的标本,必须切成50nm左右的超薄切片。样品在进行超薄切片之前,首先要经过固定、脱水和包埋等处理,在切片之后还要经过染色等处理才能进行电镜观察。

超薄切片术(techniques of ultrathin section)是最基本的电镜样品制备技术,其基本主程同石蜡切片大体相似,包括取材、固定、漂洗、脱水、渗透与聚合、切片和染色等多个环节。但操作过程比石蜡切片更为细致与复杂。为了获得理想的超薄切片,操作者必须认真对待每一个步骤,任何环节的疏忽都可能导致制样的失败。

合格的超薄切片样品应该达到以下基本要求:①切片的厚度在50nm左右,不能超过100nm,以获得较高的分辨力和较高的反差;②切片应能耐受电子束的强烈照射而不发生破裂、变形;③细胞超微结构保持良好,没有明显的物质凝聚和丢失。

2. **方法**

（1）取材:是制备电镜标本的第一步,也是关键的一个步骤,为了保证细胞的完整,一般实施活体取材。活体取材的关键是尽可能地迅速和准确,因为动物一旦死亡,心脏便停止跳动而

导致机体缺氧,这一状况可立即影响全部的组织细胞,而正在死亡的细胞会立即释放出溶酶,使细胞内部的细微结构发生很大的变化,而这些变化在普通光镜下是无法看到的。因此,对机体各种组织材料的切取和固定液先都应周密设计。整个取材过程最好在1分钟内完成并立即投入到固定液中,要注意材料体积要小,否则会影响固定效果。一般可将切下或剪下的小块组织立即转移到滴有数滴冷固定液的蜡板或硬纸片上,紧接着用锋利的双面刀片或手术刀将组织切成数个$0.5\sim1mm^3$的小块,然后用牙签将小块组织挑到盛有固定液的青霉素小瓶中并贴上标签。取材时所用的器械容易最好事先预冷,器械要锋利、操作时应避免拉、锯、压等动作而造成细胞损伤。

(2)固定:是电镜样品制备中最重要的一环,其目的是利用化学试剂使被研究细胞的精细结构或化学成分保持其生前状态。良好的固定应使细胞的生命过程立即终止,其中所含的半流质内容物应立即凝固而不瓦解,所有的细胞器都应完整无损地得以保存下来。

为了提高固定效果,制样时一般采用戊二醛固定3小时(前固定),然后取出用缓冲液充分清洗(用0.1mol/L PBS漂洗三遍,每次10分钟)后再用1%的锇酸液固定$1\sim2$小时(后固定)。前固定与后固定一般在4℃冰箱中进行。经戊二醛固定后的材料可转入0.1mol/L PBS中保存数天至数周备用。

(3)脱水与渗透

1)漂洗:将锇酸固定后的样品取出,用滤纸吸干液体,再用0.1mol/L PBS漂洗三次,每次10分钟。

2)脱水:经漂洗后的材料要用既能和水又能和包埋材料相混合的液体来取代样品中的水分,乙醇和丙酮是常用的脱色剂。一般采用梯度脱水法。

将样品依次放入50%乙醇、60%乙醇、70%乙醇、80%乙醇、90%乙醇、90%乙醇与90%丙酮的混合液(1:1)、100%丙酮中处理,没级进行$10\sim15$分钟。使组织中的水分充分除去。

3)渗透:经脱水的样品在包埋前一般要经过渗透处理,即将包埋剂取代脱色剂渗透到组织中去。具体操作方法是,先用1:1的纯丙酮和Epon 812混合液在室温或37℃条件下将样品处理$2\sim3$小时,再将样品转入Epon 812中过夜。

(4)包埋与聚合:包埋的目的是让样品锇组织获得一定的硬度、弹性和韧性,能够承受超薄切片时各种力的作用,便于制成超薄切片。理想的包埋剂应该具备以下特点:①黏度较低,能迅速渗入到组织内部;②在聚合前能与脱水剂互溶;③在渗透过程中能取代脱色剂;④能充分而均匀地聚合;⑤聚合时体积收缩较小;⑥聚合后切割性能好;⑦能耐受高速电子的轰击。Epon 812是符合上述要求的常用包埋剂之一。

具体操作过程是:取清洁干燥的包埋模具(如药用胶囊),先用注射器往胶囊中滴一滴包埋剂,用牙签将样品挑入胶囊中,使样品位于液面中央,再将胶囊中缓缓注满包埋剂。

将包埋好的样品放入烤箱中聚合,使包埋剂固化。固化过程一般在37℃处理12小时;也可直接放入60℃烤箱中处理24小时。最终使包埋剂聚合,制成包埋块备用(可长期保存)。

(5)超薄切片

1)包埋块的修整:在对样品进行超薄切片之前,先要对包埋块进行修整,使其成为所需的形状和大小。修块操作一般在解剖镜下进行。其基本步骤是:①用双面刀片将包埋块顶端多余的包埋介质(树脂)削去,使组织块暴露出来;②用单面刀片沿样品四周倾斜切去多余的树脂,使包埋块的顶部成为一个四面锥体;③取新刀片将组织的顶部修成光滑平整的平面。修块操作时应注意一次不可修切太多,特别是接触到样品时应倍加小心以免将组织块修掉。

2）玻璃刀的制备：用于超薄切片一般有钻石刀和玻璃刀两种，钻石刀能长期反复使用，但价格昂贵、一般少用。目前广泛用于超薄切片的是玻璃刀。玻璃刀可用专门的玻璃条在制刀机（LKB7800型）上制成。一般现制现用，而且是一次性使用，一个样品换一把刀，不宜重复使用。

制好的三角形玻璃刀在使用前要经仔细检查，合格后方可上机使用。其方法是，将玻璃刀放到超薄切片机的双目显微镜下，检查刀口是否平直锐利，如刀出现锯齿状缺损，则应废弃不用。

制备好的玻璃刀应安放在水槽或用胶布贴一个水槽以方便切片的收集。

3）支持膜的制备：安放超薄切片的载片是一种直径仅3mm的铜网，这种铜质的载网有不同的规格，即网孔的大小不一样，以适应不同的材料。有时载网上需覆盖支持膜，以防止切片漏掉或卷曲。一般要求制膜材料有一定的强度和透明度，并与所载样品不发生化学反应。常用的支持膜有火棉胶囊和Formvar膜（聚乙烯醇缩甲醛膜）。这里以Formvar膜为例说明制备方法：

①取Formvar 0.3g加入到100ml氯仿中混匀，制成0.3%的Formvar氯仿溶液。

②取光滑洁净的玻璃条或载玻片浸入0.3% Formvar氯仿液中片刻，轻轻取出晾干，此时玻璃上会覆盖一层Formvar膜。

③用针尖沿有膜的玻片边缘划痕，再将玻片缓缓插入到蒸馏水中使Formvar膜剥离并平整地漂于水面上。

④用小镊子将铜网轻轻地摆放到Formvar膜上。摆放时注意选择Formvar膜上厚薄适宜且平展的地方。

⑤用一张滤纸（稍大于支持膜）盖在载有铜网的Formvar膜上，再小心地从水面上提起（此时Formvar膜及铜网均附着在滤纸上了）转移至培养皿中自然干燥，备用。

4）切片：超薄切片的技术性较强，需要多实践才能切出合格的切片。国内常用的超薄切片机有LKBⅢ型和V型等，均为热胀式的。超薄切片机是一种十分精密的仪器，工作时切片的厚度和速度可以自动控制。一般来讲，超薄切片的操作要求在防震、恒温和无空气流通的环境中进行，因为轻微的震动、温度变化和气流等因素均会影响切片效果。

超薄切片的主要操作程序可简述如下：

①接通电源、开机。

②上样品：用样品夹夹好修整好的样品块，再将样品夹安装到切片机的样品臂上。

③上刀：将合格并备有水槽的玻璃刀安装到切片机的刀台上，注意使刀缘、样品头和标尺在同一水平面上。选好刀角（一般2°~6°）并夹紧。

④在光镜下对刀：先用粗调使左边刀缘紧接样品；调节方位使刀缘与样品下边缘平行。

⑤用细调缓缓进刀，同时用手动试切，边进边切（每次进刀2~4格为宜），直到切下样品为止。

⑥松样品臂，向水槽中注入双蒸水，使水面与刀缘平行。

⑦平行移动刀架，使左边刀缘对准样品。将切片机调到自动切片挡，选择合适的切速和切片的厚度，直至机器切出合格的切片。一般可在双目镜下观察切片的干涉色来判断切片的厚度。如果切片呈暗灰色，厚度在40nm以下；灰色，在40~50nm；银色，50~70nm；金黄色，70~90nm；紫色，90nm以上。

⑧收集切片：切下的切片会漂在水槽的表面，用眉笔轻轻将切片集中，再用小镊夹住铜网贴到水面的切片上，轻轻提起，此时由于水的张力切片会吸附在铜网上。将切片放入铺有滤纸

的培养皿中晾干。

⑨切完样品后要锁住样品臂,并关掉所有电源。

(6)染色:为了增加超薄切片的反差,以充分显示组织和细胞的超微结构,一般采用铀·铅双重染色法。即先用醋酸铀对切片进行初染,再用柠檬酸铅进行复染。醋酸铀的主要作用是提高核酸、核蛋白和结缔组织纤维成分的反差;而柠檬酸铅主要是提高细胞膜系统和脂类的反差。超薄切片双重染色法的具体操作程序如下:

1)用石蜡将培养皿制成一蜡盘。

2)在蜡盘中滴上一滴醋酸铀染液,将载有切片的铜网反扣在染液小滴上(使切片与染液接触)并加盖防尘,在室温下处理30分钟左右。

3)用蒸馏水充分冲洗铜网及切片。

4)铅染:在另一蜡盘中滴上一滴柠檬酸铅染液,将铜网反扣在染液上,加盖后在室温下处理10分钟左右。

5)取出铜网,用蒸馏水充分洗净后放入样品盒中自然晾干。

(四)作业与思考题

1. 用于透射电镜观察的样本为什么要制成超薄片?

2. 锇酸和戊二醛在电镜制备中有何作用?

3. 要制备出合格的透射电镜样品需要注意哪些问题?

4. 超薄切片的基本过程是怎样的?

四、人体及动物细胞扫描电镜样品的制备

(一)实验目的和要求

1. 熟悉扫描电镜的特点和工作原理。

2. 熟悉扫描电镜生物样品的制备过程及对样品的要求。

3. 了解扫描电镜在细胞生物学及医学研究中的应用。

4. 了解扫描电镜样品制备的方法。

(二)实验用品

1. **材料** 有关扫描照片、幻灯片或录像带、待观察的超薄切片、小白鼠或其他生物组织样品。新鲜材料如某些器官、组织,特别是一些昆虫样品和高等植物的地上部分,如茎、叶、花、生长锥、果实等。

2. **器材** 扫描式电镜。控温烤箱、电热恒温箱、冰箱、解剖镜、磁力振荡器、玻璃条、玻璃缸、载玻片、酒精灯、培养皿、小吸管、小烧杯、青霉素小瓶、注射器、镊子、手术剪、刀片、铜质载网、滤纸、牙签、眉笔、样品盒、包埋模具和医用胶布等。

3. **试剂** 2.5%戊二醛、1% O_8O_4、0.2mol/L PBS、50%乙醇、60%乙醇、70%乙醇、80%乙醇、90%乙醇、无水乙醇、90%丙酮、无水丙酮、Epon812环氧树脂(包埋剂)、铀染液、柠檬酸铅染液。

(三)实验内容与方法

1. **原理** 扫描电镜主要用于观察样品的表面结构,因此,用于扫描电镜的样品可不经切片而制备。扫描电镜的样品制备方法比石蜡切片和超薄切片要简单,它只要求样品干燥并且能够导电。Boyde对牙齿、毛发、骨头、指甲等硬组织样品进行观察后发现,由于这些硬组织样品在干燥后仍保持原来的形状,因此样品制备方法简单。1964年Jaques等在扫描电镜下观察了软组织;以后Barber等介绍了样品脱水和干燥的有效方法,并逐渐改进样品制备方法。目前主要

采用类似于透射电镜应用的固定、脱水等方法,力求在样品制备过程中,特别是在干燥过程中保持标本原来的状态。

2. 方法

(1)新鲜材料直接观察:某些器官、组织,特别是一些昆虫样品和高等植物的地上部分,如茎、叶、花、生长锥、果实等均可不经任何处理,进行直接观察。当然,这种方法的应用是有条件的,首先要求在低电压(5千伏~10千伏)和低倍数(2000倍以下)条件下观察,分辨率一般不高,并且观察要迅速,及时拍照记录。否则,由于电子束的轰击,样品表面很易损伤变形。

(2)化学的方法:样品经过化学药物杀死、固定、脱水后进行观察。常用的固定剂为戊二醛、锇酸以及高锰酸钾等。固定后的样品经过自然干燥或临界点干燥法(下面介绍)干燥。喷涂金属膜后进行观察。

(3)物理的方法:多采用快速冷冻组织中水分的冷冻固定法(freeze-fixation)。冷冻固定的样品能保持去生活状态,保存其生物活性,并使细胞中易被有机溶剂溶解掉的物质得以保存。冷冻剂多采用液态氮,具体方法有以下2种。

1)冰冻法(freeze method):冰冻的样品直接放在扫描电镜下观察,其优点是可以在接近生活状态下进行观察,缺点是只能在放大倍数低时观察。一般观察时所用电压为4千伏~5千伏,放大1000倍,再增大倍数目前仍有困难。

2)冷冻干燥法(freeze-dry method):此法是样品经过快速冷冻后,在冷冻状态下进行干燥。样品冷冻后在真空度为1×10^{-5}托下使水分升华,而得到完全干燥的样品。这一方法在理论上被认为是一个好方法,但实际应用上仍需要进一步研究。例如,样品在冷冻下虽然不收缩,但由于组织中水分的冷冻引起体积膨胀,而使样品表面破坏变形。此外,此法还容易使样品产生冰晶损伤。不过目前采用的防冻物质,如甘油、蔗糖、聚乙烯醇等浸泡样品,可以减少冰晶损伤。

(4)临界点干燥法:样品的干燥处理是扫描电镜样品制备中的关键性措施,虽然空气干燥法或冷冻干燥法都可以使样品干燥,但这些干燥方法有着明显的缺点。例如,冷冻干燥法容易产生冰晶损伤,并且干燥过程需要较长的时间(几天甚至1周);空气干燥法,样品在干燥过程中由于液体的气化使存在于气-液界面的表面张力增高,结果,样品表面的精细结构发生明显的变化(如产生皱缩、塌陷及撕裂等)。为克服这些缺点,Anderson提出了临界点干燥法,这种方法是利用临界状态下表面张力等于零的特性使样品中的液体气化而使样品完全干燥。这种干燥方法由于避免了表面张力的作用,从而较好地保存了样品的天然状态的精细结构,因此,这是一种比较好的干燥方法。

1)临界点干燥原理:任何物质以其存在的条件不同可以呈现为固态、液态或气态。当存在的条件(如温度与压力)发生变化时,这三种状态可以发生相互转化。例如,容器中的气体在压力增加及温度降低时可以变成液体;而在一定温度下,液体可以蒸发为蒸气,同时蒸气又可凝集为液体,当这两种变化的速度相等时,气-液两相达到动态平衡,此时的气体称之为饱和蒸汽,其压强称为饱和蒸气压。各种液体在每一温度下有特定的饱和蒸气压。大多数液体在室温下存在着明显的气-液两相界面,随温度的增高,饱和蒸气压也增高,由于蒸发速率加快,液相密度下降,气相密度增加,当温度增加到某一特定值时,气-液两相的密度相等,此时,相界消失,表面张力为0,这种状态称为临界状态,临界状态下的温度和压力分别称为临界温度和临界压力。临界状态下物质不能再以液态存在,而要变成气体,此时的气体无论在多大的压力下也不会变成液体。临界点干燥就是在高于临界点的温度和压力条件下使样品中的液体气化而最后完全干燥。

各种液体有特定的临界温度和临界压力,水的临界温度是374℃,临界压力是218大气压。对于生物样品而言,在这么高的温度和压力下进行气体和干燥显然不合适,因此,固定后的生物样品在进行干燥前,应先用丙酮脱水,然后经过中间液(醋酸异戊酯)处理,最后才在临界干燥器中用置换液置换并干燥。常用的置换液为二氧化碳、氟利昂等。由于氟利昂的临界压力较低,因此国内外多使用它。临界点干燥法从理论上和实践上都证明为目前最好的干燥方法。

2)临界点干燥法操作步骤:样品经过固定、脱水之后,经过丙酮转入中间液乙酸异戊酯中,在临界点干燥器的样品室内用液态二氧化碳置换乙酸异戊酯,在达到临界状态(31℃,72.8大气压)后将温度再升到10℃,使液态二氧化碳气化,然后打开放气阀门,逐渐排除气体,样品即完全干燥,取出样品存放于普通干燥器中,经过喷涂后即可进行观察。

扫描电镜观察样品除用上述方法干燥外,还应经过适当的处理以使样品能够导电。使样品导电的最常用方法是在样品表面喷涂一层金属膜,这样不仅可以防止带电现象,而且可以减少电子束对样品的损伤,并增加二次电子的产率,以获得良好的图像。

喷涂金属膜是样品制备过程中的一个重要环节,喷金技术的好坏和喷涂金属膜的厚薄都直接影响观察效果。一般喷涂的金属是金。金的熔点为1063℃,容易蒸发,化学性能稳定,在高温下与钨不起作用,可高效地产生二次电子而且喷涂厚度易于控制。用金喷涂时,若喷涂过薄(10nm以下),则容易形成“岛状结构”,在高倍(数万倍)下观察时,它将产生不良效果。因此,为获得更细致的结构,可先喷一层碳膜后再喷金,或采用金钯合金(金:钯=6:4)效果较好。此外,也有用铂喷涂的。

(5)特殊的样品制备方法:随着扫描电镜广泛的应用,除上述的样品制备方法不断改进外,还根据科研工作中的不同需要采用了一些新的样品制备方法,简单介绍如下:

1)导电染色法:经过固定、脱水的样品,用特殊药品处理使其产生导电性,因而材料不经喷涂金属膜即可观察。这种方法不但省略喷涂手续,而且可以提供分辨率(可达3nm),并且还可以对观察样品进行解剖,逐层观察。

2)冷冻树脂断裂法:扫描电镜除了观察组织、细胞的表面结构以外,还可以利用机械力量或酶的作用把细胞打开,暴露出细胞的内部结构进行观察。Tanaka的冷冻树脂断裂法即是一种从断裂面观察细胞内部结构的好方法,这种方法是在冷冻蚀刻法的基础上发展起来的。

3)酶蚀刻法:即利用酶的作用使细胞的一部分物质被去掉,从而清楚地显示另一部分的结构。例如,Pate用菠萝蛋白酶(bromelin)和脂肪酶把植物传递细胞内部物质(原生质体)去掉,以便观察细胞壁的特殊结构。

4)离子蚀刻法:利用加速的离子作用,把细胞表面部分去掉,观察内部的结构。Lewis等用该法观察白细胞、胰脏外分泌细胞的核表面结构(观察核孔分布的情况),得到很好的效果。

(6)各类样品制备的一般程序:

1)动物的软组织:对动物的软组织样品的固定多采用双重固定法,具体步骤如下:

①切下小块软组织,浸于生理盐水。

②用生理盐水(缓冲液)冲洗组织表面的血迹、黏液和污物。有些材料如胃、小肠、气管表面等具有许多黏液的组织,特别要注意清洗组织表面,如黏液不易清洗,可以在脱水前(固定后的材料易于清洗)用超声波(28千赫)处理,直到清洗干净为止。

③把清洗好的材料放在用0.1mol/L磷酸盐缓冲液(pH 7.2)配制的2.5%的戊二醛中固定48小时,其间换一次固定液。

④用磷酸盐缓冲液冲洗数次。

⑤组织在1%锇酸(缓冲液同前)中固定1~2小时。

⑥用磷酸盐缓冲液冲洗数次,洗净多余的锇酸。

⑦用逐级上升浓度的乙醇或丙酮脱水,每级5~10分钟。

⑧进行临界点干燥。

⑨喷金后即可观察。

2)游离细胞:许多单细胞,如原生动物、血细胞和精子等对固定液的渗透性特别敏感,因此应注意调节固定液和缓冲液的浓度和离子强度。

①把游离细胞放入用磷酸盐缓冲液(0.1mol/L,pH 7.2)配制的1%戊二醛中固定20~30分钟,固定时应不时地摇动,使材料均匀地分布于固定液中。

②低速离心(1500r/min),使固定液与游离细胞分开,弃去上清液。

③用缓冲液漂洗并重新离心,弃去上清液,反复离心几次。

④用逐级上升浓度的乙醇或丙酮脱水,每级10分钟。

⑤用滴管将含有游离细胞的丙酮滴在盖玻片上,经临界点干燥及喷金后即可观察。

3. 结果 直接在扫描电镜下观察并记录结果。

(四)作业与思考题

1. 扫描电镜有何特点及应用?

2. 扫描电镜样品的制备有何特殊性? 熟悉扫描电镜样品制备的各种方法。

(五)附录(试剂配制)

1. 2.5%戊二醛 取25%戊二醛10ml加入50ml 0.2mol/L PBS中,再加入40ml双蒸水,混合均匀。

2. 0.2mol/L PBS

(1)A液: $NaH_2PO_4 \cdot 2H_2O$ 35.61g(或 $Na_2HPO_4 \cdot 12H_2O$ 71.64g)加双蒸水至1001ml溶解。

(2)B液: $NaH_2PO_4 \cdot H_2O$ 27.6g(或 $Na_2H_2PO_4 \cdot 2H_2O$ 31.21g)加双蒸水至1001ml溶解。

使用时,将36ml A液与14ml B液混合即成pH 7.2的0.2mol/L的PBS液(如A液40.5ml与B液9.5ml混合,其pH为7.4)。

3. 1% O_sO_4(锇酸)

(1)2%的 O_sO_4 贮存液: 将1g O_sO_4 溶于50ml双蒸水中即可,可在4℃避光保存数月。需要特别注意的是,锇酸对人体有较强的毒性(它是一种淡黄色结晶物,易挥发,能烧伤皮肤,伤害眼睛及口腔黏膜),配制时应注意防护。一般操作方法是,先戴好面罩和手套,将装有锇酸的小瓶(一般为1g包装)用双蒸水50ml,盖上瓶盖,用力摇晃试剂瓶,使瓶中的锇酸小瓶破碎,然后轻轻摇动使锇酸彻底溶解。整个操作过程最好在通风柜中进行。另外,锇酸价格昂贵,使用时要注意节约。

(2)1%的 O_sO_4 固定液:取2% O_sO_4 贮存液10ml加入等量的0.2mol/L PBS液混合均匀即可。

4. 不同浓度乙醇溶液 配制方法详见书末附录"酒精稀释表"。

5. Epon 812包埋剂

(1)A液: Epon 812 6.2ml,DDSA(十二烷基琥珀酸酐)10ml。

(2)B液: Epon 812 10ml,MNA(内次甲基4氢邻苯二甲酸酐)8.9ml。

现将A液、B液分别配好贮存,使用时根据不同硬度要求按一定比例混合,一般冬季A、B液之比为1:4,夏季为1:9左右。混合后用0.25ml注射器逐滴加入1%~2%的DMP-30〔2,4,6-三(二甲氨基甲基)苯酚〕加速固化(DMP-30为加速剂),边加边搅。

6. **醋酸铀染液**   称取醋酸双氧铀1.54g,溶于20ml 50%乙醇(pH 3.8)中即成铀染液。使用前过滤,冰箱保存。

7. **柠檬酸铅染液**

(1)A液:称取硝酸铅1.33g、枸橼酸钠1.76g倒入50ml容量瓶中,加入双蒸水(用前煮沸冷却)30ml,充分摇匀便可制得乳白色柠檬酸铅混悬液(A液)。

(2)B液:1mol/L NaOH。

(3)工作液:待配好的A液放置30分钟后加入8ml B液,再加双蒸水至50ml混匀,此时溶液会变清亮。注意工作液为碱性(pH 12),很容易与空气中的CO_2反应生成碳酸铅沉淀,故应密闭保存在冰箱中。一般工作液可保存1~2个月。工作液如出现沉淀不应再用。

(涂知明)

实验五　显微摄影

　　显微摄影术,是一种利用显微照相装置,把显微镜视野中所观察到物件的细微结构真实地记录下来,以供进一步分析研究之用的一种技术。它在科学研究中,尤其是医学、生物学研究领域中已成为一项常规又不可缺少的研究技术之一。

一、实验目的和要求

　　掌握显微摄影的原理和常用方法。

二、实验用品

(一)材料

　　各种细胞玻片(如动物神经细胞标本片,平滑肌细胞标本片,人外周血淋巴细胞染色体标本片)、擦镜纸、香柏油。

(二)器材

　　各种显微镜及其配件、摄影装置、自动曝光控制器或半自动曝光控制器,胶卷,快门线。数码相机、SD卡、数据线、放大机、显影罐、相纸、木夹、托盘、剪刀、直尺、切纸机。

(三)试剂

　　D-72显影液、定影液、蒸馏水。

三、实验内容与方法

(一)原理

　　显微摄影是把显微镜的物镜和目镜所组成的光学成像系统作为照相机的镜头去拍摄一般用肉眼无法看清的标本。这种对微小物体"放大录像",可直接为教学,科研提供方便。光源入射光束,经聚光镜有效聚焦到标本上,由标本表面的光入射到物镜上,标本经物镜放大,其光线再经照相目镜聚焦在照相暗盒的胶片上,光电转换器将标本成像的光线转换成电信号,自动曝光控制器根据信号的强弱、胶卷尺寸的大小、胶卷感光速度、胶卷倒易律失效补偿、色温大小等数据由机内电子计算机进行计算、修正,准确算出最佳曝光时间。经曝光后,就可以在胶片上获得与标本相反的实像,即潜像。现在用数码相机通过数字信号,更加方便快捷。根据显微镜的结构可知:当被观察的标本放在物镜前焦点稍外一点的位置时,将在目镜前焦点内侧且靠近焦点的位置处形成一个放大倒立的实像,这时再通过目镜(这时的作用像普通放大镜)就可看到一个放大倒立的虚像。如果调节物镜成像的位置(可使标本适当远离物镜或升高目镜,即增大目镜与物镜间的距离,使中间成像介于目镜的一倍焦距与两倍焦距之间),使物镜所成的像位于目镜前焦点的外侧,此像再经过目镜放大,即可在目镜的另一侧得到一个经二次放大的正立实像,当光源足够强时,此像可使底片或相纸感光,或者使数码相机、摄像机的CCD光电元件感光成像,这就是显微摄影的原理(图5-1)。

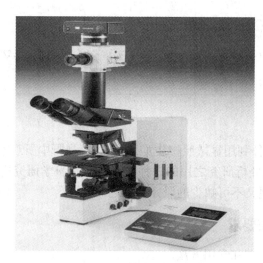

图5-1　显微摄影装置图

(二)方法

1. 普通光学显微摄影步骤

(1)拍摄前准备：显微摄影室应保持清洁、干燥、安装窗帘，避免强光直接照射，显微镜台要稳固防震。根据拍摄目的选择感光片、滤色镜。黑白摄影注意调节反差，彩色摄影注意彩色平衡。检查标本片是否洁净，必要时进行认真擦拭。

(2)有关调节：光轴对正(中心调节、合轴调节)，光轴的对正是使聚光器、物镜、目镜和光源的中心处在同一直线上。如果它们之间不同轴，则像差增大，分辨力下降，成像质量差，调节合轴。

(3)操作步骤：先调节可变光阑，方法是：将光阑关小然后将它的中心小孔调节到正好和聚光器下方透镜中心一致。使显微镜正对光源。把聚光器上升到它上端平面稍低于载物台平面的高度，将它的可变光阑开到最大。把低倍物镜转到工作位置上，安上一个低倍目镜。

在载物台上放一片标本片，然后调焦使能看清标本。调反光镜或灯泡位置，使视场照明均匀，最亮光束正处中央。转换高倍(40倍左右)物镜再进行一次调焦然后去掉标本。去掉目镜，眼睛直接向筒内观察，将聚光器下的光阑慢慢地缩小和打开数次，注意光阑缩小到最小时亮点是否处在视场的中心，如果不是，就要用聚光器螺旋杆调节，进行对正，对正的标准一是：光阑缩到最小时，亮点处在视场中心，这表示已合轴；二是开启光阑口径到视场等大时，光阑光孔所显示的圆圈与视场圆圈同心程度良好，然后重新安上目镜，合轴调节完毕。

聚光器的调节：柯勒照明法：在一定位置上的光源通过焦光镜到达场光阑(也叫光源光阑)，聚光器接收了来自场光阑的光线，并通过上下移动使场光阑的图像在标本平面上聚焦。如能在视场中看清场光阑开口的边缘，收启光阑又可见到视场中照明面积随之改变，说明已达到柯勒照明要求。新式内装照明显微镜，不需要调节灯的位置，主要是通过调节聚光器高度达到柯勒照明的要求。

聚光器的聚焦点在标本的平面上，其效果最好。但是如在使用低倍物镜时，由于受到某些光源条件的限制，常常出现照明面积太小的情况，这时只能将聚光器的位置下降，以增大照明面积，这时聚光焦点下降，物镜镜口角缩小，因面损失掉一部分分辨力。因此聚光器的高低有时也要考虑光线均匀、强度等因素。聚光器升高视场明亮，反之视场变暗。

所谓配合是指聚光器和物镜的数值孔径要取得一致。其意义一是：使物镜的镜接受到足够宽的入射光束，而且入射光束所展开的角度正好符合物镜的镜口角要求，以充分发挥物镜分辨力。二是把物镜所接受的光束以外的多余光线挡掉，以排除干扰。聚光器数值孔径低于物镜，那么物镜的部分数值孔径就浪费了，如果高于物镜数值孔径，一方面不能提高物镜规定的分辨力，另一方面因光不过宽使清晰度下降。聚光器与物镜配合的操作是：取下目镜，由镜筒中观察，调节聚光器光阑，使它的口径与所见视场的直径相同，即不同的物镜，聚光器光阑孔径不同。应随物镜改变及时加以调节（应将不同物镜需聚光器光阑刻度——校正固定）。

光源要安装稳压设备，亮度能调节；光束直径不能小于聚光器光阑直径，光线要均匀。

抽出暗盒盖使整个胶片在照相机内不受遮盖。以某一单位时间（取慢速时间或快速时间均可，如1秒或1/250秒）作为起始进行一次曝光。将暗盒盖推进一英寸左右，再以同样的曝光时间曝光一次。再将暗盒盖推进一英寸左右，以多于或少于上次曝光时间的2倍再曝光一次。以后每推进一英寸，曝光增加或减少2倍连续进行若干次曝光。按规定要求冲洗胶片，然后认真进行对比，选择暗部与亮部的细节最丰富的视野的曝光为"标准"曝光时间。

胶卷：其方法道理基本同散页片。取一胶卷，用不同的时间作一系列的曝光，然后认真冲洗确定最佳曝光时间。

（4）曝光计算："标准"曝光时间，只适用于同一显微镜，同一光学条件组合下的拍摄。但在实际拍摄中，光学条件是需要变化的，如物镜的调换等。所以要进行曝光换算。

计算公式如下：滤色片系数是指滤色片吸收光量的能力的因数。在使用彩色片时则不用考虑光片系数，因为彩色摄影主要是使用色温补偿滤色片，一般是预先放入光路中的。在使用黑白片时，最好是采用白光测光法，测得的曝光时间乘以滤光片系数，即等于总曝光时间。如果预先将滤光片放入光路中，即可直接读出曝光时间，不用考虑滤色片系数。滤色片系数在滤色片使用说明中均有标明。

曝光测量方法与步骤：在显微摄影中，测量亮度或曝光时间的方法一般有两种。将标本载玻片从载物台上移开，只读背景的亮度。这种方法有的在使用彩色反射片时使用。测量标本图像的实际亮度，这一方法适合黑白片也适合彩色片。

它能使被摄体暗处细节获得良好的表现。在显微摄影中普遍使用这种测光方法。

不管使用哪种测光方法，都必须首先校正曝光表，使与拍摄及冲洗等条件相一致。

因不同厂家生产的曝光表使用方法不尽相同，故使用方法也不能完全统一，下面介绍使用曝光表的一般步骤。具体方法需遵各自说明书进行。

2. 胶片相机显微摄影程序

（1）把"MODE/EXPOSURE TIME"曝光方式选择器的旋钮对准"AUTO"位以进行自动曝光。

（2）按下"FORMAT"胶卷规格选择器上3个按钮中标明"35"的按键。

（3）打开照相机的后盖，装入胶片。把胶片的头端放入收片轴的片槽时，不要使它超出片槽的另一端。

（4）按自动曝光控制器的"WINDING"卷片钮2~3次，进行空卷空拍。在卷胶片时，要观察胶片的计数器是否转动。如果没有转动，说明胶片的齿孔与片轴的齿牙没有衔接好，需要再一次打开照相机后盖，使其紧密地衔接好。

（5）选用所使用胶片的感光度。目前国内所用的胶片多为ASA100。

（6）选定所使用胶片的倒易律失效的补偿指数。然后对准刻度盘。一般情况下，使用黑白胶卷对准"4",彩色胶卷对准"2"。

（7）测量色温,彩色照相时,把照明的色温调整到胶片规定的色温上。测量色温应在标本或载玻片的空白处进行,而不能在有标本的区域进行。

（8）黑白照相时,把照明光源的电压调在6V以上。使用绿色滤色镜,或在照明度亮的时候使用中灰滤色镜。

（9）对焦与调节孔径光阑,将标本对焦并调节聚光镜的孔径光阑,以取得合适的反差。孔径光阑一般收缩到物镜数值孔径的60%到80%。

（10）根据标本的分布密度情况,把"EXPOSURE ADJ"曝光补偿刻度盘调整到适当的位置上"1"。

（11）对焦转动调焦目镜上的屈光度调节环,使取景框中的双十字线达到最清晰的程度。在使用低倍率物镜时,需要使用对焦望远镜(FT-36)。

（12）按下曝光按钮"EXPOSE",快门开启,胶片感光;曝光同时,工作信号灯"WORK"灯亮;快门闭合,曝光结束,灯熄灭,胶卷已自动进片一帧。

（13）根据实际需要重复拍摄,直到整个胶卷拍摄完时,胶片的结束信号灯"FILM END"亮。

（14）按操作规程取下胶卷。

3. 数码相机显微摄影程序

（1）启动相机: 相关相机软件,启动相机。

（2）调焦: 使用高速预览模式调焦。图森相机具有高速预览功能,方法是在调焦的时候将相机的分辨率调至较小值,以增大预览速度。而拍照的时候,则应选择在高分辨率模式下。

（3）白平衡: 左右移动载玻片,至样品完全移出聚光镜范围以外,点击自动白平衡。

（4）调节相机参数: 相机参数的调节可以极大地影响图片的质量,这些参数主要包括曝光时间调节,增益调节,以及gamma值,饱和度,亮度的调节,为了拍摄更为真实的显微摄影图片,应采用适当的曝光时间同时尽量减小增益,以降低背景噪声,同时应保证gamma值,饱和度和亮度的值为0。

（5）进行拍摄: 点击拍摄按钮,系统将弹出保存界面,将文件命名之后即可保存,也可设置自动保存。

（6）录像: 点击录像按钮,即可进行录像。

（7）剪切拍摄功能: 可以选择对视野范围的局部进行拍照。

4. 注意事项

（1）清理环境: 显微摄影装置及擦拭标本片等。根据拍摄目的,用途选择感光片并装于照相机内。确定使用目镜和物镜的倍数,选择好标本视野及初步调节焦距。调整光源、聚光器等。根据标本染色、光源色温、感光片等情况选择滤光片,并决定是否在测光之前放置。一般来说,彩色片主要放置色温补偿滤光片,为提前放入。黑白片使用标本染色补色的滤光片。如HE染色时用绿色滤光可以提高影像的对比度。装入胶片后,要注意按自动曝光控制器的"WINDING"卷片钮。注意调好"双十字"线。

（2）校正色温和曝光测量: 校正色温是通过调节色温调节旋钮等使光源色温与感光片色温一致,色温调节完毕再进行曝光测量;根据需要放置标本切片编号等于光路中,以记录在底片上;精确调整焦距,检查视野;启动快门,注意启动快门动作要轻,加用快门线。

（3）选择感光片,一般情况下,颗粒细、分辨力高、反差适中的胶片常被选作显微摄影用,除拍摄活动标本外,感光片感光度宜偏低。注意选定所使用胶片的倒易律失效的补偿指数。

（4）制备组织切片要尽量的薄一些,且予染色（色重些）,以提高影像对比度和质量,载玻片和盖玻片的表面应平整、干净,玻璃的质量要高,在化学性质上要稳定,抗腐能力强。在放大率相同情况下,尽量选择大倍率的物镜。

5. 其他特殊显微摄影　主要介绍常用特殊显微摄影要点,与普通显微摄影相同之处不予重复。

（1）暗场法: 使用专用暗场聚光器在普通显微镜上即可取得暗场照明。暗场法多用于拍摄通明或半透明及活的标本,暗场显微术常使用黑白胶片和高速胶片。

（2）相差法: 拍摄各种透明程度不同的标本能产生优异反差的效果,它能表现细胞的内部细节,最多用于组织培养领域,可拍摄活的正在生长的细胞（可进行定时摄影记录其生长过程）。黑白相位差法显微摄影,常使用绿色滤光片（用单色绿光取得适宜的相位效应）。因为这种方法又主要是观察无色或几乎无色且反差较低的影像。一般多用黑白片而不用彩色片。感光片常用颗粒和高速胶片。

（3）荧光显微摄影: 荧光是以光激发发光的一种现象。普通摄影显微镜只要能配合一个荧光光源即可进行一般的荧光显微摄影。另外还有特制的荧光显微镜,荧光光源的特点是波长短,光能强（如紫外线或蓝紫光）,照射标本后,标本内荧光物质吸收光能而呈现荧光现象。这样我们就可行荧光显微摄影。荧光显微摄影的注意事项: 在暗室中进行,因为荧光强度低,在亮室中反差太小,不易辨别。光源调节,无论是超高压汞灯或卤钨灯光源,其发光点须处在光源装置和显微镜各透镜光轴上,光源装置凹面反射镜所反射的发光点虚像与实像重叠。这样可得到最强的激发光和荧光。荧光显微术方式的选择最好是使用暗视野术,这样可使用黑暗的背景更好地衬托出明亮的荧光色彩。荧光图像在拍摄时往往需要较长的曝光时间,因此要使用高速感光片,荧光显微摄影尽量选用彩色胶片（日光型）。一般应在10分钟内结束曝光,时间太久,荧光易淬灭,图像模糊,反差降低。

（4）电子显微镜摄影: 电子显微镜是利用电子流代替光线使物体成像。电子显微镜种类很多,常用的有透射电子显微镜和扫描电子显微镜。将感光胶片放在电子显微镜投影镜下照相室里,在电子束下曝光然后行暗室加工,即可得到电子显微镜照片或幻灯片。电镜标本因受电子束照射而逐渐损坏,因此电镜下的照相与光镜不同的是首先进行拍照而后再进行观察。能否如实记录研究实验结果,照相是整个工作的重要一环。因此只有熟练正确的操作,高质量的标本才能获得理想的电子显微镜图片。

电子显微镜照相基本操作步骤: 选择照相视野和放大倍率; 聚焦后不要移动标本,并严格观察物象有无漂移; 减少C2电流,使其全乎曝光要求; 再次检查物象有无漂移; 放下荧光屏或关闭快门; 将感光片关入光路,关闭室灯; 进行曝光; 把底片退出光路到收集合中,打开快门。电子显微镜底片的冲洗照片的制作基本同光学显微镜。一般情况下底片的显微镜配方可用柯达C-72式或D-76式配方。定影时可用F-5式配方。照片显影注意要对比明显。常用中性或感触性相纸制作照片,电镜照片焦点要清晰,放大倍率要十分准确。数码照片一般直接保存,不需要冲印。

6. 暗室加工注意事项　根据被摄标本的反差,拍摄用途要求（如需要印制大照片）确定显影液配方如柯达D-72或D-76配方。散页片常用盘中显影,胶卷常用罐中显影,罐中显影比盘中显影时间要长约25%。

感光片冲洗后,在干燥之前最好过一下蒸馏水或在润湿剂中浸泡约1分钟。这样有助于减少斑的形成及干燥不均匀。选用冷调光面纸印放照片。为使影像对比度明显常使用中性或硬性相纸。照片显影液也可同时准备两种,如D-72显影液一种1:1稀释,另一种1:2稀释,照片显影深度不要过浅。

彩色照片的冲印送专业冲洗店进行。数码照片一般直接保存,不需要冲印。

7. 显微摄影常见问题 这里主要指光学显微镜摄影中影响图像的原因。有些属显微镜光学系统的质量低劣,有些出于未能正确地调节照明及有关部位,标本本身也可影响图像的质量。另外,滤光片的使用不当也可导致非优质照片的出现。

图像不清晰的常见原因是:显微镜的微调焦方面有些"滑轮"。按动快门的动作过重或忘记使用快门线或其他原因造成的震动,以及照相机目镜视度环未调整,焦点未调节清等原因造成。

反差低:台下光阑开太大,造成光斑,使图像反差下降;滤光片放错。在黑白显微摄影中如果滤光片的颜色与标本近似则反差下降(但这时标本的细节层次丰富)。

分辨力差:聚光器光阑使用不当,将开口缩得太小(小于物镜数值孔径);聚光器位置过低,这样也等于不能充分利用物镜的数值孔径;照片的放大倍率过大导致空放大,显微摄影照片放大率应遵守1000乘以物镜数值孔径这一原则。有的为便于观察或特殊之用,也超过放大倍数,但这时分辨力却不增加。

焦点不实的斑点:一般是光学系统的灰尘所致。如聚光镜透镜,滤光片光源透镜灰尘等。它们在彩色片上可呈彩色斑点。如果使用简易组合显微摄影装置,正常出现野中有快门叶片的现象等毛病。这些常因照相机与显微镜连接时焦点不准造成或光束不合轴所致。

(三)结果

1. 在高倍镜或油镜下拍摄动物神经细胞,可见神经细胞形状不规则,神经细胞的基本结构:可分为胞体和突起两部分。胞体包括细胞膜、细胞质和细胞核;突起由胞体发出,分为树突(dendrite)和轴突(axon)两种。照片上可看到有多个突起,一般有一个轴突和多个树突(图5-2/文末彩图5-2)。

2. 在高倍镜或油镜下拍摄动物的平滑肌细胞,必须寻找分散的单个细胞,至少不重叠,可见平滑肌细胞染成粉红色,平滑肌纤维呈长梭形,无横纹。细胞核一个,呈长椭圆形或杆状,位于中央,收缩时核可扭曲呈螺旋形,核两端的肌浆较丰富。平滑肌纤维大小不一,一般长200 μm,直径8 μm;小血管壁平滑肌短至20 μm,而妊娠子宫平滑肌可长达500 μm。平滑肌主要分布于血管、气管、胃、肠等壁内。平滑肌纤维可单独存在,绝大部分是成束或成层分布的(图5-3/文末彩图5-3)。

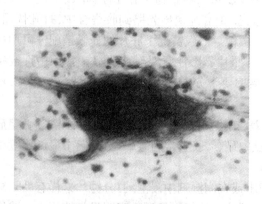

图5-2　动物的神经细胞

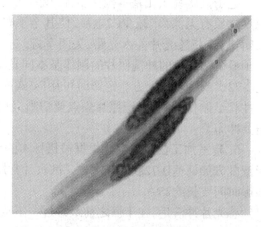

图5-3　动物的平滑肌细胞

3.在高倍镜或油镜下拍摄人外周血淋巴细胞染色体,首先找到中期分裂象,染色体分散无重叠,数目轮廓清晰(图5-4)。然后,可选黑白或彩色拍摄。

四、作业与思考题

(一)作业

1.显微镜摄影时应掌握哪些关键步骤?

2.自己动手拍摄一张动物细胞图或一张人外周血淋巴细胞染色体。

(二)思考题

显微镜摄影时发现图像不清晰有哪些原因?

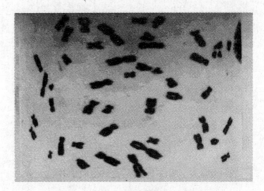

图5-4　人外周血淋巴细胞染色体

(涂知明)

第二篇　细胞结构及成分的显示

引　言

　　细胞是生命活动的基本结构和功能单位,生命体的各种生命活动都依赖细胞完成。细胞的体积很小,多数动物细胞的直径只有20~30微米,而人眼的分辨率是100微米,所以人眼是看不到这些细胞的,需要借助显微镜才能观察到。细胞内的结构包括线粒体、中心体、液泡、染色体、核仁等体积更小,而且这些结构多数是透明的,即便单纯使用光学显微镜也很难观察到。因此,这些结构的观察需利用细胞化学的方法,即在保持细胞原有的形态结构的基础上,以化学反应的方法显示出细胞中的化学成分,然后通过显微镜观察各种结构的形态、数量和细胞内分布的特点。本篇主要介绍血涂片的制作及大分子物质DNA、RNA显示的原理和方法;经特殊方法染色的高尔基体、中心体的形态及分布特点;动物活细胞中液泡系染色的原理及液泡形态的观察;动植物细胞中线粒体的活体染色的方法及形态特点;植物细胞骨架染色的原理及细胞骨架分布特点;毛囊细胞核仁组织区的银染的原理及操作步骤。

(赵俊霞)

实验六 DNA和RNA的测定

一、实验目的和要求

(一)了解细胞内DNA和RNA的显示原理,以此明确DNA和RNA在细胞内的分布。

(二)初步掌握蟾蜍的解剖技术。

(三)熟练掌握血涂片的制作过程。

二、实验用品

(一)材料

蟾蜍。

(二)器材

显微镜、载玻片、盖玻片、纱布、吸水纸、培养皿、吸管、染色缸、70%乙醇、纯丙酮、剪刀、镊子、蒸馏水、镜油、擦镜纸。

(三)试剂

甲基绿-派洛宁混合染色液。

三、实验内容与方法

(一)原理

甲基绿-派洛宁为碱性染料,能分别与细胞内的DNA和RNA结合而呈现不同的颜色,一般认为这是由于两种核酸的聚合程度不同所致。在两种染料混染时发生竞争,DNA(高聚分子)能被甲基绿染成绿色,RNA(低聚分子)则被派洛宁染成红色。由于此反应特点,就立即使细胞中两种核酸从颜色方面区别出来。

(二)方法与步骤

1. **蟾蜍血涂片的制备** 将蟾蜍杀死,剪开体腔,从心脏取血,拿一张载玻片,将血液滴在载玻片的右端,另用一张边缘光滑的载玻片,以其末端边缘置于血液的左缘,然后稍向后退,血液就充满在两玻片的余角中,再以约40°角向左方推动,即成血液薄膜(图6-1)。

2. **血涂片的染色** 取一张蟾蜍血涂片,在70%乙醇中固定5~10分钟,晾干后,滴甲基绿-派洛宁混合染液于涂片上,染色20分钟,蒸馏水冲洗并用吸水纸吸去多余水分,但血膜处不可吸得过干,然后纯丙酮中浸一下进行分色。

(三)结果

在高倍镜下仔细观察发现细胞核除核仁外均被染成蓝绿色,表明其含有DNA,而细胞质因含有大量RNA而呈现红色(图6-2)。

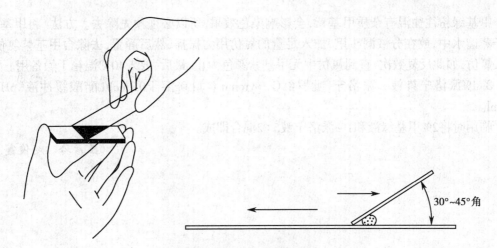

图6-1　血涂片制作示意图

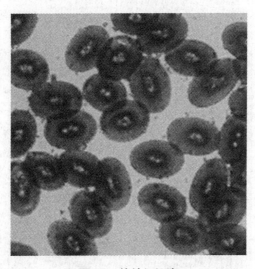

图6-2　蟾蜍红细胞

四、作业与思考题

(一)作业

1. 简述蟾蜍血涂片的制作过程。

2. 绘图说明蟾蜍血细胞中DNA和RNA的分布。

(二)思考题

1. 细胞内DNA和RNA的显示原理?

2. 仔细观察细胞核中核仁的颜色,并解释为什么?

五、附录(试剂配制)

1. 0.2mol/L醋酸缓冲液(pH 4.8)　冰醋(乙)酸1.2ml,加蒸馏水至100ml。醋酸钠(NaAc·3H$_2$O)2.72g,溶于100ml蒸馏水中,使用时两液按2:3比例混合。

2. 2%甲基绿染液　去杂质甲基绿粉(methyl green)2.0g溶于0.2mol/L醋酸缓冲液(pH 4.8)100ml。

甲基绿粉往往混有杂质甲基紫，会影响染色效果，所以必须预先除去。方法：将甲基绿粉溶于蒸馏水中，放在分液漏斗里，加入足量的氯仿用力振摇，然后静置，去除含甲基紫氯仿，再加入氯仿，如此反复数次，直到氯仿中无甲基紫颜色为止，最后，放入40℃温箱干燥备用。

3. **1%派洛宁染液**　派洛宁（吡罗红G，pyronin G）1.0g溶于0.2mol/L醋酸缓冲液（pH 4.8）100ml。

临用时将2%甲基绿液和1%派洛宁液5∶2混合即成。

（王彦玲　赵俊霞）

实验七　细胞器的观察

一、实验目的和要求

通过对动物、植物细胞的观察,掌握光镜下细胞器的基本形态结构。

二、实验用品

(一)材料

脊神经节切片标本、大白鼠胰腺切片标本、马蛔虫子宫横切片标本。

(二)器材

光学显微镜、擦镜纸、纱布。

三、实验内容和方法

(一)高尔基复合体的观察

取豚鼠或家兔的脊神经节切片标本,观察高尔基复合体。用特殊的染色方法,使细胞质和其中的高尔基复合体着色,细胞核不着色。先用低倍镜观察,可见许多黄色椭圆形或不规则形的神经细胞。找出细胞轮廓清楚的部位,转高倍镜观察,可见细胞的中央有一个不着色的圆形区域,即为细胞核。有些细胞核中可以看到黄色的核仁。在细胞核周围有些颗粒状、斑块状及扭曲的条索状结构,它们共同组成类似细网状结构,分布在胞质中,被染成黄褐色或棕黑色,这就是高尔基复合体。在视野中也可能看到没有经过细胞核的切面,该细胞内高尔基复合体就好像散布在整个细胞质中(图7-1/文末彩图7-1)。

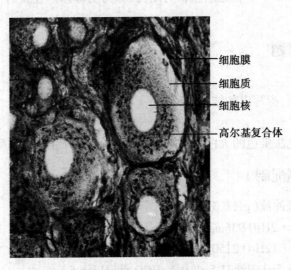

图7-1　兔脊神经节细胞(示高尔基复合体)

49

（二）线粒体的观察

1. **劳弗氏快蓝染色法**　取用劳弗氏快蓝染色的切片,先用低倍镜找到有细胞处,转高倍镜观察,可见核仁被染成红色,核质不着色,线粒体则染成蓝绿色。另外还可观察到染成紫红色或紫色的酶原颗粒,呈堆状分散在细胞中（图7-2/文末彩图7-2 ）。

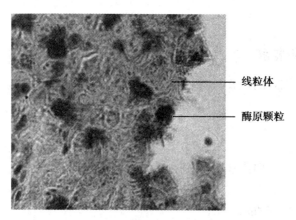

图7-2　大白鼠胰腺细胞劳弗氏快蓝染色（示线粒体 ）

2. **苏木精染色法**　取大白鼠胰腺切片,先用低倍镜找到细胞颜色较浅处,细胞轮廓较清晰的地方(由于细胞膜不着色,细胞轮廓不易分清),转高倍镜观察,胞核中有1~2个染成蓝绿色的小粒,这是核仁,胞质中有许多染成蓝色的细小粒状或线状结构,有的集中在细胞某一区域,有的分散在整个细胞质中,这就是线粒体。

（三）中心体的观察

取马蛔虫子宫横切片,观察马蛔虫子宫中受精卵分裂中期细胞,可见染色体染成黑色,呈粗线状,排列于细胞纺锤体中间的赤道面上。在染色体两侧各有一个被染成黑色的小粒,叫中心粒（ centriole ）,在中心粒周围还有一团比较致密的物质叫中心球（ centrosphere ）,中心粒和中心球合称为中心体。两个中心粒之间丝状的结构,称为纺锤体。在视野中,有时观察到只有一侧有中心体存在。

四、作业与思考题

（一）作业

绘脊神经节细胞图,标写出各结构名称。

（二）思考题

用劳弗氏快蓝染色法染色的大白鼠胰腺切片中,如何区分线粒体与酶原颗粒?

五、附录（试剂配制）

1. 6mmol/L PBS缓冲液（ pH 6.5 ）

（1）A液: $Na_2HPO_4 \cdot 2H_2O$ 936mg/1000ml。

（2）B液: $NaH_2PO_4 \cdot 12H_2O$ 2150mg/1000ml。

（3）工作液: A液68.5ml+B液31.5ml（用$NaHCO_3$调pH至6.5）。

2. 1% triton X-100（聚乙二醇辛基苯基醚 ）溶液　量取1ml Triton X-100 液,加M-缓冲液99ml即可。

3. M-缓冲液配制

咪唑（Imidazole）	3.404g
KCl	3.7g
$MgCl_2 \cdot 6H_2O$	101.65mg
EGTA	380.35mg
EDTA	29.224mg
巯基乙醇	0.07ml
甘油	297ml
蒸馏水	加至1000ml

用1N HCl调pH至7.2，室温保存。

4. 3%戊二醛 25%戊二醛12ml、6mmol/L PBS 88ml。

5. 0.2%考马斯亮蓝R250染料 考马斯亮蓝R250 0.2g、甲醇46.5ml、冰醋酸7ml，加蒸馏水至100ml。

（张树冰 刘艳平）

实验八 线粒体和液泡系的活体染色

一、动植物细胞线粒体的超活染色观察

(一)实验目的和要求
1. 掌握观察动、植物活细胞内线粒体显示技术。
2. 了解动、植物活细胞内线粒体的形态、数量与分布。

(二)实验用品
1. **材料** 人口腔黏膜上皮细胞、洋葱鳞茎内表皮细胞。
2. **器材** 显微镜、镊子、恒温水浴锅、表面皿、吸管、牙签、吸水纸。
3. **试剂** Ringer溶液、詹纳斯绿B溶液。

(三)实验内容与方法
1. **原理** 线粒体是细胞进行呼吸作用的场所。詹纳斯绿B是毒性较小的碱性染料,可专一性地对线粒体进行超活染色,这是由于线粒体内的细胞色素氧化酶系的作用,使染料始终保持氧化状态(即有色状态),呈蓝绿色;而线粒体周围的细胞质中,这些染料被还原为无色的色基(即无色状态)。

2. **方法与步骤**

(1)口腔黏膜细胞线粒体观察:取清洁载玻片放在37℃恒温水浴锅的金属板上,滴2滴詹纳斯绿B应用染液。实验者用牙签在自己口腔黏膜处稍用力刮取上皮细胞,放入载玻片的染液滴中,染色10~15分钟(注意不可使染液干燥,必要时可再加滴染液),盖上盖玻片,用吸水纸吸去四周溢出的染液,置显微镜下观察。

(2)洋葱鳞茎表皮细胞线粒中的超活染色观察:用吸管吸取詹纳斯绿B应用染液,滴一滴于干净的载玻片上,然后撕取一小片洋葱鳞茎内表皮,置于染液中,染色10~15分钟。用吸管吸去染液,加一滴Ringer液,注意使内表皮组织展平,盖上盖玻片进行观察。

3. **结果** 在低倍镜下,选择平展的口腔上皮细胞,换高倍镜或油镜进行观察。可见扁平状上皮细胞的胞质中,分布着一些被染成蓝绿色的颗粒状或短棒状的结构,即是线粒体(图8-1)。

洋葱表皮细胞中被染成蓝绿色的颗粒即线粒体(图8-2)。

(四)作业与思考题
1. **作业**

(1)简述线粒体詹纳斯绿B活体染色的原理。

(2)绘图示口腔黏膜上皮细胞中线粒体。

2. **思考题** 做人口腔黏膜上皮细胞线粒体显示时,为什么需要把载玻片放在37℃恒温水浴锅的金属板上?

(五)附录(试剂配制)
1. **Ringer溶液** 氯化钠0.85g,氯化钾0.25g,氯化钙0.03g,蒸馏水100ml

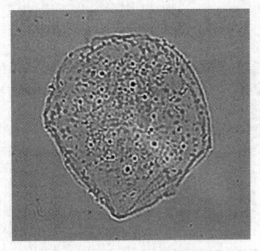

图8-1　示人口腔上皮细胞线粒体

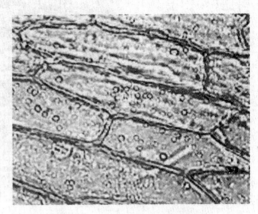

图8-2　示洋葱表皮细胞线粒体

2.1%和1/5000詹纳斯绿B溶液。

2. **詹纳斯绿B溶液**　称取50mg詹纳斯绿B溶于5ml Ringer溶液中,稍加热(30~40℃),使之溶解,用滤纸过滤后,即为1%原液。取1%原液1ml加入49ml Ringer溶液,即成1/5000工作液,装入棕色瓶中备用。最好现用现配,以保持它的充分氧化能力。

二、蟾蜍胸骨剑突软骨细胞液泡系活体染色及观察

(一)实验目的和要求

1. 掌握蟾蜍的处死及解剖技术。
2. 掌握蟾蜍胸骨剑突软骨细胞液泡系活体染色技术。
3. 了解蟾蜍胸骨剑突软骨细胞液泡系的形态及分布。

(二)实验用品

1. **材料**　蟾蜍
2. **器材**　显微镜、解剖盘、剪刀、镊子、表面皿、吸管、吸水纸。
3. **试剂**　Ringer溶液、中性红溶液。

(三)实验内容与方法

1. **原理**　在动物细胞内,凡是由膜所包围的小泡和液泡除线粒体外都属于液泡系,包括高尔基复合体、溶酶体、微体、消化泡、自噬小体、残体、胞饮液泡和吞噬泡,都是由一层单位膜包围而成。软骨细胞内含有较多的糙面内质网和发达的高尔基复合体,能合成与分泌软骨黏蛋白及胶原纤维等,因而液泡系发达。中性红是液泡系特殊的活体染色剂,为弱碱性染料,对液泡系的染色有专一性,只将液泡系染成红色,在细胞处于生活状态时,细胞质及核不被染色,中性红染色可能与液泡中的蛋白有关。

2. **方法与步骤**

(1)取一只蟾蜍,破坏脑和脊髓,剪开胸腔,取胸骨剑突软骨最薄部分的一小片,放在载片上,滴两滴1/3000中性红染液,染色8~10分钟。

(2)用吸水纸吸去染液,加一滴Ringer液,盖上盖片,吸去多余Ringer液,进行观察。

3. **结果**　显微镜下观察,可见软骨细胞为椭圆形,细胞核周围有许多染成玫瑰红色。大小不一的小泡,即软骨细胞液泡系(图8-3)。

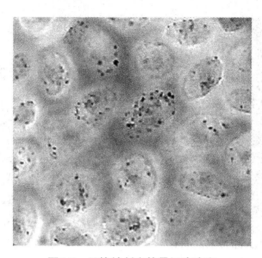

图8-3   示蟾蜍剑突软骨细胞液泡

(四)作业与思考题

1. 作业

（1）简述液泡系中性红染色活体染色的原理。

（2）绘图示蟾蜍剑突软骨细胞液泡的形态及分布。

2. 思考题

某同学用蟾蜍剑突软骨做实验时,取材后放置一段时间才用中性红染色,结果能观察到液泡吗? 为什么?

(五)附录(试剂配制)

1. Ringer溶液   氯化钠0.85g,氯化钾0.25g,氯化钙0.03g,蒸馏水100ml。

2. 10%和1/3000中性红溶液   称取0.5g中性红溶于50ml Ringer液,稍加热(30~40℃)使之很快溶解,用滤纸过滤,装入棕色瓶于暗处保存,否则易氧化沉淀,失去染色能力。临用前,取已配制的1%中性红溶液1ml,加入29ml Ringer液混匀。装入棕色瓶备用。

（周娜静   赵俊霞）

实验九 微管与微丝的观察

一、细胞骨架的光学显微镜观察

（一）实验目的和要求
1. 通过观察了解细胞骨架的结构特征。
2. 掌握在普通光镜下细胞骨架显示的技术原理和观察方法。

（二）实验用品
1. **材料** 新鲜洋葱鳞茎。
2. **器材** 显微镜、染缸、滴管、试剂瓶、载玻片、盖玻片、镊子。
3. 试剂M缓冲液、PBS磷酸缓冲液、NaCl生理盐水、1% Triton X-100、3%戊二醛、0.2%考马斯亮蓝R250染液、湿盒。

（三）实验内容与方法
1. **原理** 光学显微镜下细胞骨架的形态学观察多用1% Triton X-100处理细胞，再用考马斯亮蓝R250染色的方法。基本原理是细胞内大部分蛋白质及脂质（质膜和内膜系统）可与去垢剂Triton-100作用溶于水，从而被提取，而结合成纤维状的细胞骨架系统的蛋白质被保存，之后用考马斯亮蓝对细胞中剩余蛋白质非特异染色，即可使细胞骨架蛋白着色，而胞质背景着色弱，使得胞质中骨架纤维蛋白得以清晰显现。实验用M缓冲液中咪唑是缓冲剂，维持细胞的渗透压；EGTA和EDTA是离子螯合剂，造成低钙环境，使骨架纤维保持聚合状态并且较为舒张。戊二醛作为的固定剂，使细胞结构保持原有形态。

2. **方法与步骤** 取新鲜洋葱鳞茎，用镊子撕取洋内表皮每片大约黄豆粒大小，用PBS磷酸缓冲液冲洗，吸去磷酸缓冲液后，用1% TritonX-100处理30分钟；吸去TritonX-100后，用M缓冲液洗三次，略晾干后用3%戊二醛固定细胞15分钟；用PBS磷酸缓冲液冲洗三次，吸去多余液体，用0.2%考马斯亮蓝R250染色30分钟；最后用蒸馏水洗去多余染液，加盖玻片，于普通光学显微镜下，选取骨架形态清晰、典型的细胞或细胞群进行观察。

3. **结果** 低倍镜下可粗略观察到细胞内粗细不等的蓝色纤维、团块形成的网状结构，倍镜下可清楚观察到蓝色的网状结构，由线性纤维交织而成（图9-1）。

不同种类细胞、同种类细胞在不同生理状态下、细胞不同部位的细胞骨架形态分布不同。

（四）作业与思考题
1. **作业**
（1）绘制光镜下所观察到的细胞骨架图。
（2）简述普通光学显微镜下观测细胞骨架原理。

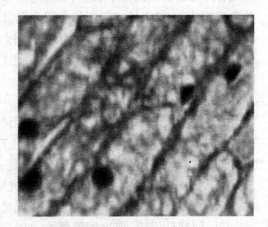

图9-1 洋葱表皮细胞（示细胞骨架）

2. 思考题

（1）实验过程中Triton X-100的作用？

（2）戊二醛在实验中的作用？

（五）附录（试剂配制）

1. M缓冲液（pH 7.2）　咪唑（50mmol/L）3.404g，KCl（50mmol/L）3.7g，$MgCl_2$（0.5mmol/L）101.65mg，EGTA（1mmol/L）380.35mg，EDTA-Na_2（0.1mmol/L）29.224mg，DTT（1mmol/L）0.07ml，甘油（4mol/L）0.07ml，加纯水至1000ml。

2. 0.2%考马斯亮蓝R250染液　0.2g考马斯亮蓝R250粉溶于甲醇46.5ml，冰醋酸7ml，蒸馏水46.5ml溶液中。

3. 6mmol/L pH 6.8 PBS磷酸缓冲液　0.2149g $Na_2HPO_4 \cdot 12H_2O$，0.0816g KH_2PO4，加入100ml蒸馏水。

4. 1% Triton X-100　0.5ml 100% Triton X-100加入M缓冲液49.5ml。

5. 3%戊二醛　6ml 25%戊二醛加入PBS磷酸缓冲液44ml。

二、细胞骨架的荧光显微镜观察

（一）实验目的和要求

1. 通过观察了解细胞骨架的结构特征。

2. 掌握在光镜及荧光显微镜下细胞骨架的技术原理和观察方法。

（二）实验用品

1. **材料**　新鲜洋葱鳞茎细胞爬片。

2. **器材**　显微镜、染缸、移液枪、滴管、试剂瓶、湿盒、载玻片、盖玻片、镊子。

3. **试剂**　M缓冲液、PBS磷酸缓冲液、NaCl生理盐水、0.1% Triton X-100、3%戊二醛、4%多聚甲醛、甲基罗丹明-鬼笔环肽、微管蛋白一抗、荧光标记二抗。

（三）实验内容与方法

1. **原理**　荧光显微镜下观察细胞骨架可以采用荧光染料直接标记，也可以采用间接染色的免疫发光法，从而使不同种类细胞骨架蛋白分别标记上荧光。直接标记法最常用的荧光燃料是甲基罗丹明标记的鬼笔环肽，鬼笔环肽与微丝有强烈的亲和作用，能使F-actin稳定，与微丝结合后可以清晰地显示细胞中的微丝。免疫发光法的基本原理是通过孵育特异性的抗微管的免疫血清（一抗），使之与细胞中微管蛋白特异性结合（这时染料只结合一种蛋白，与考马斯亮蓝非特异结合蛋白不同）。再加入荧光标记的抗球蛋白抗体（二抗），这时二级抗体和一级抗体结合，使细胞中的微管蛋白间接的标记上荧光，当把标记好的细胞拿到荧光显微镜下观测时，就可以看到微管的形态和分布。

2. **方法与步骤**

（1）直接标记法：取新鲜洋葱鳞茎，用镊子撕取洋内表皮每片大约黄豆粒大小，用PBS磷酸缓冲液冲洗，吸去磷酸缓冲液后，加入透化剂0.1% Triton X-100（增加细胞膜通透性，利于染料进入细胞）孵育30分钟；缓冲液洗涤3次，洗去透化剂，在3%戊二醛中固定15分钟；缓冲液洗涤3次，洗去固定液，吸去多余水分；加入荧光染料甲基罗丹明-鬼笔环肽，在湿盒中避光孵育1小时，洗去多余抗体，封片，注意避光，在荧光显微镜下观测荧光染色结果。

（2）间接标记法：取出细胞爬片，加入透化剂0.1% Triton X-100孵育30分钟；缓冲液洗涤3次，洗去透化剂，在固定液4%多聚甲醛中固定1小时；缓冲液洗涤3次，洗去固定液，吸去多余水分,首先加入一抗(如兔抗微管蛋白抗体),湿盒中孵育37℃温育1小时,用缓冲液震荡洗涤3次,洗去未结合的游离一抗,加入荧光二抗(FTTC标记的羊抗兔抗体),37℃避光孵育40分钟;荧光抗体孵育完后洗去多余抗体,封片,注意避光保存,在荧光显微镜下观测荧光染色结果。注意因不同细胞种类或抗体类型不同,免疫荧光实验前应根据具体实验情况提前摸索最佳染色条件,从而确定本实验的抗体工作浓度及孵育时间和温度。

3. 结果　使用罗丹明标记的鬼笔环肽直接标记的细胞中观察微丝,基本形态与光镜中观测到的微丝组成的张力纤维形态一致,微丝呈明亮的橘红色;使用抗微管蛋白抗体作为一抗,FTTC标记的二抗实验时,荧光显微镜下微管特异性呈现黄绿色,微丝不被染色,可看到交错成网状的微管蛋白,认真观测荧光的分布,可了解微管与质膜相连的密集程度与总体分布情况。

(四)作业与思考题

1. 作业

(1)简述荧光显微镜观测细胞骨架原理。

(2)简述鬼笔环肽标记细胞骨架的原理。

(3)绘制你观察到的荧光显微镜下的微丝和微管的形态。

2. 思考题

(1)荧光直接标记法与免疫荧光法的区别?

(2)实验过程中Triton X-100的作用?

(五)附录(试剂配制)

1. M缓冲液(pH 7.2)　咪唑(50mmol/L)3.404g,KCl(50mmol/L)3.7g,MgCl$_2$(0.5mmol/L)101.65mg,EGTA(1mmol/L)380.35mg,EDTA-Na$_2$(0.1mmol/L)29.224mg,DTT(1mmol/L)0.07ml,甘油(4mol/L)0.07ml,加纯水至1000ml

2. 6mmol/L pH 6.8磷酸缓冲液　0.2149g Na$_2$HPO$_4$·12H$_2$O,0.0816g KH$_2$PO$_4$,加入100ml蒸馏水。

3. 0.1% Triton X-100　0.1ml 100% Triton X-100加入M缓冲液100ml。

4. 3%戊二醛　6ml 25%戊二醛加入PBS磷酸缓冲液44ml。

5. 4%多聚甲醛　4g多聚甲醛溶于100ml PBS磷酸缓冲液。

(刘　丽　赵俊霞)

实验十 毛囊细胞核仁组织区银染法

一、实验目的和要求

（一）了解核仁组织区（NOR）银染的原理。
（二）初步掌握NOR银染方法的操作过程。

二、实验用品

（一）材料
带有毛囊组织的头发。

（二）器材
恒温水浴箱、显微镜、解剖刀、镊子、载玻片、培养皿或铝盒、吸管。

（三）试剂
40%乙酸液、甲醇、冰乙酸、5mol/L盐酸、2%明胶、50%硝酸银液、去离子水。

三、实验内容与方法

（一）原理
核仁的功能包括rRNA的合成、加工和核糖体大、小亚基的装配。

核仁组织区（nucleolar-organizing region，NOR）位于核仁的纤维部分，是参与形成核仁的染色质区，它具有rRNA基因（rDNA），在细胞分裂期，它分布在特定染色体（人类13、14、15、21、22）的次缢痕处。银染核仁组织区蛋白能反映rRNA基因的转录活性。NOR银染物质是同rRNA转录密切相关的酸性蛋白质（C_{23}蛋白，MW：100kD和B_{23}蛋白，MW：37kD），这类酸性蛋白质含有SH基团和二硫键，可将$AgNO_3$中的Ag^+还原为黑色的银颗粒，具有很强的嗜银性。实验证明，有转录活性的NOR才能被银染。所以，可以用AgNOR的技术来研究rRNA基因的转录活性。

（二）方法与步骤

1. 用镊子拔取带毛囊细胞的头发2~3根置载玻片中央。加2~3滴40%乙酸液，室温放置10分钟左右，使毛囊软化。

2. 用刀片刮下毛囊细胞，弃去头发，用刀尖或针尖将毛囊细胞分散并均匀涂于载玻片中央，在酒精灯上远火干燥（距外焰10cm左右）。

3. 加2~3滴固定液（甲醇3份，冰乙酸1份），固定15分钟，固定过程中可适量补加固定液，自然干燥。

4. 加浓度为5mol/L的盐酸2~3滴，静置10分钟。

5. 蒸馏水冲洗，自然干燥或火焰干燥。

6. 将玻片标本置入下铺潮湿吸水纸的容器中，容器放入70℃水浴箱。

7. 在标本上加滴2%的白明胶液，2滴50%的硝酸银液，用洗耳球吹匀，盖上水浴箱盖，

70℃,3分钟。

8. 取出玻片标本用去离子水充分冲洗,干燥后,即可镜检观察。

（三）结果

经过银染后的毛囊细胞,细胞质不着色,细胞核呈淡黄色,AgNOR$_s$颗粒为棕黑色。银染颗粒大小一般一致,呈圆形或卵圆形,位于核的中央或偏中央。

四、作业与思考题

（一）作业

在显微镜下计数100个核,计算出AgNOR$_s$颗粒数。

（二）思考题

1. AgNOR法见到的银染部位位于核仁的什么区?

2. 银染的生化成分是什么?

3. 银染方法为什么只在核仁形成区显色?

4. NOR银染有什么意义?

5. 人类核仁的形成与哪几条染色体有关? 核仁组织区位于核仁的什么部位?

6. 核仁组织区银染的主要药品是什么? 浓度为多少?

7. 核仁组织区银染的结果是怎么样的?

8. 简述核仁组织区银染的过程。

五、附录（试剂配制）

1. **2%明胶液的配制**　100ml去离子水,2g明胶,1ml甲酸。在加甲酸时要不停地摇动,使之完全溶解,存于棕色瓶内,置4℃冰箱保存。

2. **50%硝酸银液的配制**　10ml去离子水,5g AgNO$_3$使之充分溶解,存于棕色瓶内,置4℃冰箱保存。一定要避光保存。

（周叶方　刘艳平）

第三篇　亚细胞结构的分离与鉴定

引　言

生物体的组织常由多种类型的细胞共同组成。要获得特定类型的细胞,必须选择合理方法对其进行分离、纯化。离心(centrifugation)技术是实现血液、肝脏等组织中各种细胞、亚细胞结构及生物大分子分离纯化的基本手段之一。本章实验十一介绍了低速离心、高速离心、超速离心技术,并提供了以不同离心技术分离外周血中单个核细胞、各种血浆脂蛋白的具体实验方案。

哺乳动物细胞的亚细胞结构包括细胞核、细胞膜、线粒体、溶酶体、内质网、高尔基复合体、核糖体等。亚细胞结构的分级分离为在离体条件下研究细胞器、超微结构、生物大分子的生化组分、形态结构特点及其生物学功能提供了可能。从哺乳动物组织中分离纯化亚细胞组分,应根据最终实验目的选择合适的实验材料和实验方法,如大鼠肝脏、培养细胞等实验材料的选择,匀浆方法及匀浆介质的选择,实验过程如何保持亚细胞结构的活力及酶的活性等。本章实验十二详细介绍了以差速离心、密度梯度离心技术分离、纯化哺乳动物细胞的细胞核、线粒体、微粒体等多种细胞器的具体方案。

(刘晓颖)

实验十一　离 心 技 术

离心技术是利用物体高速旋转时产生强大的离心力,使样品中的悬浮颗粒发生沉降或漂浮,从而使某些颗粒得以浓缩或与其他颗粒分离。这里的悬浮颗粒可以是悬浮状态的细胞、细胞器、病毒和生物大分子等。当离心机驱动时,样品溶液做匀速圆周运动,产生一向外的离心力。由于不同颗粒的质量、密度、大小及形状等各不相同,在同一固定大小的离心场中沉降速度也就不同。大于周围介质密度的颗粒将离开轴心方向而发生沉降,而低于周围介质密度的颗粒移向轴心方向而发生漂浮,从而实现相互间的分离。

常用的离心机有多种类型,低速离心机的最高转速一般不超过6000rpm,用于分离大于20 000S的颗粒;高速离心机转速一般为10 000~30 000rpm,用于分离500~20 000S的颗粒;转速达30 000rpm以上的则为超速离心机,用于分离小于500S的颗粒。

根据离心原理,离心方法常分为两大类型:一是差速离心(differential centrifugation),即在密度均一的介质中由低速到高速逐级离心,使一个非均相混合液内不同大小的颗粒分步沉淀,从而实现分离。二是密度梯度离心(density gradient centrifugation),是用一定的介质在离心管内形成一连续或不连续的密度梯度,通过重力或离心力场的作用使不同组分分层、分离。密度梯度离心又可分为速度沉降和等密度沉降两种:

①速度沉降(velocity sedimentation):适用于分离密度相近而大小不等的颗粒。先在离心管中加入蔗糖、甘油等密度梯度介质,将样品置于介质顶部较窄的区带内。主要利用不同颗粒在梯度介质中的沉降系数的不同而分离,具有相同沉降系数的颗粒将处于同一梯度层。该方法要求介质的最大密度应小于被分离生物颗粒的最小密度,而且在最大颗粒沉降至管底前须停止离心。

②等密度沉降(isopycnic sedimentation):适用于分离密度不等的颗粒。可先将样品和梯度介质均匀混合,梯度介质在离心力作用逐渐形成密度梯度,颗粒在连续梯度的介质中经足够大离心力、足够长时间的离心,沉降或漂浮到与自身密度相等的介质处,并停留达到平衡,从而将不同密度的颗粒分离。等密度沉降通常在较高密度的介质中进行,介质的最大密度应大于被分离颗粒的最大密度。再者,该方法所需要的力场通常比速度沉降法大10~100倍,即往往需要高速或超速离心,离心时间也较长。

密度梯度离心常用的介质有蔗糖、氯化铯(CsCl)、聚蔗糖(Ficoll)、聚乙烯吡咯烷酮包被的硅胶(Percoll)、碘化介质(如Nycodenz、metrizamide)等多种。蔗糖因其价格低廉、溶解度高而被普遍采用,但高浓度蔗糖黏度大、渗透压高,不适于分离对渗透压敏感的细胞器。Percoll在离心过程中可迅速形成梯度,也是高浓度蔗糖的较好替代品,但缺点是较难去除。CsCl、Cs_2SO_4等介质经长时间离心后也可产生稳定的梯度。用于分离细胞的密度梯度材料应该具备一定的条件:对细胞无毒性;不会渗入细胞内部;易从收集液中除去分离介质;较低的黏性系数;梯度液必须是等渗的,沿整个离心管长度方向渗透压变化要小于10%,以保证其基本性状在离心分离前后基本一致。速度沉降与等密度沉降的比较见图11-1和表11-1。

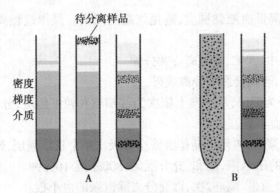

图11-1　速度沉降与等密度梯度沉降

表11-1　速度沉降与等密度梯度沉降的区别

速度沉降	等密度梯度沉降
常用介质: 蔗糖、甘油等	常用介质: CsCl, Percoll等
介质的最大密度小于被分离颗粒的最小密度	介质的最大密度大于被分离组分的最大密度
一般短时、低速离心,在最大颗粒沉降至管底前须停止离心	一般长时、高速离心,以使各组分沉降到其平衡的密度区
适用于分离密度相近而大小不等的颗粒	适用于分离密度不等的颗粒

一、人外周血中单个核细胞的分离

(一)实验目的和要求

1. 了解多种离心技术。

2. 熟悉用离心技术分离外周血中各种类型细胞。

(二)实验用品

1. **材料**　人外周血。

2. **器材**　普通光学显微镜、水平离心机、5ml注射器、5ml刻度离心管、一次性吸管、巴斯德吸管、血细胞计数板、载玻片、盖玻片。

3. **试剂**　ficoll-hypaque(多聚蔗糖-泛影葡胺)分离液(密度为1.077 ± 0.001g/ml)、2.5g/L台盼蓝染液、Hank液、肝素(针剂)。

(三)内容与方法

1. **原理**　血液中的单个核细胞可通过密度梯度离心法分离。目前商品化的淋巴细胞分离液即是Ficoll-Hypaque混合物,其20℃时密度为1.077 ± 0.001g/ml。单个核细胞包括淋巴细胞和单核细胞,其密度约为1.050~1.077g/ml,而红细胞和粒细胞的密度为1.080~1.110。将血细胞悬液小心铺设于离心管中的淋巴细胞分离液顶部,经离心后单个核细胞得以分离。

2. **方法与步骤**

(1)抽取外周静脉血3ml,注入含适量肝素(0.2ml肝素/10ml全血)的离心管中,混匀;加入等量Hank液,混匀,即为所需的血细胞悬液。

(2)用巴斯德吸管将2ml的Ficoll-Hypaque分离液铺于离心管底部,再缓慢将6ml上述血细胞悬液铺于分离液上层,形成清晰界面。

注:分离液直接从底部缓慢加入,避免分离液污染上方管壁。一般红细胞悬液与分离液的

体积比为2∶1~3∶1,以降低血液黏稠度、避免红细胞聚集。操作过程离心管保持垂直竖立、保证两种溶液的界面清晰。

（3）置水平离心机中,20℃、800g离心20分钟。

注: 避免低温离心,否则会影响分离效果。

（4）离心后液体分为四层,从下向上依次为红细胞和粒细胞层、分离液层、单个核细胞层、血浆层(含破碎细胞和血小板)。

（5）先轻轻吸弃血浆层,再用巴斯德吸管小心吸出单个核细胞层,转入另一离心管中。

加入4倍以上体积的Hank液,温和、充分混匀,800g离心10分钟。

弃上清液。Hank液重悬、离心2次,以充分去除混杂的血小板。

（6）用含10%小牛血清的Hank液或培养液配制细胞悬液。计数,并用台盼蓝检测细胞活力(被染色的细胞为无活力细胞),测得细胞数量并计算有活力细胞的百分比。比较分离前后单个核细胞计数结果,计算离心分离后的回收率。

3. **实验结果**　人外周血经上述密度梯度离心分离后,离心管中溶液发生明显分层,具体如图11-2。通过对分离前后的单个核细胞进行计数,计算回收率: 分离后单个核细胞总数/分离前单个核细胞总数×100%。同样,也可计算细胞活力: 分离后活的单个核细胞数/分离后单个核细胞总数×100%。

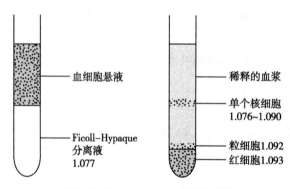

图11-2　ficoll-hypaque分离血细胞

(四)作业与思考题

1. **作业**

（1）比较两种密度梯度离心法即速度沉降法与等密度梯度沉降法的异同点。

（2）简述人外周血中单个核细胞分离的原理。

2. **思考题**

（1）在单个核细胞分离实验中,为何选择密度为1.077 ± 0.001g/ml的分离液?

（2）通过密度梯度离心法分离单个核细胞,为何要将外周全血进行适当稀释,并铺于分离液的上层?

二、人外周血中血浆脂蛋白的分离

(一)实验目的和要求

1. 了解高速离心和超速离心技术。

2. 熟悉用高速离心和超速离心技术分离血浆脂蛋白。

（二）实验用品

1. **材料**　人外周血。

2. **器材**　普通光学显微镜、水平离心机、20ml长针头注射器、超速离心管、一次性吸管、巴斯德吸管、透析袋、超速离心机、分光光度计。

3. **试剂**　Hank液、肝素（针剂）；NaBr（分析纯）、0.05% EDTA（pH 7.0）、0.01mol/L PBS（pH 7.4）、40% PEG 20 000。

（三）实验内容与方法

1. **原理**　血浆脂蛋白是血液中非均一的复合物，因其所含脂质与载脂蛋白的比例不同，其密度范围介于0.96~1.21g/ml之间。其中乳糜微粒（CM）的脂类含量高达98%，密度极低，小于0.96g/ml；极低密度脂蛋白（VLDL）脂类含量85%~90%，密度为0.96~1.006g/ml；低密度脂蛋白（LDL）密度为1.006~1.063g/ml；高密度脂蛋白（HDL）密度为1.063~1.21g/ml。一般来说，离心分离比电泳等方法的分离效果更好，能成功分离各种密度的血浆脂蛋白。脂蛋白分离中，采用密度梯度超速离心法较多。

2. **方法与步骤**

（1）配制各种密度的NaBr溶液：用0.05%的EDTA（pH 7.0）分别配制密度为1.006g/ml、1.016g/ml、1.063g/ml、1.210g/ml、1.368g/ml的NaBr溶液。

注：为保证溶液密度的准确度，要用极干燥的分析纯NaBr，可在使用前将NaBr放210℃烤箱烘烤过夜，之后储存于干燥箱。

（2）将外周血全血800g离心10分钟。上清为血清，下层各种血细胞。

（3）制备NaBr不连续密度梯度液（梯度液从底部向上密度依次变小：3.2ml 1.21g/ml的NaBr，3.8ml 1.063g/ml的NaBr，3.2ml 1.016g/ml的NaBr，1.2ml 1.006g/ml的NaBr）。取上层血清与1.386g/ml的NaBr混合（血清：溴化钠溶液=1:4），取1ml混合液加入离心管中NaBr梯度液的底部。

（4）14℃、260 000g离心24小时，各种密度的脂蛋白分别从管底浮向等密度区，从而形成各种密度脂蛋白区带。血清蛋白则仍滞留在管底。

（5）从离心管中小心抽取各层脂蛋白。经核酸蛋白分析仪测定不同密度的血浆脂蛋白，从而对离心管中的各种脂蛋白进行定位。

根据实验需要，可进一步将脂蛋白纯化浓缩。

（6）透析纯化脂蛋白：将各脂蛋白溶液分别装入透析袋中，用0.01mol/L的PBS溶液（pH 7.4）4℃透析过夜，以除去脂蛋白中大量的NaBr。

（7）浓缩脂蛋白。将透析过夜的脂蛋白溶液连同透析袋一起放入盛有40%的PEG 20 000的烧杯中，浓缩至适当体积。

3. **实验结果**　血清经NaBr密度梯度超速离心，分层明显，离心管中各种血浆脂蛋白的分布位置如下：

最上层：乳糜微粒（CM）；

第二层：极低密度脂蛋白（VLDL），于1.006g/ml NaBr溶液区带；

第三层：低密度脂蛋白（LDL），于1.063g/ml溶液区带；

最下层：高密度脂蛋白（HDL），于1.21g/ml溶液区带。

（四）作业与思考题

1. **作业**

（1）简述人外周血中血浆脂蛋白分离的原理。

（2）简述血浆脂蛋白的分离、纯化、浓缩的方法。

2. 思考题

（1）在血浆脂蛋白分离过程中，如何制备高质量的NaBr密度梯度溶液？

（2）若在抽取外周血前禁食12小时，会对血浆脂蛋白的成分有何影响？

（3）铺设NaBr不连续密度梯度液的注意事项？如何成功将血清-溴化钠混合液加入离心管中NaBr梯度液的底部？

（五）附录（试剂配制）

1. Hank液（无Ca^{2+}、Mg^{2+}）配制法

NaCl	8.0g
KCl	0.4g
$Na_2HPO_4 \cdot 12H_2O$	0.12g
KH_2PO_4	0.06g
葡萄糖	1.0g
双蒸水	至1000ml

高压灭菌后4℃保存，临用时调pH至7.3~7.6。

2. NaBr密度液　以0.05% EDTA（pH 7.0）溶解经210℃干燥过夜的NaBr，分别配制成1.019g/ml、1.060g/ml、1.125g/ml、1.21g/ml四种密度液，以比重计测定密度。

（刘晓颖）

实验十二　细胞组分的分离与鉴定

根据不同的研究目的,可先把细胞的各种细胞器如细胞核、细胞膜、线粒体、溶酶体和微粒体等分级分离,进而实现对其结构、组分、功能等的分析。

球形颗粒的沉降速率取决于其密度、半径、介质黏度和离心力。由于各亚细胞结构的大小和密度不一,在同一离心场内的沉降速度也有差异。根据该原理,可用差速离心法和密度梯度离心法分离、纯化亚细胞结构。

一、细胞核、线粒体的分离与鉴定

(一)实验目的和要求

1. 熟悉哺乳动物组织中细胞核、线粒体等细胞组分的分离原理。
2. 掌握差速离心与密度梯度离心技术。

(二)实验用品

1. **材料**　大白鼠。
2. **器材**　玻璃匀浆器、低速离心机、高速冷冻离心机、天平、普通光学显微镜、1.5ml Eppendorf管(Ep管)、5ml刻度离心管、2.5ml长针头注射器、一次性滴管、巴斯德吸管、载玻片、盖玻片、手术剪刀、镊子、冰盒、200目不锈钢滤网(或尼龙网)、染缸、250ml烧杯、50ml烧杯。
3. **试剂**　生理盐水、PBS、0.25mol/L的蔗糖溶液、0.34mol/L蔗糖–0.5mmol/L Mg(Ac)$_2$溶液、0.88mol/L蔗糖–0.5mmol/L Mg(Ac)$_2$溶液、95%乙醇、甲基绿-派洛宁染液、丙酮、0.2%的詹纳斯绿B染液。

(三)实验内容与方法

1. **原理**　从哺乳动物组织中分离纯化亚细胞组分常通过组织细胞匀浆、分级分离和分析鉴定三个步骤完成。大鼠肝脏因其便于获得和操作处理而广用作实验材料,而培养细胞具备细胞种类单一的优点。

破碎培养细胞或组织细胞可采用多种方法,如机械力研磨或剪切、渗透压冲击法或超声波振荡法等。亚细胞组分分离实验需要采用比较温和的方法制备细胞匀浆,以保证细胞核、线粒体等各种亚细胞结构的完整性和生化活性。匀浆(homogenization)是指在低温条件下,将组织或细胞放在匀浆器中加入等渗匀浆介质研磨,使细胞被机械地研碎成为各种亚细胞组分和包含物的混合物。匀浆缓冲液常选用含单价或二价阳离子、螯合剂和蛋白酶抑制剂的0.25mol/L的等渗蔗糖溶液。实验过程应避免低渗处理细胞或细胞器,以避免溶酶体酶释放而造成细胞组分的降解。

有关线粒体的制备,这里仅介绍了差速离心法,所获得的线粒体有很多凝块干扰。若想制备高纯度的线粒体,可选用密度梯度离心法纯化线粒体。在多种梯度介质中,Percoll分离线粒体效果好,但其胶体性质不利于分离后的去除;碘化介质OptiPrep也是理想的介质,线粒体因分布于梯度的较浅部位而利于分离。当然,最常用的还是非连续蔗糖梯度液,虽因其高渗透压会对线粒体造成一定程度的损坏,但因其价廉易得而被普遍应用。

2. 方法与步骤

（1）组织匀浆的制备

1）取材：将空腹12~24小时的大鼠颈椎脱臼处死。剖开腹部，迅速取出肝脏，用预冷的生理盐水洗净血污，用滤纸吸干。

2）制备匀浆：称取约0.5g左右的肝组织，用预冷的0.25mol/L的蔗糖溶液冲洗数次，剪碎。以2.5ml预冷的0.25mol/L的蔗糖溶液悬浮剪碎的组织（5~10ml/g肝组织），移入玻璃匀浆器，在冰浴条件下匀浆。经200目不锈钢滤网（或双层尼龙布）过滤，即制得肝细胞匀浆，冰浴备用。

（2）细胞器的分级分离

1）细胞核的分离：取1~2ml制备好的肝匀浆移入5ml刻度离心管，以600 g离心10分钟。将上清移入1.5ml Ep管中，置冰上或4℃冰箱待用。沉淀用5ml预冷的0.25mol/L的蔗糖溶液重悬离心2次，每次1000g×10分钟。

2）细胞核的纯化：用2.5ml 0.34mol/L蔗糖-0.5mmol/L Mg（Ac）$_2$溶液重悬沉淀，用长针头注射器沿管壁缓缓向管底加入2ml 0.88mol/L蔗糖-0.5mmol/L Mg（Ac）$_2$溶液。注意动作应轻缓，以使两种溶液分层明显。1500g离心10分钟，弃上清，沉淀即为纯化的细胞核。少量PBS重悬沉淀，4℃冰箱保存待用。

3）线粒体的分离：将分离细胞核时收集的上清以1000g离心10分钟，上清移入新Ep管，弃沉淀。上清以10 000g离心10分钟，弃上清（也可留作制备溶酶体等细胞器用）。沉淀用0.25mol/L的蔗糖溶液重悬后，10 000g离心10分钟，再重悬离心1次，取沉淀。

（3）分离细胞器的鉴定

1）细胞核的鉴定：将分离纯化后的细胞核涂片，空气干燥；95%的乙醇中固定5分钟，晾干；甲基绿-派洛宁染液中染色15~20分钟；丙酮分色15~20秒；蒸馏水充分漂洗，空气干燥后镜检。

2）线粒体的鉴定：于洁净载玻片上滴1滴詹纳斯绿B染液，用牙签挑取线粒体沉淀均匀涂于染液中，染色8~10分钟，盖上盖玻片，镜检。

3. **实验结果**　光学显微镜下观察，细胞核经甲基绿-派洛宁染色，DNA呈蓝绿色，核仁和胞质RNA呈红色。观察分析完整细胞核的数量及其比例。线粒体经詹纳斯绿B染色呈亮绿色。如果分离到的细胞组分符合其形态学及酶学特征，而且没有其他组分的污染，则证明分离操作成功，反之则为失败。

（四）作业与思考题

1. 作业

（1）分别在高倍镜和油镜下观察细胞核和线粒体，并绘制其结构图。

（2）简述细胞核和线粒体分离的实验原理和主要步骤。

（3）简述密度梯度超速离心的原理及实验操作中的注意事项。

2. 思考题

（1）实验操作中有哪些关键步骤和因素影响细胞核的含量和纯度？

（2）对大鼠进行饥饿处理对线粒体有何影响？

（3）哪些因素会影响线粒体的活力？

（五）附录（试剂配制）

1. 甲基绿-派洛宁染液

（1）1mol/L醋酸盐缓冲液（pH 4.8）

① 冰醋酸　　　　　　　　　　6ml

蒸馏水	加至100ml
② 醋酸钠	13.5 g
蒸馏水	加至100ml

使用时分别取40ml、60ml混匀即可。

（2）甲基绿-派洛宁染液

2%甲基绿水溶液	6ml
5%派洛宁水溶液	6ml
蒸馏水	16ml
1mol/L醋酸盐缓冲液	16ml

1mol/L醋酸盐缓冲液在临用前方可加入染液中。

2. 0.2%的詹纳斯绿B染液

（1）0.9%Ringer液（适用于哺乳动物细胞）

氯化钠	0.9g
氯化钾	0.042g
氯化钙	0.025g
蒸馏水	100ml

（2）0.2%詹纳斯绿B染液：取0.2g詹纳斯绿B溶于100ml Ringer液中。储存于棕色瓶中,最好现配现用。

二、微粒体的分离

（一）实验目的和要求

1. 熟悉哺乳动物组织中微粒体等细胞组分的分离原理。

2. 掌握密度梯度超速离心技术。

（二）实验用品

1. **材料**　大白鼠。

2. **器材**　玻璃匀浆器、低速离心机、高速冷冻离心机、超速冷冻离心机、天平、普通光学显微镜、电子显微镜、大剪刀（断头用）、手术剪、眼科剪、眼科镊、头皮针、20ml注射器、15ml刻度离心管、一次性滴管、巴斯德吸管、载玻片、冰盒、200目不锈钢滤网（或尼龙网）、250ml烧杯、50ml超速离心管、酶标仪。

3. **试剂**　生理盐水、PBS、0.5 mol/L的蔗糖溶液（含1mmol/L DTT）、2.5mol/L的蔗糖溶液。

（三）实验内容与方法

1. **原理**　微粒体（microsome）是指细胞匀浆经超速离心而获得的由破碎的内质网自融合形成的近似球形的膜泡结构,这些小囊泡的直径大约100nm左右,是异质性的集合体。糙面微粒体包含内质网膜和核糖体两种基本成分,光面微粒体不包含核糖体。在体外实验中微粒体具有蛋白质合成、蛋白质糖基化和脂类合成等内质网的基本功能。

与其他细胞器不同的是,微粒体在蔗糖溶液中具有独特的浮力密度,而且其直径比浮力密度相似的线粒体小。所以,微粒体的分离是在以差速离心从细胞匀浆中去除细胞核和线粒体之后,从后线粒体上清中以密度梯度超速离心获得。

微粒体含有细胞色素P450,由于P450中的辅助因子、血基质含有铁元素,所以分离获得的微粒体常呈现粉红色或红褐色。

2. 方法与步骤

（1）获取肝脏: 大鼠饥饿（可以不禁水）24小时后，将大鼠断头处死、放尽血液，迅速置冰上、打开胸腹腔。自门静脉注入预冷的生理盐水20~50ml，冲洗肝脏至土黄色，快速摘除肝脏，再用生理盐水将肝脏外残留的外周血冲洗干净，称重、记录。

注: 饥饿能够有效降低肝脏糖原水平，增加葡萄糖-6-磷酸酶的活性。微粒体带负电，容易吸附血红蛋白，从而影响进一步功能研究。灌注能有效降低血液中红细胞的影响。

（2）组织匀浆: 在冰上将肝组织剪为2~3g左右的小块，将每小块肝组织在培养皿中（置冰上）剪碎，转入玻璃匀浆器中并加入一定体积的0.5mol/L蔗糖溶液（2ml/g肝组织），于冰水浴中制成肝匀浆，不锈钢滤网过滤备用。

注: 根据实验需要制备相应量的肝匀浆。

（3）差速离心: 将肝匀浆合并，4℃、先以1500g离心5分钟，再以23 000g离心15分钟。此时可见匀浆液分为三层: 最上层白色漂浮物可能为脂肪组织，最下层沉淀为未破碎的细胞、细胞核及线粒体，中间上清层则包含微粒体。小心去除表层的漂浮物。用长针头注射器把上清液于转入50ml超速离心管。

（4）密度梯度超速离心: 用2.5mol/L的蔗糖溶液和上清液制备三种密度梯度液:

1.35mol/L的蔗糖混合液（1体积上清液和0.7体积2.5mol/L的蔗糖溶液）;

1.55mol/L的蔗糖混合液（1体积上清液和1.1体积2.5mol/L的蔗糖溶液）;

1.8mol/L的蔗糖混合液（1体积上清液和2体积2.5mol/L的蔗糖溶液）。

用上述溶液在超速离心管中制备分级梯度蔗糖溶液。自下而上铺设顺序为:

5ml 1.8mol/L蔗糖混合液、3ml 1.55mol/L的蔗糖混合液、15ml 1.35mol/L蔗糖混合液、2ml 1mol/L蔗糖溶液。在Beckman Ti60转子中，4℃、240 000g（48 000rpm）离心6小时。

注: 本实验采用较高浓度的蔗糖溶液，因为微粒体在高浓度蔗糖溶液中比较稳定。但当研究微粒体的ATP酶活性或体外翻译功能时，应避免高浓度蔗糖溶液。

（5）微粒体的收集: 用注射器和金属针头收集沉降在1.55mol/L蔗糖溶液的粗微粒体。可进一步用PBS重悬沉淀，离心纯化；也可用直接制备电镜观察样品，或进行微粒体蛋白浓度的测定。

3. 实验结果

经上述密度梯度超速离心，糙微粒体沉降部位为1.55mol/L蔗糖溶液（轻糙微粒体）或1.8mol/L的蔗糖溶液（重糙微粒体）。光面微粒体沉降部位一般为1.35mol/L的蔗糖溶液界面上。根据不同实验目的，可以在洗涤纯化后进一步研究，如: 电镜下观察微粒体超微结构；BCA法测定微粒体蛋白浓度；细胞色素P450含量测定等。

(四)作业与思考题

1. 作业

（1）简述微粒体分离的实验原理和主要步骤。

（2）实验过程中哪些步骤会影响微粒体的得率和纯度?

2. 思考题

（1）实验操作中有哪些关键步骤和因素影响微粒体的含量和纯度?

（2）在微粒体的分离实验中，大鼠要求饥饿、断头处死并尽量放尽血液，而且要经门静脉灌注处理。这些对微粒体有何影响?

（3）如何根据微粒体分离后的不同实验目的，合理选择密度梯度超速离心的介质?

（刘晓颖）

第四篇 细 胞 培 养

引　言

　　几乎所有高等生物的组织都是由许多种不同类型细胞组成的,为了获取某一种细胞的信息以了解其生命活动的过程,常常需要大量的同一细胞,这就要求从组织中分离和纯化目的细胞,并能够在体外进行培养。细胞培养的优点是研究的对象是活细胞,在实验过程中根据要求可始终保持细胞的活力,并可长时间地监控、监测、定量评估;可在体外条件下依需要设计实验方案,不受体内复杂环境的影响以研究细胞的生命活动及规律,可在体外控测pH、温度、渗透压、O_2和CO_2张力等物理、化学条件,做到精确以及保持相对恒定;培养的细胞可以通过传代或克隆化而呈现均一性,研究内容便于观察、检测、定量评估和记录,研究范围广泛,可供实验的组织来源众多,多学科均可采用细胞培养技术进行研究,研究费用相对经济。但是,细胞离体培养,由于所处环境与条件的局限性,在研究中应避免将体外培养细胞的实验结果看作是体内同种细胞性状的反映;设计的环境越接近体内状况一步,培养细胞的性状就向回归体内跨越一步。培养技术的进步就在于如何去探索和洞悉细胞的特性,在体外造就一个极其接近体内细胞的生理环境,满足细胞对物质、能量和信息的要求,这样才能用培养的离体细胞去完成细胞生物学所研究的内容及任务。以下三个实验内容包含原代细胞和传代细胞的培养、细胞计数与显微测量以及小鼠胚胎干细胞的培养等。

（郑　红）

实验十三　原代细胞和传代细胞的培养

一、原代细胞分离和培养

(一)实验目的和要求
1. 掌握细胞原代培养的基本原理和操作过程。
2. 掌握细胞培养过程中的无菌操作技术。

(二)实验用品
1. **材料**　新生乳鼠。
2. **器材**　CO_2恒温培养箱、超净工作台、倒置显微镜、离心机、解剖剪、解剖镊、眼科镊、眼科剪、培养瓶、培养皿、移液管、吸管、离心管、烧杯、酒精灯、记号笔、废液缸等。
3. **试剂**　pH 7.2磷酸缓冲液(PBS)、RPMI 1640培养基、3.5% $NaHCO_3$溶液、胎牛血清、无钙、镁的重蒸水、10 000U/ml青、链霉素双抗溶液,75%乙醇等。

(三)实验内容与方法
1. **基本原理**

(1)定义:直接从体内获取的组织或细胞进行的首次培养称为原代培养(primary culture)。一般来说,幼稚状态的组织和细胞如动物的胚胎、幼仔的脏器等更适于进行原代培养。

(2)类型:原代培养可分为组织块法和消化法。组织块法是将组织块剪碎,然后直接接种到培养瓶壁上,加入培养基后进行培养。消化法则是将组织块用蛋白水解酶(如胰蛋白酶和胶原酶)消化,或用金属离子螯合剂(如EDTA)除去细胞互相黏着所依赖的Ca^{2+},再经机械震荡使之分散成为单细胞,然后加入适量的培养液进行培养。

(3)特点:原代培养的细胞离体时间短,生物性状尚未发生较大的变化,在一定程度上可以反映体内状态。因此,采用原代培养的细胞做各种实验如药物测试、细胞化学等,效果较好。

2. **方法与步骤**

(1)动物处理:用颈椎脱臼法处死使新生乳鼠断髓迅速死亡,然后将整个乳鼠浸入盛有75%酒精的烧杯中2~3秒(浸泡时间不能过长、以免酒精从口和肛门浸入体内,影响培养)后迅速置于消毒的培养皿中,带入超净工作台内进行无菌操作取材。

(2)取材:将乳鼠俯卧位,用乙醇进行一次背部消毒,再用消毒的解剖剪剪开背部肋下缘脊柱两侧的皮肤,剖开腹部,取出肝脏放入另一培养皿中,除去其他连带组织,用消过毒的吸管小心吸取PBS溶液漂洗肝组织3次,每次1~2ml,洗去血污,将废液弃于废液杯中。

(3)组织分离:用眼科剪和镊子将肝门区所附的血管结缔组织尽可能去除,然后将肝组织反复剪碎,直至剪成0.5~1mm³的小块后,加入PBS 1~2ml,另取1只吸管前端反复吹打清洗组织块儿3次,弃废液。图13-1为细胞原代培养取材、漂洗、细切及悬液制备等过程示意图。

(4)接种:用吸管加2滴小牛血清,小心地用弯头吸管前端将组织块轻轻吹打均匀制成悬液,然后仍用吸管前端吸取组织悬液、将其均匀地(组织块之间相距约0.5cm左右)排种在培养瓶底壁上;每个25ml的培养瓶中可接种20块左右。

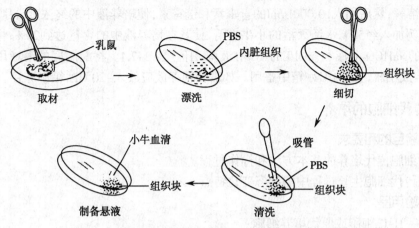

图13-1 细胞原代培养取材、漂洗、细切及悬液制备示意图

（5）培养：将培养瓶慢慢翻转，使瓶底向上，加入1~2ml培养液，拧紧瓶盖，做好标记，置37℃恒温箱中培养1~2小时，待组织块略干燥能牢固贴于瓶壁上后，再缓慢翻转培养瓶（尽量注意不要使组织块漂浮起来），另加入培养液2ml左右使其能覆盖组织块，将瓶盖调整在略微松弛状态，继续置37℃恒温箱静放培养。图13-2为细胞原代培养组织块接种、干燥等过程示意图（注意操作时应保持培养瓶为45°倾斜状态）。

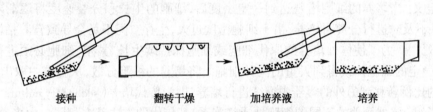

图13-2 细胞原代培养组织块接种、干燥等示意图

（6）观察：细胞接种后一般几个小时内即可贴壁，并开始生长。培养24小时后，倒置显微镜下可观察到少量的细胞从组织块周围游离出来；48小时后，可见大量的细胞放射状排列于组织块的周围，这些细胞的胞核较大，胞质内容物较少，透明度高，彼此间排列紧密。靠近组织块的细胞胞体较小，圆形，离组织块较远的区域可见有多角形的细胞，体积较大。如果无污染且细胞生长良好，可见培养液颜色由原来的橘红色变成黄色。此时可补加或更换培养液。10~15天后可长成致密单层细胞。这时可进行传代培养。

（四）作业与思考题

1. 作业

（1）观察、记录原代培养细胞的结果。

（2）总结无菌操作的注意事项。

2. 思考题

（1）细胞培养过程中，培养液为什么会变酸？如不及时更换，将会出现什么情况？

（2）如何提高原代细胞培养的成功率？

（五）附录（试剂配制）

RPMI 1640培养基的配制 称取RPMI 1640培养基粉剂若干克（依实验所需培养液的总量而定），倒入烧杯中，按说明书要求加入三蒸水、$NaHCO_3$、谷氨酰胺，利用磁力搅拌器使加入的固体物完全溶解,然后加入10 000U/ml的青霉素和链霉素,使培养液中的终浓度分别达到100U/ml。再按比例加入经56℃水浴灭活的小牛血清,使其在培养液中的含量达到20%,将溶液充分混匀,用5%的NaHCO₃溶液和1mol/L的HCl溶液调pH值至7.2~7.4。将配制好的溶液用滤器过滤除菌后,分装成小瓶,置于4℃冰箱中备用。如需长期存放应放入–20℃冰箱中冻存。

二、传代细胞的培养

(一)实验目的和要求

1. 掌握细胞传代培养的基本方法和操作过程。
2. 熟悉传代细胞生长过程中的形态变化特点。

(二)实验用品

1. **材料**　HeLa细胞或原代培养细胞。
2. **器材**　CO₂恒温培养箱、超净工作台、倒置相差显微镜、离心机、培养瓶、培养皿、移液管、吸管、离心管、血细胞计数板、酒精灯、试管架等。
3. **试剂**　RPMI 1640培养基、0.25%胰蛋白酶液、0.02% EDTA溶液、D-Hank液、胎牛血清、75%乙醇等。

(三)实验内容与方法

1. **基本原理**

(1)定义:当培养的细胞增殖达到一定密度后,细胞的生长和分裂速度将逐渐减慢,甚至停止,如果不及时进行分离再培养,由于细胞密度过大,生存空间不足会导致营养枯竭,细胞将逐渐衰老死亡。为了使体外培养的原代细胞或细胞株持续生长、繁殖,细胞必须进行传代,并由此获得稳定的细胞株或得到大量的同种细胞。将培养的细胞分散,从容器中取出,以1:2或1:3以上的比例转移到另外的容器中继续进行培养,即为传代培养(secondary culture)。

(2)类型:体外培养的不同的细胞株或细胞系,其传代的方法基本相同。大多数细胞在体外培养时能贴附在支持物表面生长,称贴附型生长细胞,贴附型生长细胞用酶消化法传代。少数种类的细胞在培养时不贴附在支持物上,而呈悬浮状态生长,称悬浮型生长细胞,悬浮型生长细胞用直接传代法或离心法传代。

传代培养必须在严格的无菌条件下进行,每一步都需要认真仔细地进行无菌操作。

2. **方法与步骤**

(1)将长成单层的细胞从CO₂培养箱中取出,在倒置显微镜下观察细胞形态,确定细胞是否需要传代及细胞需要稀释的倍数。在超净工作台中倒去培养瓶中旧的培养液,然后加入适量的Hanks液,轻轻摇动片刻,将溶液倒出,以除去残留的血清和衰老脱落的细胞。

(2)向培养瓶中加入适量的消化液(0.25%胰蛋白酶溶液 + 0.02% EDTA溶液),以盖满细胞面为宜,置于室温或温箱中2~3分钟。同时在倒置显微镜下观察,到细胞回缩近球形,细胞间隙增大时,立即翻转培养瓶,使细胞脱离胰酶,将胰酶倒掉,注意勿使细胞提早脱落入消化液中。

(3)加入少量含血清的新鲜培养基,反复吹打消化好的细胞使其脱壁,形成分散的细胞悬液为止。

(4)取一滴细胞悬液进行计数,依据细胞浓度将其分装到两瓶或多瓶中,每个瓶中分别加3~5ml培养液,盖上瓶盖,适度拧紧后再稍回转,以利于CO₂气体的进入。做好标记,注明细胞代号、操作日期(图13-3)。

(5)对悬浮培养的细胞,可将细胞悬液进行离心去除旧培养基上清,加入新鲜培养基,然后分装到各瓶中。

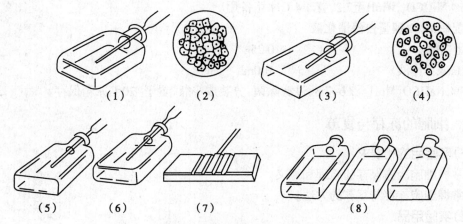

图13-3　传代培养的基本过程
（1）吸取培养液;（2）消化前细胞;（3）加消化液;（4）消化后细胞;（5）冲洗;
（6）加培养液吹打;（7）计数;（8）分装;

将分装好的培养瓶置于CO_2培养箱中,传代细胞须逐日观察,注意细胞有无污染,培养液颜色的变化以及细胞生长情况。一般情况下,传代后的细胞在2小时左右就能附着在培养瓶的壁上,2~4天就可以在瓶内形成单层,并需要再次传代。

可根据细胞占瓶壁的有效面积的百分率分为四级:＋:细胞占瓶壁有效面积的25%以内,有新生细胞;＋＋:细胞占瓶壁有效面积的25%~75%;＋＋＋:细胞占瓶壁有效面积的75%~95%;＋＋＋＋:细胞占瓶壁有效面积的95%以上,细胞已铺满,单层,致密,透明度好。

（四）作业与思考题

1. 作业

（1）细胞传代培养与原代培养有什么区别?

（2）总结传代细胞生长过程中的形态变化特点。

2. 思考题

（1）为什么培养细胞长成致密单层后必须进行传代培养?

（2）加入培养液后,即可终止胰蛋白酶的消化作用。为什么?

（五）附录（试剂配制）

1. 配制D-Hank溶液

（1）配制D-Hank母液

NaCl	8.00g
$Na_2HPO_4 \cdot 2H_2O$	0.06g
KCl	0.40g
KH_2PO_4	0.06g
蒸馏水	100ml

按照配方将药品逐一用水彻底溶解,母液暂时不用,可置于4℃冰箱保存。

（2）配制D-Hank工作液

D-Hank母液	10ml

蒸馏水   90ml

加5%NaHCO₃,调pH至7.2,置于4℃冰箱备用。

2. 配制0.25%胰蛋白酶消化液

胰蛋白酶   0.25g

D-Hank工作液   100ml

用5% NaHCO₃调pH至7.6~7.8,过滤除菌,分装成小瓶,置于-20℃冰箱保存。

三、细胞的冻存与复苏

(一)实验目的和要求

1. 掌握细胞冷冻保存的原理和意义。

2. 掌握细胞冻存与复苏的方法。

(二)实验用品

1. **材料**　体外培养的HeLa细胞或其他细胞系。

2. **器材**　超净工作台、离心机、恒温培养箱、倒置相差显微镜、-80℃冰箱、离心管、吸管、冻存管、恒温水浴箱、液氮罐、血细胞计数板、培养瓶、酒精灯、线绳和标记用小牌、防护眼镜、手套等。

3. **试剂**　冻存液、0.25%胰蛋白酶、RPMI 1640培养基、胎牛血清、0.02% EDTA溶液、甘油或二甲亚砜(DMSO)、液氮、75%乙醇等。

(三)实验内容与方法

1. **基本原理**

(1)冻存:冻存细胞时要缓慢冷冻。因为细胞在不加任何保护剂的情况下直接冻存,细胞内外的水分会很快形成冰晶,并且随冰晶数量增多,会导致细胞脱水及渗透压增高等后果,从而造成细胞的损伤。目前细胞冻存多采用甘油或二甲亚砜作为保护剂,这两种物质在低温冷冻后对细胞均无明显毒性,并且分子量小,溶解度大,易穿透细胞,可使冰点下降,提高细胞膜对水的通透性;加上缓慢冻存可使细胞内的水分渗出细胞外,在胞外形成冰晶,减少细胞内冰晶的形成,从而减少由于冰晶形成所造成的细胞损伤。标准的冷冻速度开始为-2~-1℃/min,当温度低于-25℃时可加速,下降率可增至-10~-5℃/min,到-80℃之后可直接投入液氮内。液氮是最理想的冷冻剂,它的沸点是-196℃,在此温度下,既无化学也无物理变化发生,对标本pH无影响,气化时不留沉淀,细胞在液氮中可长期保存。

(2)复苏:复苏细胞与冻存的要求相反,应采用快速融化的手段。这样既可保证细胞外冰晶在很短的时间内融化,并可避免由于缓慢融化使水分渗入细胞内形成胞内再结晶而对细胞造成的损害。

2. **方法与步骤**

(1)培养细胞的冻存:

1)准备:配制冻存液,4℃放置备用。最好选择对数生长期的细胞进行冻存,因为已经长满的细胞冻存复苏后生存率降低。在冻存前一天更换1次培养液。

2)消化:将细胞培养瓶从37℃培养箱中取出,在无菌环境下倒去培养基,加入0.25%胰蛋白酶1ml,使其湿润整个瓶底,在室温下消化2~3分钟,置相差显微镜下观察,待单层出现空隙时倒去胰蛋白酶,再加入4ml培养液,用吸管将细胞吹打混匀成细胞悬液。

3)离心:在无菌状态下,将细胞悬液移入无菌的带盖离心管中,放入离心机中1000rpm/min,

离心5分钟。

4）加冻存液：弃上清液，加入1ml冻存培养液，用吸管吹打混匀制成细胞悬液。

5）细胞计数：吸取少量细胞悬液进行细胞计数，将细胞的浓度用冻存培养液调整到$5 \times 10^6 \sim 1 \times 10^7$/ml。因为细胞浓度对冻存和融化时细胞的活力有显著影响，细胞浓度低时失活较显著。

6）分装：将细胞悬液分装入无菌冻存管中或安瓿中，每只安瓿或冻存管加液1~1.5ml。

7）密封：用火焰将安瓿熔封。熔封时必须保证安瓿完全封闭，同时注意不要使安瓿内细胞悬液的温度升高。冻存管必须旋紧确保密封。冻存管和安瓿上写明细胞的名称、冻存时间及操作者等信息。

8）冻存：将冻存管或安瓿装入小布袋中，用棉线扎紧，挂上标签，放入4℃冰箱内存放30分钟，转入-20℃放置1.5~2小时，再转入-80℃存放16~18小时或过夜，然后将装有冻存管或安瓿的布袋移入液氮罐（-196℃）内，长期储存。

（2）培养细胞的复苏

1）解冻：佩戴防护眼镜和手套，从液氮罐中迅速取出安瓿或冷冻管后立即投入盛有37℃温水的容器中，同时用手快速摇动安瓿或冷冻管使所含的细胞悬液迅速融化，整个过程要求在20~60秒内完成，使细胞能快速通过最易受损的-5~0℃。

2）转移细胞：将安瓿或冷冻管从温水中取出，揩干水分，用75%乙醇消毒后移入超净工作台中，在无菌条件下打开安瓿或冷冻管，用吸管吸取所含的细胞悬液，移入无菌离心管中，加入3ml培养液，盖上盖子轻轻混匀。

3）离心：将离心管放入离心机，以1000rpm/min离心8分钟，使细胞沉淀，然后倒去含有二甲亚砜或甘油的上清液。

4）再离心：往离心管中加入4ml培养液，混匀后1000rpm/min离心8分钟，倒去上清液重复洗涤细胞1次。

5）加培养液：离心管中加入1ml培养液，混匀后将细胞悬液移入培养瓶中，再用1ml培养液冲洗离心管中残留的细胞，并将冲洗液转入培养瓶中。

6）培养：往培养瓶中添加2ml培养基，置37℃培养箱静置培养，次日更换1次培养液，继续培养，并观察生长情况。若复苏时细胞密度较高，要及时传代。

（四）作业与思考题

1. 作业

（1）冻存与复苏细胞的原则是什么？

（2）培养细胞的冻存和复苏过程中的注意事项。

2. 思考题

（1）冻存细胞时为什么要加保护剂DMSO？

（2）从液氮罐中取出安瓿时为什么要戴防护眼镜与手套？

（五）附录（试剂配制）

细胞冻存液的配制：在含10%~20%胎牛血清的RRMI 1640培养基中加入二甲亚砜，使其终浓度为10%或者加入灭菌甘油使其终浓度为5%，4℃放置备用。

（贺　颖）

实验十四　小鼠胚胎干细胞的培养

一、饲养层细胞的制备

(一)实验目的与要求

1. 掌握细胞培养无菌操作技术。
2. 掌握利用小鼠胚胎成纤维细胞制备饲养层细胞的基本方法和操作过程。

(二)实验用品

1. **材料**　妊娠12.5~14.5天的孕鼠。
2. **器材**　超净工作台、CO_2细胞培养箱、倒置相差显微镜、恒温水浴锅、水平离心机、解剖剪、眼科剪、镊子、小烧杯、$15cm^2$培养瓶、离心管、细胞冻存管、移液管、无刻度吸管、玻璃平皿、细胞计数板、酒精灯、75%酒精棉球、废液缸、记号笔。
3. **试剂**　PBS、DMEM完全培养液(含10% FBS和100U/ml双抗)、0.25%胰蛋白酶、75%酒精、丝裂霉素(0.5mg/ml)、冻存培养液、0.2%明胶、DMSO。

(三)实验内容与方法

在促进胚胎干细胞增殖的同时,维持其未分化的二倍体状态,这是体外培养胚胎干细胞(embryonic stem cells, ES)的基本原则。因此,要体外培养胚胎干细胞,环境中必须同时有细胞生长因子和分化抑制因子。而体外培养的成纤维细胞可以分泌细胞生长因子和分化抑制因子,前者可以促进ES细胞的增殖,后者可以有效地抑制ES的自主分化,从而能满足维持ES细胞两种需要。可用来制作饲养层的细胞有多种,其中原代小鼠胚胎成纤维细胞(mouse embryonic fibroblast, MEF)取材方便、容易培养、分泌能力强而成为ES细胞首选的饲养层细胞。MEF能产生抑制ES细胞自主分化和促进ES细胞增殖的因子,能有效促进ES细胞增殖并维持其未分化的二倍体状态和全能性。

1. 小鼠胚胎成纤维细胞的原代培养

(1)颈椎脱臼法处死妊娠12.5~14.5天的孕鼠,70%乙醇消毒。

(2)剪开腹壁并暴露出子宫角,将子宫取出,放置在玻璃平皿里。

(3)用剪刀剪开子宫,取出胚胎。

(4)用镊子将胎盘与胚胎分离开,分离后的胚胎切除头和内脏,PBS洗3次。

(5)将处理好的胚胎转移到青霉素小瓶中,用眼科剪将组织剪成$1mm^3$组织块。

(6)加入2ml胰蛋白酶,在37℃孵育30分钟,期间每隔5分钟振荡一次。

(7)加入4ml培养基终止消化并用吸管充分吹打,静置1分钟,将上清转移至离心管中。1000r/min离心5分钟,弃上清,弹松,加入4ml培养基混用,静置2分钟。

(8)取上清加入到培养瓶中(注意,培养瓶应预先铺0.2%的明胶),补足培养液,置5% CO_2分压、饱和湿度的CO_2培养箱中培养(以下均为此培养条件)。

24小时后更换培养液。

2. 小鼠胚胎成纤维细胞换液

（1）取出培养瓶，吸去原培养基。

（2）加入PBS，轻轻晃动，洗涤细胞，吸去废液，反复3次。

（3）加入4ml新鲜培养液。

（4）置CO_2培养箱中培养。

3. 小鼠胚胎成纤维细胞的传代

（1）移去MEF培养液。

（2）PBS洗3次，以去除残余的培养液。

（3）每个培养瓶里加入1~1.5ml胰蛋白酶，室温消化2~5分钟。

（4）镜下观察至消化开后加入5ml的培养液以终止消化，吹打几次，使细胞分散为单个。

（5）将细胞悬液平均分到2个培养瓶中，每瓶补2ml培养液，置CO_2培养箱中培养。

4. 饲养层细胞的制备

（1）移去MEF培养液。

（2）PBS洗涤细胞3次，吸去废液。

（3）加入3ml含丝裂霉素（MMC）的培养液。

（4）置CO_2培养箱中培养3小时后，吸去培养液。

（5）PBS洗涤细胞5次，吸去废液。

（6）加入MEF培养液5ml，置CO_2培养箱中培养。

5. 小鼠胚胎成纤维细胞的冻存

（1）移去MEF培养液。

（2）PBS洗涤细胞3次。

（3）培养瓶里加入1~1.5ml胰蛋白酶，室温消化2~5分钟。

（4）待消化充分加入5ml的培养液以终止消化，吹打几次，使细胞分散为单个。

（5）将细胞悬液转移到离心管中，1000rpm离心5分钟。

（6）用1ml的冻存液重悬细胞，加入到冻存管中。

（7）4℃放置2hr后，转移到-20℃放置2小时，最后转移到-70℃冻存。次日将细胞放于液氮中长期保存。

6. 小鼠胚胎成纤维细胞的复苏

（1）将冻存管从液氮中取出后，立刻投入37℃水浴中，并用镊子夹着晃动快速解冻。

（2）用酒精棉球擦拭冻存瓶的外面以消毒。

（3）将管内细胞吸入培养瓶中，加入5ml MEF培养基，放入37℃培养箱。

（四）作业与思考题

1. 作业　书写实验报告，记录实验过程和细胞生长情况。

2. 思考题

（1）饲养层细胞有何作用？

（2）为什么MMC处理MEF可制备饲养层细胞？

（3）在制备MEF时，为何要选择12.5~13天的胎鼠？

（五）附录（试剂配制）

1. PBS　NaCl 8.0g，KCl 0.2g，KH_2PO_4 0.24g，$Na_2HPO_4 \cdot 12H_2O$ 3.628g，溶于800ml蒸馏水中，用盐酸调pH值为7.4，蒸馏水定容至1000ml。

2. MEF培养基　15% FBS和100U/ml双抗的DMEM。

3. **2%明胶** 2g明胶加热溶于100ml蒸馏水中。

二、小鼠 ES 细胞的体外分离培养

(一)实验目的要求

1. 初步掌握ES细胞培养的基本过程。

2. 了解ES细胞培养和维持过程中的特性。

(二)实验用品

1. **器材** 超净工作台、CO_2细胞培养箱、倒置相差显微镜、恒温水浴锅、水平离心机、解剖剪、眼科剪、镊子、小烧杯、$15cm^2$培养瓶、离心管、细胞冻存管、移液管、无刻度吸管、玻璃平皿、细胞计数板、酒精灯、75%酒精棉球、废液缸、记号笔。

2. **试剂** GMEM培养液、LIF、血清替代物、DMEM培养液、PBS洗液、胎牛血清、5万U/ml的青/链霉素、0.25%胰蛋白酶。

(三)实验内容和方法

胚胎干细胞是从早期胚胎或原始生殖细胞(primordial germ cells, PGCs)分离出来的细胞系。ES能在体外培养、传代、并在一定条件保持未分化的二倍体状态及其分化的全能性,是具有方向分化潜能和种系嵌合能力的细胞系。

ES细胞的用途涉及医学和生物工程的许多领域,如广泛用于克隆动物制作、转基因动物生产、动物医学模型建立、真核细胞基因表达与调空的研究、细胞分化机制的探索以及细胞、组织和器官的修造与移植等领域。目前,体外培养胚胎干细胞的技术在小鼠最为成熟。

体外培养胚胎干细胞的基本原则是,在促进胚胎干细胞增殖的同时,维持其未分化的二倍体状态。ES一旦分化即失去其全能性,失去二倍体正常核型的细胞则会降低形成嵌合体(chimera)的能力,特别是进入种系形成生殖细胞的能力。目前,体外培养胚胎干细胞的方法归纳起来有两大类,有饲养层细胞培养法和无饲养层细胞培养法。

1. **胚胎干细胞的建系培养**

(1)用丝裂霉素C或γ射线处理后的小鼠胚胎成纤维细胞种植到预先用明胶包被的培养板孔内,做成饲养层。

(2)将分散的胚胎内细胞团小块吸置饲养层上。一个内细胞团的细胞放置一个孔,在37℃,5% CO_2饱和湿度培养箱中培养。24小时换液新鲜培养基一次。

(3)48小时后,可见胚胎干细胞集落出现,3~4天集落进一步增大,6~10天可进行消化传代。

(4)消化时,弃培养液,用无钙镁离子的PBS清洗一次。加入1~1.5ml胰蛋白酶,随时在显微镜下观察ES细胞是否从MEF上脱落,大约消化2~3分钟,如室温过低,可放掌上适当加温,当饲养层细胞出现裂隙并有脱落倾向时,加入含血清培养液终止消化,轻轻吹打,使其成单细胞悬液。接种到新的饲养层上进行扩大培养。

2. **已建系的胚胎干细胞体外培养**

(1)有饲养法层细胞培养:

①用丝裂霉素C或γ射线处理已生长成的饲养层细胞,制备成饲养层。将已培养2~3天,生长旺盛的胚胎干细胞克隆消化成单细胞悬液。消化方法同上。

②以1传3~1传6比例转种到新的含饲养层的培养瓶中,补足ES细胞培养液。

③于37℃,5% CO_2饱和湿度培养箱中继续培养。24小时换液一次。

(2)无饲养层细胞法培养:

①用明胶预先包被培养瓶。方法同前。

②培养2~3天后,视ES细胞生长情况,消化传代。消化时,在倒置显微镜下观察,见ES细胞克隆从瓶壁上脱离即停止消化,加入含血清培养液终止消化。将细胞集落吹打至单细胞或小细胞团,离心1000rpm,5分钟。

③添加无饲养层培养基,以1:3~1:6的比例转种到明胶液包被好的培养瓶内,25ml培养瓶中加入5~6ml培养基于37℃,5% CO_2饱和湿度培养箱中继续培养。

3. 胚胎干细胞的冻存与复苏 为长期保存胚胎干细胞,可在超低温条件下进行长期的冻存ES,并可在需要时复苏,进行重新培养。

(1)冻存方法:

①将处于对数生长期的胚胎干细胞克隆消化成单细胞悬液。计算细胞总数。

②以800~1000r/min离心5分钟,弃上清液。

③加入冻存液(含DMSO 10%~15%的培养基),调整最终细胞密度至10^6~10^7个/ml。

④等份分装入细胞冻存管,做好标记。

⑤液氮冻存,冻存方法同上。

(2)复苏方法: 按常规方法进行复苏。

胚胎干细胞呈集落状(岛屿状)生长,边缘清楚,表面平滑,结构致密,隆起生长,细胞之间界线不清楚。消化成单细胞后可见细胞小而圆、较大、胞质小。若饲养条件不适,胚胎干细胞会分化,细胞集落变得扁平,边缘不清楚,表面粗糙,具有较大内胚层样细胞结构(图14-1)。

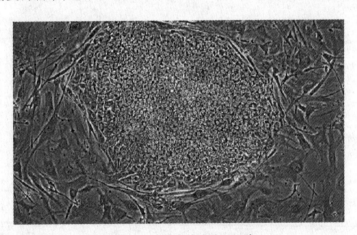

图14-1 培养中的胚胎干细胞

胚胎干细胞在体外培养时非常容易分化。一旦分离培养成功胚胎干细胞,在以后培养过程中,一定要按照最初的培养条件进行培养。从别的实验室中引入的胚胎干细胞株,也一定按照原实验室的培养条件进行培养,从而减少胚胎干细胞分化变异的机会。LIF条件培养基培养的胚胎干细胞,冻存液可以用不加LIF的胚胎干细胞培养基配制。细胞分装冻存小管后,要做好标记,标记的内容包括: 胚胎干细胞的代号、代数、饲养层细胞代号或条件培养基代号,冻存时间。引进的胚胎干细胞株还包括引进后在自己实验室所传代的代数。

4. 拟胚体(EB)的培养

(1)将已培养2~3天,生长旺盛的胚胎干细胞克隆消化。首先移去原ES细胞培养液,用PBS洗涤细胞3次,培养瓶里加入1~1.5ml胰蛋白酶,室温消化2分钟(注意,不要完全消化)。

（2）加入4ml MEF细胞培养液以终止消化。

（3）静置2分钟。将上清转移至不贴壁的玻璃培养皿中。于37℃,5% CO_2饱和湿度培养箱中悬浮培养。

（4）每天摇晃两次,避免细胞贴壁。2天后观察。

(四)作业与思考题

1. **作业**　书写实验报告,记录实验过程和实验结果。

2. **思考题**

（1）思考ES细胞培养时,有血清培养基和无血清培养基的优缺点。

（2）培养EB为什么要用MEF培养液?

(五)附录(试剂配制)

1. **MEF培养基**　15% FBS和100U/ml双抗的DMEM。

2. **冻存液**　10%~15% DMSO的培养基。

3. **ES培养基**　15%FBS,1000IU/ml LIF的DMEM。

4. **PBS**　NaCl 8.0g, KCl 0.2g, KH_2PO_4 0.24g, $Na_2HPO_4 \cdot 12H_2O$ 3.628g,溶于800ml蒸馏水中,用盐酸调pH值为7.4,蒸馏水定容至1000ml。

5. **0.25%胰蛋白酶**　0.25g胰蛋白酶溶于100ml蒸馏水中,0.22 μm微孔滤膜过滤除菌。

（封青川）

实验十五　细胞计数与显微测量

一、实验目的和要求

(一)熟悉细胞计数器的结构,掌握显微计数的原理与方法。

(二)掌握测微尺的原理与使用方法。

(三)了解细胞活力测定的原理与方法。

二、实验用品

(一)材料

蟾蜍、鸭血或人血涂片、细胞悬液。

(二)器材

显微镜、细胞计数器、盖玻片、目镜测微尺、镜台测微尺、解剖器材、吸管等。

(三)试剂

0.4%台盼蓝染液、无水乙醇或95%乙醇。

三、实验内容与方法

(一)细胞计数

细胞计数时一般先将培养细胞或血细胞稀释成细胞悬液,然后将细胞悬液滴入细胞计数板内,根据计数室的容积与稀释倍数,可计算出每毫升细胞悬液中细胞的数目即细胞浓度。培养细胞时总有一些因各种原因而死亡的细胞,总细胞中活细胞所占的百分比叫做细胞活力,细胞活力的测定通常用台盼蓝染色法。台盼蓝不能透过活细胞的细胞膜,故活细胞不着色;但死细胞的膜通透性增高,进入细胞内的台盼蓝可将死细胞染成蓝色。通过计算细胞浓度与细胞活力,可以确定细胞的接种密度。

1. **细胞计数板**　血球计数板是由一块比普通载玻片厚的特制玻片制成的,玻片中有四条下凹的槽,构成三个平台。中间的平台较宽,其中间又被一短横槽隔为两半,有2个计数室。每个计数室刻有9个大方格,每个大方格的长和宽各为1mm,计数室的底与盖玻片的距离为0.1mm,故每个大方格的容积为$1mm \times 1mm \times 0.1mm = 0.1mm^3$。4角的大方格又被分为16个中格;中央的大方格被分为25个中格,中央的每个中格又被分为16个小格(图15-1)。

2. **准备**　先用无水乙醇或95%乙醇溶液擦拭计数板及盖玻片,并将盖玻片盖在细胞计数板槽上。

3. **充液**　将稀释并吹打均匀的细胞悬液吸出少许,滴1滴于细胞计数板盖玻片的一侧边缘,使细胞悬液自然流入计数室内,充满盖片和计数板之间,静置3min。注意盖片下不要有气泡,也不能让悬液流入旁边槽中,此步骤是影响计数结果的关键环节。

4. **细胞计数**　在低倍镜下数出计数板4角4大格中的细胞总数,如细胞压在格线上,则计上不计下,计左不计右。

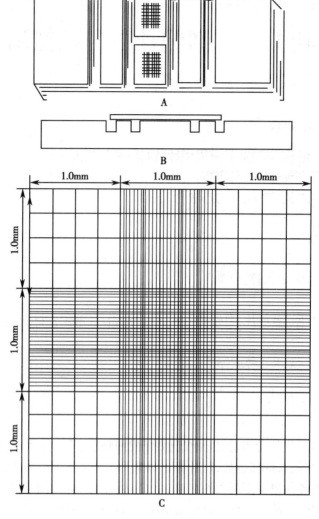

图15-1 细胞计数板

A. 顶面观; B. 侧面观; C. 计数室

5. 细胞浓度计算   细胞浓度(细胞数/ml)=(4大格细胞总数/4)× 10^4 × 稀释倍数。

说明: 公式中除以4,因为计数了4个大格的细胞数。公式中乘以 10^4 因为计数板中每一个大格的体积为: 1.0mm(长)×1.0mm(宽)×0.1mm(高)=0.1mm³,而1ml=1000mm³(注意: 镜下偶见有两个以上细胞组成的细胞团,应按单个细胞计算,若细胞团10%以上,说明分散不好,需重新制备细胞悬液)。

6. 细胞活力测定   用吸管吸9滴细胞悬液到另一离心管中,加入1滴0.4%台盼蓝染液,混匀后按上述方法进行细胞计数。折光性强不着色的为活细胞,染上蓝色者为死细胞,分别计数活细胞与死细胞数,计算细胞活力。

活细胞浓度(活细胞数/ml)=(4大格细胞总数−4大格染色细胞总数)/4× 10^4 × 稀释倍数。

7. 注意事项:

(1)进行细胞计数时,要求悬液中细胞数目不低于 $1×10^7$/L,如果细胞数目很少要进行离心后再悬浮于少量培养液中。

（2）要求细胞悬液中的细胞分散良好，否则影响计数准确性。

（3）取样计数前，应充分混匀细胞悬液，尤其是多次取样计数时更要注意每次取样都要混匀，以求计数准确。

（4）数细胞的原则是只数完整的细胞，若细胞聚集成团时，只按照1个细胞计算。如果细胞压在格线上时，则只计上线，不计下线，只计左线，不计右线。

（5）台盼蓝染色标本需在15分钟内检查计数，否则随时间延长，活细胞也将着色。

（二）细胞显微测量

进行显微测量时需将目镜测微尺与镜台测微尺配合使用。由于目镜测微尺的长度随物镜放大倍数的不同而有改变，故用目镜测微尺测量细胞前须先用置于镜台上的镜台测微尺进行校正，以求出在一定放大倍数下，目镜测微尺每小格所代表的相对长度。根据校正好的目镜测微尺可测量出圆形细胞的半径或椭圆形细胞的长径（a）、短径（b），进而代入相应公式计算出细胞的体积与核质比。

1. 测微尺的结构　测微尺包括目镜测微尺（目尺）和镜台测微尺（台尺）。

目镜测微尺是一块可放在目镜内的特制圆形玻片，在玻片中央把5mm长度刻成50等份、把10mm长度刻成100等份或将1mm长度刻成100等份。测量时，将其放在接目镜中的隔板上（此处正好与物镜放大的中间像重叠）来测量经显微镜放大后的细胞物象。由于不同目镜、物镜组合的放大倍数不相同，目镜测微尺每格实际表示的长度也不一样，因此目镜测微尺测量细胞大小时须先用置于镜台上的镜台测微尺校正，以求出在一定放大倍数下，目镜测微尺每小格所代表的相对长度。

通常的镜台测微尺是中央部分刻有精确等分线的载玻片，一般将1mm等分为100格，每格长10 μm（即0.01mm），是专门用来校正目镜测微尺的。用镜台测微尺的已知长度在一定放大倍数下校正目镜测微尺，即可求出目镜测微尺每格所代表的长度，然后移去镜台测微尺，换上待测标本片，用校正好的目镜测微尺在同样放大倍数下测量细胞大小（图15-2）。

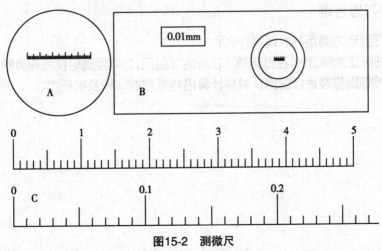

图15-2　测微尺
A. 目尺；B. 台尺；C. 目尺的标定（上：目尺，下：台尺）

2. 目镜测微尺的校正

（1）把镜台测微尺在载物台上固定好，使刻度朝上，将刻度线移到通光孔的中央，先用低倍镜观察，转动粗螺旋至看清台尺刻度。

（2）取下目镜,将目镜测微尺装入目镜的隔板上,使刻度朝下,再旋上目镜上透镜。

（3）找到镜台测微尺的刻度,改用高倍镜观察,当看清镜台测微尺的刻度后,转动目镜,使目镜测微尺与镜台测微尺的刻度平行,移动推动器,使零点平齐(图15-2),记录目尺的全长所对应的台尺中的刻度,计算出目尺的每刻度长度。也可将目镜测微尺的"0"点与镜台测微尺的某一刻度重合,然后,仔细寻找两尺第2个完全重合的刻度。计数两重合刻度之间目镜测微尺的格数和镜台测微尺的格数。利用下列公式就可以算出所校正的目镜测微尺每小格所代表的长度:

例如目镜测微尺50小格等于镜台测微尺26小格,已知镜台测微尺每格10μm,则镜台测微尺26小格的宽度为26×10=260μm,那么相应地在目镜测微尺上每小格大小为:260μm/50=5.2μm。

由于不同显微镜及附件的放大倍数不同,因此校正目镜测微尺必须针对特定的显微镜和附件(特定的物镜、目镜、镜筒长度)进行,而且只能在特定的情况下重复使用,当更换不同放大倍数的目镜或物镜时,必须重新校正目镜测微尺每一格所代表的长度。

3. **细胞大小的测定**　取下镜台测微尺,将细胞标本片置于载物台上,先在低倍镜和高倍镜下找到清晰物像。然后在高倍镜下用目镜测微尺测量细胞的长和宽。

例如目镜测微尺在显微镜下经过校正,当使用高倍镜时,每格相当于5.2μm。如果测量细胞的长度相当于目镜测微尺的两格,则细胞长度为5.2μm×2=10.6μm。一般测定细胞大小时,通常测量10个细胞左右,用最大和最小的数值来表示细胞大小的范围并计算其平均值。例如长为3~5μm,宽为1~2μm,则其大小为(1~2)×(3~5)μm。

4. **计算细胞体积及核质比例**　计算细胞、细胞核体积的公式:

圆球形细胞体积（V）$=4/3 \pi r^3$（r为半径）。

椭圆形细胞体积（V）$=4/3 \pi ab^2$（a、b分别为长、短半径）。

核质比（NP）$=Vn/(Vc-Vn)$（Vn为细胞核的体积,Vc是细胞的体积）。

五、作业与思考题

（一）进行细胞活力测定的原理是什么?

（二）进行细胞显微测量时,在低倍镜下已标定了目尺,为何换高倍镜和油镜时需重新标定?

（三）对培养细胞悬液进行细胞计数并计算培养细胞的体积及核质比。

（陈　辉）

第五篇 细胞分子生物学和细胞遗传学技术

引 言

　　细胞分子生物学是在分子水平上研究基因对细胞活动调控以及各种细胞结构的形成和功能执行的科学,是现代生命科学研究的基础。近年来,随着新一代测序技术的出现以及各种高通量、大规模研究方法的不断完善,使得基因组、转录组、蛋白质组、代谢组学等方面的研究如雨后春笋般涌现,其对应的研究技术在生命科学研究的众多领域以及医学研究的疾病发生、预防、预测、诊断、治疗及疗效等方面发挥着重要的作用。由于从生物样品中获得核酸或蛋白质是以上分析研究的基础和关键,因此,本篇首先对DNA、RNA、蛋白质的提取方法分别进行阐述。其次,作为分子生物学的核心技术,聚合酶链反应(polymerase chain reaction, PCR)技术也是本篇的主要内容之一。PCR技术是体外酶促合成特异DNA片段的方法,其反应的模板既可为DNA,也可为RNA,RNA的扩增需首先反转录成cDNA后才能进行正常PCR循环。PCR技术可用于目的基因的克隆、基因的体外突变、DNA和RNA的微量分析、DNA序列测定和基因突变等分析。最后,本篇也分别阐述了DNA、RNA及蛋白质三种生物大分子的印迹分析技术:DNA的印记(杂交)技术(Southern blot)、RNA印记(杂交)技术(Northern blot)和蛋白质印迹(杂交)技术(Western blot)。

　　此外,由于遗传物质DNA在细胞内是以染色体形式而存在,而染色体结构和数量的变化会引起疾病的发生。核型是指一个体细胞有丝分裂中期的所有染色体,并按其大小、形态特征顺序排列所构成的图像。染色体核型分析是细胞遗传学的重要研究手段,其可展示全基因组的形态,在临床多种疾病,如染色体病、白血病、肿瘤等的诊断及研究中具有重要意义。因此,染色体的制备及核型分析技术在细胞生物学、遗传学、肿瘤学、医学诊断学等领域皆有广泛及重要的应用价值。为了加强学生对该部分内容的理解和掌握,本章也涵盖了人类外周血染色体制备及人类染色体的核型分析技术。

(杨 娟)

实验十六　DNA的分析

自20世纪50年代Watson和Crick提出DNA的双螺旋结构模型以来,对遗传物质DNA的分析而展开的生命科学以及医学领域的系列研究蓬勃发展。基于PCR技术以及DNA分子标记技术、DNA序列分析技术、基因芯片等技术的发展和应用,不仅在生命科学领域诸如生命起源、物种进化、个体发育等科学问题上获得了突飞猛进的跨越,在医学领域的疾病发生、预防、预测、诊断及疗效等方面也发挥着越来越重要的作用。随着技术的革新,DNA分析技术日益完善,但从生物样本中提取高质量的DNA是其后续研究的基础,因此,本节内容将围绕DNA的提取(细胞及组织)、PCR技术、DNA的电泳检测、基因组DNA的提取、以及Southern印迹技术而展开。

一、细胞 DNA 的提取

(一)实验目的和要求

1. 熟悉细胞DNA提取的方法和步骤。
2. 掌握悬浮及贴壁细胞DNA的提取方法。

(二)实验用品

1. **材料**　悬浮细胞,贴壁细胞。
2. **器材**　冷冻离心机、离心管、紫外分光光度计、制冰机、水浴锅、烧杯、吸管、水平恒温摇床、量筒、移液器、台式高速离心机、超纯水系统。
3. **试剂**　胰蛋白酶、PBS、细胞裂解液、氯仿、异戊醇、苯酚、TE缓冲液、异丙醇、乙醇。

(三)实验内容和方法

1. **原理**　真核生物的DNA是以染色体的形式存在于细胞核内,因此,制备DNA时要将DNA与蛋白质、脂类和糖类等分离,且要保持DNA分子的完整。真核细胞的破碎方法有多种。物理方式包括超声波破碎法、匀浆法、液氮破碎法等,但由于物理方法容易导致DNA链的断裂,为了尽可能获得高分子量的DNA,一般采用温和的去垢剂处理法,对于不易破碎的材料,辅加蛋白酶K,在酶的参与下共同破碎细胞。随着DNA分析的越来越深入,对于DNA的提取也衍生出了多种多样的方法,如传统的苯酚-氯仿抽提法及目前广泛使用的DNA提取试剂盒。对于不同的生物样本,DNA的提取方法也不同,本节实验基于传统的SDS-蛋白酶K-苯酚-氯仿抽提法从细胞中提取DNA。

2. **方法与步骤**

(1)悬浮细胞(10^6以上)离心(1500rpm,4℃离心5分钟),贴壁细胞用胰蛋白酶消化收集。

(2)用4℃预冷的PBS重悬细胞,1500rpm,4℃离心5分钟,弃上清液,收集细胞。

(3)重复一次步骤(2)。

(4)加入10倍体积的细胞裂解液(0.5mol/l的EDTA(pH 8.0),100μg/ml蛋白酶K,0.5% SDS),混匀后,50℃水浴3小时。

(5)用等体积的苯酚抽提1次。2500rpm离心10分钟,收集水相,用1/2体积的TE缓冲液饱和酚加1/2体积的氯仿-异戊醇(24∶1,体积比)抽提1次,2500rpm离心10分钟,收集水相。再用等体积的氯仿-异戊醇(25∶1,体积比)抽提1次。

(6)收集水相,加入两倍体积的-20℃预冷的异丙醇,倒置混匀。-20℃放置1小时,沉淀DNA。

(7)12 000rpm离心15分钟,弃上清,DNA沉淀用70%的乙醇洗涤3~5次,12 000rpm离心15分钟,弃上清,DNA沉淀自然晾干。

(8)待提取的DNA晾干后,加入50 μl TE缓冲液溶解DNA。并于-20℃保存。

3. 结果

(1)吸取10 μl制备好的DNA样品,加入190 μl的去离子水,分光光度计检测DNA溶液的A260和A280,A260/A280应大于1.8,若数值偏低,表明制备物中含有蛋白杂质。

(2)吸取5 μl制备的DNA样品,用琼脂糖凝胶电泳检测,与DNA分子质量标准参照物比较,观察DNA片段的大小,也可用凝胶成像系统计算DNA片段的相对分子质量。

(四)作业与思考题

1. 作业

(1)提取悬浮细胞的DNA并用紫外分光光度计检测其纯度。

(2)提取贴壁细胞的DNA并用紫外分光光度计检测其纯度。

2. 思考题 除本节中采用的DNA的提取方法外,还有哪些提取方法?试列举常用的三种方法。

(五)附录(试剂配制)

1. 细胞裂解液 Tris(pH 8.0)100mmol/l,EDTA(pH 8.0)500mmol/l,Nacl 20mmol/l,SDS 10%,胰RNA酶20 μg/ml。

2. 蛋白酶K 称取20mg蛋白酶K溶于1ml灭菌的双蒸水中,-20℃保存备用。

3. TE缓冲液 10mmol/l Tris-HCL,1mmol/l EDTA,pH 8.0。

4. 酚-氯仿-异戊醇 体积比按照25∶24∶1配制。

二、琼脂糖凝胶电泳

(一)实验目的和要求

1. 熟悉及掌握琼脂糖凝胶的制作。

2. 熟悉及掌握琼脂糖凝胶电泳检测DNA的技术。

(二)实验用品

1. 材料 DNA样品。

2. 器材 微波炉、电泳仪、水平电泳槽、离心管、PE手套、高温灭菌枪头。

3. 试剂 琼脂糖、上样缓冲液、TAE电泳缓冲液、溴化乙啶(EB)。

(三)实验内容和方法

1. 原理 琼脂糖是由琼脂中提取出来的D-半乳糖和3、6-脱水-L-半乳糖结合的链状多糖。琼脂糖电泳具有以下优点:①琼脂糖含液体量大,可达98%~99%,近似自由电泳,但样品的扩散度比自由电泳小,对蛋白质的吸附极微;②琼脂糖作为支持体具有分布均匀、区带整齐、分辨率高、重复性好的优点;③电泳速度快;④透明而不吸收紫外线,可以直接用紫外检测仪作定量测定;⑤区带可染色,样品易回收,易于制备。琼脂糖凝胶电泳常用缓冲液有TBE、TAE两种,pH在6~9之间,核酸在pH 6~9的缓冲液中带负电荷,在电场中向正极移动。琼脂糖凝胶具有多孔的网状结构,以其为介质电泳时,不同大小的核酸可借凝胶的分子筛作用而得以分开。用溴化乙啶染色后,在紫外灯下,可见染成橘红色的核酸条带。

2. **方法与步骤**

(1)制备琼脂糖凝胶:检查凝胶模具是否完好,选择加样孔径大小适宜的梳板,垂直架在模具的一端,使梳板底部离模具水平面的距离为1.0mm左右。按照被分离的DNA分子的大小决定凝胶中琼脂糖的百分含量。

(2)称取一定量的琼脂糖,溶解在×1 TAE电泳缓冲液中,置微波炉中加热至琼脂糖溶化均匀(如果配制浓度为1%的琼脂糖凝胶:如体积为100ml,则需要称量琼脂糖粉末1g)。

(3)在凝胶中加入溴化乙啶(终浓度为0.5μg/ml),轻摇混匀,待凝胶溶液冷却至50℃左右时,轻轻倒入制胶模具中,凝胶厚度一般为0.3~0.5cm。若有气泡,及时去除。于室温下冷却凝固。

(4)凝胶冷却凝固30分钟后,将模具与凝胶一起放入电泳槽内。在电泳槽内加入×1 TAE电泳缓冲液,至没过胶面,小心取出梳板,注意保持点样孔的完好。

(5)待测的DNA样品与1/5体积的上样缓冲液混匀后点样,进行琼脂糖凝胶电泳,记录样品次序与上样量,在样品的一侧的点样孔中加入分子量标准。

(6)打开电源开关,选择适当的电压进行电泳,最高电压不高于5V/cm,当琼脂糖浓度低于0.5%时,电泳时温度不能太高。

电泳时间据实验具体要求而定,一般电泳30~60分钟即可。

(7)电泳至溴酚蓝指示剂接近凝胶尾端,停止电泳。

3. **结果**   电泳结束后,取出凝胶直接在紫外透射仪上观察及分析结果,观察DNA条带是否清晰,有无拖尾,对照DNA ladder判断条带分子量大小。

(四)作业与思考题

1. **作业**

(1)分别制备1%和2%的琼脂糖凝胶。

(2)对提取的细胞DNA样本进行琼脂糖凝胶电泳检测。

2. **思考题**   琼脂糖凝胶电泳中,DNA的泳动速度受哪些因素的影响?

(五)附录(试剂配制)

1. 溴化乙啶EB(10mg/ml)   1g EB溶于100ml ddH$_2$O,溶解后转移至棕色瓶保存。

2. TAE(×50)   Tris 242g,冰醋酸57.1ml,0.5mol/L EDTA 100ml(pH 8.0),用蒸馏水溶解后,定容至1000ml。

(六)注意事项

1. 溴化乙啶为强诱变剂,中等毒性。操作时应戴手套,并避免污染实验台面。

2. 琼脂糖溶液煮开后,晾凉后倒胶板前再加入溴化乙啶(EB)摇匀,倒胶板时注意匀速避免气泡。

3. 拔梳板前确保凝胶已完全凝固。如天气太热,可将凝胶放于4℃冰箱帮助成胶。

三、聚合酶链反应（PCR）

(一)实验目的和要求

1. 熟悉PCR的原理及方法步骤。

2. 掌握PCR方法及了解影响PCR的因素。

(二)实验用品

1. **材料**   DNA样品。

2. **器材**　PCR循环仪、台式高速离心机、移液器、电泳仪、电泳槽、紫外凝胶成像分析系统、离心管、乳胶手套、枪头。

3. **试剂**　dNTPs、×10 PCR缓冲液、PCR引物、Taq DNA聚合酶、DEPC处理的无菌双蒸水、去离子水。

(三)实验内容和方法

1. **原理**　聚合酶链反应(PCR)技术是在模板DNA、引物和4种脱氧核糖核苷三磷酸存在的条件下依赖于DNA聚合酶进行DNA片段的酶促合成反应。其特异性取决于引物和模板DNA结合的特异性。PCR反应的模板可以是DNA,也可以是RNA,后者的扩增需首先反转录成cDNA后才能进行正常PCR循环。不同来源的DNA标本均可作为模板,模板中不应含有蛋白酶、核酸酶或TaqDNA聚合酶抑制剂。引物是待扩增核酸片段两端的已知序列,它决定了PCR扩增产物的大小。引物的选择是整个PCR扩增反应成功的关键因素。理想的引物应该有效地与靶序列杂交,而不与模板中的其他相关序列杂交。两条引物一般各在0.1~0.5mmol/l,浓度太高会引起错配及非特异性扩增,且可增加引物之间形成二聚体的概率及造成浪费,太低则可能达不到扩增要求或PCR产量不足。

PCR全过程包括三个基本步骤:①双链DNA模板加热(变性);②引物与单链DNA互补配对(退火);③Taq DNA聚合酶催化引物沿着模板DNA延伸(延伸)。这三个基本步骤构成的循环重复进行,可以使特异DNA的扩增率达到数百万倍($\geq 2 \times 10^6$)。变性温度一般在90~96℃,在此温度既能使DNA双链模板变性,又能保持Taq DNA聚合酶活力。若实验温度低于90~96℃,DNA变性不完全,则会很快复性,导致扩增产量的减少。退火温度可根据公式Tm=4(G+C)+2(A+T)进行计算,一般退火温度为Ta=Tm-5℃,温度太低易出现非特异性扩增,一般范围在50~65℃之间。延伸温度常用70~74℃,延伸时间根据扩增DNA的长度而确定。PCR的循环次数一般在20~40次,循环次数过多将增加非特异产物。循环次数过少则会导致产物量减少,达不到最佳扩增效果。

2. **方法与步骤**

(1)取本实验第一部分提取的DNA作为PCR扩增模板。

(2)取高温灭菌的PCR小管,依次加入如下PCR反应成分:PCR反应缓冲液(×10,含20mM MgCl₂)2.5,μl; dNTP(10mmol/L)1.0μl;模板DNA(4ng/μl)3μl;引物(2.5μM):引物1与引物2各1μl;Taq酶(2U/μl)1μl;去离子水15.5μl;PCR总体系为25μl。

(3)完成PCR反应体系后,瞬时离心混匀,使PCR反应体系中各组分充分接触。

(4)将PCR离心管置于PCR仪上,按照以下PCR条件进行扩增反应:①95℃预变性,5分钟;②94℃变性45秒;③55~62℃退火30秒;④72℃延伸45秒;⑤重复步骤②~④40个循环;⑥72℃延伸7分钟;⑦4℃终止PCR反应。

3. **结果**　电泳检测:取PCR扩增产物10μl,加上样缓冲液2~3μl,点样,采用1.5%琼脂糖凝胶进行电泳。电泳电压为80V,电泳时间约为30分钟,紫外灯下观察结果,可用凝胶成像系统对照DNA ladder,估算PCR产物分子量大小。

(四)作业与思考题

1. **作业**　选取你感兴趣的某一基因,设计PCR引物,对其进行PCR扩增。

2. **思考题**　PCR实验中,出现非特异性条带的原因有哪些?如何克服?

(五)附录(试剂配制)

1. **四种脱氧核苷三磷酸(dNTPs,包括dATP、dCTP、dGTP、dTTP)**　用pH 7.0的中性水溶

液先分别配成100mmol/L贮备液,贮存于-20℃。使用时,取dATP、dCTP、dGTP、dTTP贮备液等份混匀,并适当稀释,使dNTPs工作液的浓度为10mmol/L。

2. **PCR缓冲液**　×10缓冲液组成为: 200mmol/l Tris-HCl(pH 8.3,25℃),15mmol/l $MgCl_2$,250mmol/L KCl,0.5% Tween20,1mg/ml BSA(或gelatin)。

3. **引物配制**　如选管家基因β-actin(242bp),上游引物: 5'CTATCGGCAATGAGCGGTTC3';下游引物: 5'GATCTTGATCTTCATGGTGCTAGG3',引物合成后用ddH_2O溶解,配制成100μmol/L贮备液,使用时稀释成10μmol/L。

4. **Taq DNA聚合酶**　浓度为2U/μl。

四、基因组 DNA 的提取

(一)实验目的和要求
掌握从人口腔黏膜上皮细胞提取基因组DNA的方法与步骤。

(二)实验用品
1. **材料**　人口腔黏膜上皮细胞。
2. **器材**　移液器、离心管、乳胶手套、枪头、台式高速离心机、水浴锅。
3. **试剂**　生理盐水、细胞裂解缓冲液、蛋白酶K、苯酚、氯仿、异戊醇、乙酸铵、乙醇、TE缓冲液。

(三)实验内容和方法
1. **原理**　人口腔黏膜上皮脱落细胞具有取材方便,易于获得的优势,在人基因组DNA的提取中应用广泛。提取基因组DNA的一般过程是将细胞在含有SDS和蛋白酶K的溶液中消化分解蛋白质,再经酚和氯仿/异戊醇抽提分离蛋白质,得到的DNA溶液经乙醇沉淀使DNA从溶液中析出。其中,SDS可破坏细胞膜、核膜、使得蛋白质与DNA分离,EDTA抑制细胞中DNA酶的活性,蛋白酶K在SDS和EDTA存在下保持较好的活性、可将蛋白质降解为小肽或氨基酸,使得DNA分子完整的分离出来。

2. **方法与步骤**
(1)用清水漱口,使口腔清洁。

(2)用牙签伸入口腔内侧的颊部(位于上下牙齿之间的部位),由后向前分别在不同部位刮取口腔黏膜上皮脱落细胞(可重复2~3次),刮取物悬浮于1ml生理盐水中,2000rpm离心10分钟。

(3)弃上清,每管加1ml生理盐水重复洗涤一次,2000rpm离心10分钟。

(4)加入1ml细胞裂解缓冲液,转入另一1.5ml离心管中,加入蛋白酶K(500μg/ml)20μl,混匀。65℃水浴30分钟(或37℃水浴12~24小时),间歇震荡离心管数次。

(5)12 000rpm离心5分钟,上清液转移至另一离心管,加等体积的酚-氯仿-异戊醇(体积比25∶24∶1),混匀,12 000rpm离心5分钟。

(6)上清液转移至另一离心管,加等体积的酚-氯仿-异戊醇(体积比25∶24∶1),混匀,12 000rpm离心5分钟。

(7)上清液转移至另一管中,加入1/2体积的乙酸铵,加入2倍体积的预冷无水乙醇,混匀后室温静置10分钟,12 000rpm离心10分钟。

(8)弃上清,加入70%的乙醇洗涤,12 000rpm离心15分钟,弃上清,沉淀自然干燥。

(9)提取的DNA晾干后,加入50μl TE缓冲液溶解基因组DNA,并于-20℃保存。

3. **结果**　紫外分光光度计或琼脂糖凝胶电泳检测DNA纯度及浓度。

（四）作业与思考题

1. **作业**　刮取自己的口腔黏膜上皮细胞,进行基因组DNA的提取。

2. **思考题**　基因组DNA的提取过程中,如何保证DNA的质量?

（五）附录（试剂配制）

1. **细胞裂解液**　Tris（pH 8.0）100mmol/L, EDTA（pH 8.0）500mmol/L, Nacl 20mmol/L, SDS 10%,胰RNA酶20μg/ml。

2. **蛋白酶K**　称取20mg蛋白酶K溶于1ml灭菌的双蒸水中,-20℃保存备用。

3. **TE缓冲液**　10mmol/L Tris-HCL,1mmol/L EDTA, pH 8.0。

4. **酚-氯仿-异戊醇**　体积比按照25:24:1配制。

5. **70%乙醇**　乙醇:去离子水体积比按照7:3配制。

五、Southern 印记杂交

（一）实验目的和要求

1. 熟悉Southern blot实验技术的原理。

2. 熟悉及掌握Southern blot实验方法。

（二）实验用品

1. **材料**　基因组DNA。

2. **器材**　移液器、离心管、乳胶手套、枪头、水浴锅、超纯水系统、电泳仪、真空烤箱、放射自显影盒X线片、硝酸纤维素滤膜、滤纸、吸印纸。

3. **试剂**　DEPC处理的无菌双蒸水、去离子水、琼脂糖、×6上样缓冲液、×1 TAE电泳缓冲液、×50 TAE、溴化乙啶、限制性内切酶、变性缓冲液、中和缓冲液、×20 SSC缓冲液、×6 SSC缓冲液、预杂交液、探针、杂交液、×2 SSC、0.1 % SDS、×0.1 SSC。

（三）实验内容

1. **原理**　Southern印迹技术是利用硝酸纤维膜或滤纸或尼龙膜等具有吸附DNA功能的介质,先将DNA片段进行凝胶电泳,电泳后的DNA条带吸附到膜上,然后直接在膜上进行标记探针与被测DNA之间的杂交,最后通过放射自显影对杂交结果进行检测,以此检测DNA样品中含有的特定DNA序列。Southern blot是分子生物学常用的一种关键性DNA检测技术、是基因组DNA特定序列定位的常用方法、是研究DNA图谱的基本技术,在遗传疾病诊断、DNA图谱分析以及PCR产物分析等方面具有重要意义。

2. **方法与步骤和方法**

（1）基因组DNA的消化,基因组DNA采用本实验第四部分所提取的基因组DNA。

1）酶切体系为50μl:基因组DNA 20μg,限制性核酸内切酶缓冲液适量,灭菌水适量,置于4℃数小时,期间温和搅动DNA溶液数次,加入限制性内切酶（5U/μg,以DNA量计算）,补足50μl反应体系体积。

2）4℃温和搅动溶液2~3分钟后,升温至酶切反应需要的温度,孵育8~12小时。

3）酶切消化结束后用乙醇沉淀法浓缩DNA片段,将DNA溶于10μl的TE中,测定其OD值。

（2）琼脂糖凝胶电泳:依据本实验第三部分琼脂糖凝胶电泳的方法步骤,将DNA点样于琼脂糖凝胶上,待电泳结束后,将凝胶取出,照相记录。

（3）转印:目前两种常用的转印方法:毛细转印和电转印法。

1）毛细转印法：早期Southern blot是使用毛细转印法，经虹吸作用，转移到NC（硝酸纤维）膜上：

①在搪瓷盘中加入300ml ×10 SSC，放上培养皿和小玻璃板。

②将3张长滤纸浸湿，逐张放在玻璃板上，用移液管的滚动，赶走气泡。

③切除多余凝胶，小心地将凝胶放在滤纸上，赶走滤纸与胶之间的气泡。

④再将与胶大小相同的尼龙膜放在胶上，同样不能有气泡，然后放上三张浸湿的滤纸，赶走气泡。

⑤紧贴凝胶四周各放一张X线片。

⑥小心蒙上一张比搪瓷盘大的保鲜膜。保鲜膜要紧贴滤纸，但不能让滤纸移动。

⑦用刀片在离滤纸周围约1~2mm处，轻轻割断保鲜膜，但不能割破滤纸。取走滤纸上的保鲜膜。

⑧整齐地放上吸印纸，数张吸印纸一折二折叠，吸印纸要高出搪瓷盘边约10cm。

⑨在吸印纸放上玻璃板，压上约500g重的重物，转移过夜。

2）电转印：转印法经过改良后，快速简便的电转印法如今应用得更加普遍：

①将胶平放于干净投影胶片上。

②裁剪一张与胶同大小的尼龙膜或NC膜，用×0.5 TBE浸湿后小心平铺在胶表面，用玻璃棒除去凝胶和膜之间的气泡。

③裁剪6张同样尺寸的滤纸，用×0.5 TBE浸湿后平铺于膜上，用玻璃棒去除气泡。

④在胶的另一面同样铺上6层×0.5 TBE浸湿的滤纸，去除气泡。

⑤将"滤纸-尼龙膜（NC膜）-凝胶-滤纸"转印装置移入电转印仪中，使膜面向阳极，凝胶面向阴极，室温下，100mA转印60分钟。

（4）固定：取出硝酸纤维素膜，浸泡在×6 SSC缓冲液中5分钟，以去除琼脂糖凝胶碎块室温干燥膜片，在真空烤箱内80℃烘烤2小时。烘烤过的膜可在室温下干燥保存，待杂交。

（5）预杂交：将转印DNA的硝酸纤维素膜放入塑料袋内，加入预杂交液（约200 μl/cm²），前后挤压塑料袋，使硝酸纤维素膜湿透。排除袋中的气泡，将塑料袋密封，于42℃水浴中孵育2~4小时，弃去预杂交液。

（6）探针制备：用于Southern blot的探针可分为DNA探针、RNA探针和寡核苷酸探针。对探针的标记方法又可以分为放射性标记和非放射性标记。杂交时各种探针的用量：DNA探针，5~25ng/ml；RNA探针，100ng/ml；寡核苷酸探针，0.1~10pmol/ml。双链DNA探针提前100℃变性10分钟后迅速冰浴，单链探针无需变性。将处理后的探针加入杂交液温浴至杂交温度。杂交温度的选择根据杂交液的不同而不同（注意：应用寡核苷酸探针时，杂交温度的选择。Tm=4 ×（GC）2×（AT），杂交温度比Tm低约10℃）。

（7）杂交：向塑料袋中加入杂交液（预杂交液加入标记好的探针即为杂交液），重新将其密封，然后置于42℃水浴中杂交16~24小时。

（8）漂洗

1）弃掉杂交液，取出硝酸纤维素膜，室温下，用×2 SSC/0.1% SDS溶液漂洗2次，每次15分钟。

2）室温下，用×0.1 SSC/0.1% SDS溶液漂洗2次，每次15分钟。

3）55℃，用×0.1 SSC/0.1% SDS溶液漂洗2次，每次30分钟。

（9）放射自显影：漂洗后的硝酸纤维素膜，经空气干燥，用保鲜膜包好。然后在暗室中，于胶片盒内在膜两侧各压一张X线片，–70℃放射自显影。时间视杂交强度而定，24小时~10天不等。通常曝光1~2天后可见DNA条带。

3. 结果

（1）电泳结束后，应在紫外下观察DNA酶切是否完全、电泳分离效果是否良好、DNA样品有无降解、带型是否清晰、有无拖尾等现象，确认正常后再做转印和杂交。

（2）放射自显影后，观察X线片上曝光显示条带的分子质量大小及亮度。

（四）作业与思考题

1. 作业

查询资料，总结在Southern印记技术中，DNA探针的标记方法有哪些？

2. 思考题

Southern印迹技术中，如何确保标记探针的特异性？

（五）附录（试剂配制）

1. ×5 TBE（Tris-硼酸-EDTA电泳缓冲液）　800ml双蒸水溶解54.0g Tris，27.5g硼酸，20ml 0.5mol/L EDTA（pH 8.0），最后用ddH$_2$O定容至1L。

2. ×6加样缓冲液　0.25%溴酚蓝，0.25%二甲苯青，40%蔗糖溶液，4℃保存。

3. 变性液　1.5mol/L Nacl，0.5mol/L NaoH。

4. 中和液　1.5mol/L Nacl，1mol/L Tris-HCL（pH 8.0）。

5. ×20 SSC　800ml ddH$_2$O溶解175.3g Nacl，88.2g枸橼酸钠（柠檬酸钠），14mol/L HCL，调节pH至7.0，用ddH$_2$O定容至1L，终浓度为3mol/L Nacl、0.3mol/l枸橼酸钠。

6. ×6 SSC，×2 SSC，×0.1 SSC　皆用×20 SSC稀释。

7. ×50 Denhardt溶液　1% Ficoll-400，1% PVP（聚乙烯吡咯烷酮），1% BSA（牛血清白蛋白），过滤除菌后于–20℃储存。

8. 预杂交溶液　×6 SSC，×5 Denhardt溶液，0.5% SDS，100mg/ml基因组DNA，50%甲酰胺。

9. 杂交溶液　预杂交溶液加入标记好的探针即为杂交液。

10. 20% SDS　900ml ddH$_2$O溶解200g SDS（加热到68℃并用磁力搅拌器搅拌有助于溶解），用Hcl调节pH至7.2，用ddH$_2$O定容至1L，室温保存。用时按比例稀释。

（杨　娟）

实验十七　RNA的分析

RNA是基因组遗传信息表达的核心和关键,其在生物体的基因表达、细胞周期及个体发育的过程都具有重要的作用,是生命科学研究的重要对象。从生物样本中提取RNA是RNA研究分析的首要环节,提取的RNA质量的好坏直接关系后续实验分析的成败。因此,本章节以RNA提取中实验器材的处理开篇,随后阐述了目前广泛采用的Trizol法提取组织及细胞RNA,列举了目前RNA的常规检测方法。RT-PCR(反转录-PCR)是将RNA的逆转录和PCR反应联合应用的技术,是目前从组织或细胞中获得目的基因,以及对已知序列的RNA进行定性及半定量分析的最有效方法。最后阐述了Northern印迹技术,其可用于RNA定量测定、基因表达调控、基因结构与功能、遗传变异及病理研究。

一、器材的处理

(一)实验目的和要求
熟悉和掌握RNA分析中实验器材处理的方法。

(二)实验用品
1. **材料**　玻璃器皿、塑料器皿。
2. **器材**　水浴锅、真空烤箱、灭菌锅、滤膜。
3. **试剂**　DEPC、去离子水、H_2O_2、去污剂、双蒸水、乙醇、氯仿。

(三)实验内容和方法
1. **原理**　RNA酶是导致RNA降解最主要的物质,广泛存在且稳定,可耐受多种处理(如煮沸、高压灭菌等)而不被灭活。RNA酶催化的反应一般不需要辅助因子,因而RNA制剂中只要存在少量的RNA酶就会引起RNA在制备与分析过程中的降解,进而直接影响RNA分析结果。在所有RNA实验中,核糖核酸酶(RNA酶)的污染是导致实验失败的最主要原因。因此,在RNA的制备与分析操作实验中,要严格防止RNA酶的污染。在RNA提取实验前对器材及试剂的处理非常的关键。焦碳酸二乙酯(DEPC)是一种强烈的RNA酶抑制剂,其通过和RNA酶的活性基团组氨酸的咪唑环结合使RNA酶变性,从而抑制RNA酶的活性。

2. **方法与步骤**

(1)溶液处理: RNA制备过程中使用的所有溶液(包括水及其他盐溶液),须用0.1% DEPC(每100ml待处理溶液中加入0.1ml DEPC),在37℃处理12小时以上。然后用高压灭菌除去残留的DEPC。不能高压灭菌的试剂,应当用DEPC处理过的无菌双蒸水配制,然后经0.22 μm滤膜过滤除菌。处理后的溶液要单独存放。

(2)塑料器皿的处理: 所有的塑料器皿可用0.1% DEPC水浸泡或用氯仿冲洗。离心管,枪头等塑料器皿在经0.1% DEPC处理时,在37℃处理12小时以上,高压灭菌(尽量使用一次性无菌塑料制品。已标明RNase-free的塑料制品,如没有开封使用过,通常不必再处理)。

(3)玻璃器皿的处理: 所有的玻璃器皿均应在使用前于200℃以上高温下烘烤至少6小时。

(4)有机玻璃的电泳槽等处理: 先用去污剂洗涤,双蒸水冲洗,乙醇干燥,再浸泡在3%

H_2O_2中,室温10分钟,然后用0.1% DEPC水冲洗,晾干。

3. **结果**　仔细核查RNA实验中使用的试剂及器材,确定都经过RNA酶灭活处理。为后续的RNA提取做好准备。

(四)作业与思考题

1. **作业**　配制0.1% DEPC水,并对实验室常规塑料器皿进行处理。

2. **思考题**　除焦磷酸二乙酯(DEPC)外,还有哪些RNA酶抑制剂?

(五)附录(试剂配制)

0.1% DEPC水:1000ml ddH_2O中加入DEPC 1ml,充分振荡,37℃过夜,高压灭菌。

二、RNA 的提取

(一)实验目的和要求

1. 熟悉和掌握组织RNA提取的方法和步骤。

2. 熟悉和掌握细胞RNA提取的方法和步骤。

(二)实验用品

1. **材料**　动物组织、培养细胞。

2. **器材**　匀浆器、移液器、培养板、离心管、离心机、水浴锅、紫外分光光度计。

3. **试剂**　DEPC、Trizol、异丙醇、双蒸水、乙醇、甲酰胺、氯仿。

(三)实验内容和方法

1. **原理**　RNA提取方法有多种,按照提取试剂的种类可分为:异硫氰酸胍法、盐酸胍法、异硫氰酸胍-苯酚法。利用高浓度强变性剂异硫氰酸胍可使细胞结构迅速被破坏,使RNA从细胞中释放出来,同时亦使RNA分子从核糖体蛋白中解离下来。高浓度的异硫氰酸胍和β-巯基乙醇可使细胞内的各种RNA酶失活,从而使得释放出的RNA不被降解。Trizol是目前广泛使用的直接从细胞或组织中提取总RNA的试剂,主要由异硫氰酸胍和苯酚组成,可以迅速地破坏细胞结构,使存在于细胞质及细胞核内的RNA释放出来,并使蛋白质与RNA分离,且能最大限度地保持RNA的完整性。

2. **方法与步骤**

(1)样品收集

①组织的匀浆处理:将组织在液氮中磨碎,每50~100mg组织加入1ml Trizol,用匀浆器进行匀浆处理。样品体积不应超过Trizol体积10%。

②贴壁细胞:直接在培养板中加入Trizol裂解细胞,每10cm^2面积(即3.5cm直径的培养板)加1ml Trizol,用移液器吸打3~5次(Trizol的用量应根据培养板面积而定,不取决于细胞数,Trizol加量不足可导致提取的RNA有DNA污染)。

③细胞悬液:离心收集细胞,每(5~10)×10^6动物、植物、酵母细胞或1×10^7细菌细胞加入1ml Trizol,反复吹打3~5次混匀(加Trizol之前不要洗涤细胞以免mRNA降解,一些酵母和细菌细胞需用匀浆仪处理)。

(2)将以上经Trizol处理的样本于室温放置5分钟,使核酸蛋白复合物完全分离。然后以每1ml Trizol加入0.2ml氯仿比例加入适量氯仿,剧烈振荡15秒,室温放置3分钟。

(3)4℃ 12 000rpm离心15分钟。样品分为三层:底层为黄色有机相,上层为无色水相和一个中间层。RNA主要在水相中,水相体积约为所用Trizol试剂的60%。

(4)将上层水相转移到另一离心管中,按照每1ml Trizol加入0.5ml异丙醇的比例,加入异丙醇沉淀水相中的RNA,室温放置10分钟。

（5）4℃ 12 000rpm离心10分钟,离心后在管侧和管底会出现RNA沉淀。

（6）移除上清液,按照每1ml Trizol至少加1ml 75%乙醇的比例加入75%乙醇,涡旋混匀,4℃ 7500rpm离心5分钟。

（7）小心移除上清液,室温真空干燥5~10分钟,注意不要真空离心干燥,过于干燥会导致RNA的溶解性大大降低。

（8）加入50μl DEPC水,用枪头吹打混匀,55~60℃放置10分钟使RNA溶解。RNA也可用100%的去离子甲酰胺溶解,-70℃保存。

3. **结果** 利用分光光度计测定提取的RNA在260nm和280nm处的吸光值。根据260nm与280nm吸光值的比值鉴定RNA纯度。A_{260}/A_{280}比值应在1.9~2.0之间。

（四）作业与思考题

1. **作业**

（1）提取培养细胞的总RNA。

（2）提取石蜡包埋组织的RNA。

2. **思考题** 从新鲜临床组织中提取总RNA,如何防止RNA降解?

（五）附录（试剂配制）

1. 0.1% DEPC水   1000ml ddH₂O中加入DEPC 1ml,充分振荡,37℃过夜,高压灭菌。

2. 75%乙醇   250μl ddH₂O中加入750μl无水乙醇。

三、反转录PCR（reverse transcription-PCR，RT-PCR）

（一）实验目的和要求

熟悉和掌握RT-PCR的原理和方法。

（二）实验用品

1. **材料** RNA样品。

2. **器材** 电泳槽、电泳仪、微波炉、水浴锅、离心管、移液器。

3. **试剂** DEPC水、反转录缓冲液、甲醛、琼脂糖、反转录酶、引物、dNTP、PCR缓冲液、Taq酶、ddH₂O、琼脂糖、EB。

（三）实验内容和方法

1. **原理** 反转录PCR是将RNA的反转录反应与PCR反应联合应用的一种技术,其通过对一个或多个基因进行扩增,可分析基因的转录产物及获取目的基因。RT-PCR是目前从组织或细胞中获得目的基因,以及对已知序列的RNA进行定性及半定量分析的最有效方法。RT-PCR的原理是:提取组织或细胞中的总RNA,以其中的mRNA作为模板,采用oligo（dT）随机引物、利用反转录酶将mRNA反转录成cDNA,再以cDNA为模板进行PCR扩增,从而获得目的基因或检测基因的表达。该技术可用于分析基因的转录产物、获取目的基因、合成cDNA探针,以及构建RNA高效转录系统。

2. **方法及步骤**

（1）总RNA的提取见本实验第二部分内容RNA的提取。

（2）cDNA链的合成:

①反应体系:在0.5ml离心管中,加入总RNA 1~5μg,1μl oligo dT引物（10μmol/l）,补充适量的DEPC处理水,使总体积为12μl。轻轻混匀,涡旋离心。

②65℃加热5分钟,立即将离心管插入冰浴中至少1分钟。

③加入以下试剂混合物: ×5反转录缓冲液4μl; 12.5mmol/L dNTP 1μl; 0.5μl RNA酶抑制剂(40U/μl); DECP处理水补充总体积至19μl。轻轻混匀,涡旋离心。

④65℃孵育5分钟。

⑤加入反转录酶1μl(200U/μl),轻轻混匀,涡旋离心。

⑥37℃水浴中孵育1小时。

⑦95℃加热5分钟以终止反应。

⑧–20℃保存备用。

(3)PCR:

① 取0.5ml PCR管,依次加入第一链cDNA 2μl; 上游引物(10pmol/l)2μl; 下游引物(10pmol/l)2μl; 2mmol/l dNTP 4μl; ×10 PCR缓冲液5μl; Taq酶(2U/μl)1μl; 加入适量的ddH₂O至总体积达50μl。轻轻混匀,涡旋离心。

②设定PCR程序:依据适当的温度参数进行PCR扩增。为保证实验结果可靠性,可在PCR扩增目的基因时,加入1对内参(如*β-actin*)的特异性引物,同时扩增内参DNA,作为对照。

③电泳鉴定: PCR扩增结束后,PCR产物进行琼脂糖凝胶电泳检测。

(4)电泳:

①配×0.5 TBE电泳缓冲液300ml。

②胶浓度1.7%(40ml ×0.5 TBE加0.68g琼脂糖粉)。

③微波炉中火2分钟溶解胶。

④冷却至60℃加入EB 2μl(10mg/ml)放入梳子,制胶,待凝固。

⑤加8μl PCR反应产物+2μl溴酚蓝; 电泳50~80V(5V/cm)。

3. **结果**　采用凝胶图像分析系统,对电泳条带进行灰度扫描,用*β-actin*条带的灰度作为目的条带的灰度进行校正,检测目的基因的表达。

(四)作业与思考题

1. **作业**

(1)在RT-PCR实验中,常用的内参有哪些?

(2)影响RT-PCR实验的关键因素有哪些?

2. **思考题**　如何通过RT-PCR实验来获得可用于分子克隆的cDNA?

(五)附录(试剂配制)

1. 0.1% DECP水　1000ml ddH₂O中加入DEPC 1ml,充分振荡,37℃过夜,高压灭菌。

2. ×5 TBE　54g Tris碱,27.5g硼酸,20ml 0.5mol/L EDTA(pH 8.0),加ddH₂O至1L。

3. ×0.5 TBE　用ddH₂O将×5 TBE稀释10倍。

四、RNA 的检测

(一)实验目的和要求

熟悉和掌握RNA的检测方法。

(二)实验用品

1. **材料**　RNA样品。

2. **器材**　紫外分光光度计、电泳槽、电泳仪、微波炉、凝胶成像分析系统。

3. **试剂**　DEPC、双蒸水、甲酰胺、过氧化氢溶液、甲醛、琼脂糖、MOPS、EB。

(三)实验内容和方法

1. **原理** RNA的检测方法有多种,常用的有紫外分光光度法和凝胶电泳检测法,另外也可以采用化学检测法,如地衣酚法等。本节内容分别阐述紫外分光光度计法及琼脂糖凝胶电泳的RNA检测法。由于RNA样品通常不稳定、容易降解,因此,与DNA的琼脂糖凝胶电泳相比,RNA的电泳检测应当采用专用的电泳槽,并且进行较为严格的抑制RNA酶的处理,如用DEPC水处理及添加RNA酶抑制剂等,以确保RNA样品在电泳过程中不被降解。

2. **方法与步骤**

(1)紫外分光光度法检测RNA浓度及纯度

1)运行分光光度计中测定RNA的程序。

2)200 μl DEPC水作为空白对照,10 μl RNA样品+190 μl DEPC水作为测量样品。

3)测量的RNA样品的A_{260}/A_{280}比值应在1.9~2.0之间。

4)RNA样品的实际浓度=分光光度计测量浓度 × 20(稀释倍数)。

(2)琼脂糖凝胶电泳法

1)用3%~30%的过氧化氢溶液浸泡RNA专用的电泳槽及胶板、梳子等电泳所需器材至少10分钟。

2)再用0.1%的DEPC水冲洗。

3)配制1.2%的含有甲醛的琼脂糖凝胶:①称取0.36g RNA专用的琼脂糖,加入24ml DEPC水,微波炉熔化后冷却到60℃;②加入3ml × 10 MOPS,混匀后再加入3ml甲醛,再加入3 μl EB。

4)用DEPC水配制 × 1 MOPS 500ml作为电泳缓冲液,55V预电泳30分钟。

5)RNA电泳样品的制备:

①取6 μl RNA样品、1 μl × 10 MOPS、1 μl甲醛、2 μl RNA上样缓冲液混匀。

②65℃加热10分钟,之后冰浴2分钟,瞬时离心即可上样。

6)80V电泳30分钟左右。

7)用凝胶成像分析系统检测RNA条带。

3. **结果**

(1)分光光度计检测A_{260}/A_{280}应在1.9~2.0之间,若小于该值,则可能含有蛋白杂质。

(2)用凝胶成像系统分析电泳结果,主要目的是检测28S和18S条带的完整性及其比值。一般情况下,如果28S和18S条带明亮、清晰、条带锐利(指条带的边缘清晰),并且28S的亮度在18S条带的两倍以上,则认为RNA的质量较好。

(四)作业与思考题

1. **作业** 提取培养细胞的总RNA,分别用分光光度计和琼脂糖凝胶电泳检测。

2. **思考题** 琼脂糖凝胶电泳检测RNA时,如何避免RNA的降解?

(五)附录(试剂配制)

1. **0.1% DEPC水** 1000ml ddH₂O中加入DEPC 1ml,充分振荡,37℃过夜,高压灭菌。

2. **× 10 MOPS配制** 0.627g MOPS溶于12ml DEPC水中,加入1.2ml 1M NaAc(DEPC水配制),用2M NaOH调节pH至7.0,加入0.75ml 0.2M EDTA,最后用DEPC水定容至15ml。

五、Northern 印记杂交

(一)实验目的和要求

熟悉和掌握Northern blot的原理和方法。

（二）实验用品

1. **材料**　总RNA样品、探针、X线片。

2. **器材**　紫外分光光度计、电泳槽、电泳仪、微波炉、恒温水浴锅、离心管、移液器、杂交袋、真空转移仪、恒温摇床、离心机、烧杯、硝酸纤维素膜、有机玻璃板、真空烤箱。

3. **试剂**　DEPC水、甲醛、甲醛凝胶电泳缓冲液、甲酰胺、琼脂糖、MOPS、dNTP、PCR缓冲液、Taq酶、ddH$_2$O、琼脂糖、EB、×6 SSC、预杂交液、杂交液、×2 SSC、×0.2 SSC、0.1% SDS。

（三）实验内容和方法

1. **原理**　Northern印迹杂交是RNA定量测定的一种检测方法，是通过检测RNA的表达水平来检测基因表达的方法。Northern blot首先通过电泳的方法将不同的RNA分子依据其分子量大小加以区分，然后通过与特定基因互补配对的探针杂交来检测目的片段。Northern blot可定量分析某一特异基因转录的强度，根据其迁移的位置也可判断基因转录产物的大小。该技术常用于基因表达调控、基因结构与功能、遗传变异及病理研究。其基本步骤包括：完整mRNA的分离，琼脂糖凝胶电泳分离RNA，转移RNA至固相支持物上，在转移的过程中，要保持RNA在凝胶中的相对分布，将RNA固定到支持物上，固相RNA与探针分子杂交，除去非特异结合到固相支持物上的探针分子，对特异结合的探针分子的图像进行检测、捕获和分析。

2. **方法与步骤**

（1）总RNA的提取参考本实验第二部分RNA的提取的内容。

（2）变性胶的制备：取琼脂糖0.2g，加入DEPC H$_2$O 12.4ml，加热熔化，于保温状态下加入×5甲醛凝胶电泳缓冲液4.0ml，37%甲醛3.6ml，混匀、制胶。待琼脂糖凝胶凝固后，置于×1甲醛凝胶电泳缓冲液中预电泳5分钟。

（3）样品制备：吸取提取的总RNA 4.5μl（约20~30μg），加入×5甲醛凝胶电泳缓冲液4.0μl，37%甲醛3.6μl，甲酰胺10μl，65℃温育15分钟、冰浴5分钟。加入EB（1μg/μl）1μl、上样缓冲液2μl。

（4）电泳：快速上样，60V电泳（电泳时间约2小时左右）。电泳结束后将胶块置紫外灯下，观察RNA的完整性，记录18S、28S条带的位置（离加样孔的距离）。

（5）转移：将RNA从变性胶转移到硝酸纤维素膜或尼龙膜：

①按胶块大小剪取膜一张，用DEPC水中浸湿后，置于×20 SSC中浸泡1小时。剪去膜一角。将胶块切去一角，并在×20 SSC浸泡2次，每次15分钟。

②用长和宽均大于凝胶的一块有机玻璃板作为平台，将其放入大的干烤皿上，上面放一张3mm滤纸，倒入×20 SSC使液面略低于平台表面，当平台上方的3mm滤纸湿透后，用玻璃棒赶出所有气泡。

③将凝胶翻转后置于平台上湿润的3mm滤纸中央，3mm滤纸和凝胶之间不能滞留气泡。

④用硝酸纤维素膜围绕凝胶四周，作为屏障，阻止液体自液池直接流至胶上方的纸巾。

⑤在凝胶上方放置预先已浸湿的尼龙膜，排除膜与凝胶之间的气泡。

⑥将两张已湿润的、与凝胶大小相同的3mm滤纸置于膜的上方，排除滤纸与滤膜之间的气泡。

⑦将一叠（5~8cm厚）略小于3mm滤纸的纸巾置于3mm滤纸的上方，并在纸巾上方放一块玻璃，然后用一个重约500g的重物压在玻璃板上。其目的是建立液体自液池经凝胶向膜上行流路，以洗脱凝胶中的RNA并使其聚集在膜上。

（6）使上述RNA转移持续进行15小时左右。在转膜过程中，当纸巾浸湿后，应更换新纸巾。

（7）转移结束后,揭去凝胶上方的纸巾和3mm滤纸。将膜在×6 SSC中浸泡5分钟,以去除膜上残留的凝胶。

（8）将凝胶置紫外灯下,观察胶块上有无残留的RNA。

（9）膜置80℃,真空干烤1~2小时。烤干后的膜用塑料袋密封,4℃保存备用。

（10）探针标记:

①取模板DNA 25ng于0.5ml离心管中,95~100℃变性5分钟,冰浴5分钟。

②dNTP mix的制备:取dGTP 1 μl、dATP 1 μl、dTTP 1 μl混匀。

③将下列反应成分混合,加入上述微量离心管中: 2 μl dNTP mix,2 μl BSA（10mg/ml）,10 μl ×5 buffer,1 μl Klenow酶（5u/μl）,5 μl α-32P-dCTP,加入适量dd H_2O使反应总体积达50 μl,轻轻混匀。室温下反应1小时。

（11）预杂交: 将膜的反面紧贴杂交瓶,加入预杂交液5ml,42℃预杂交3小时。

（12）杂交: 将变性的探针（95~100℃变性5分钟,冰浴5分钟）加入到预杂交液中,42℃杂交16小时。

（13）洗膜:

①倾去杂交液。

②×2 SSC/0.1% SDS室温洗15分钟。

③×0.2 SSC/0.1% SDS,55℃洗15分钟×2次。

（14）放射自显影: 漂洗后的硝酸纤维素膜经dd H_2O漂洗片刻,用滤纸吸去膜上水分,自然干燥后,用保鲜膜包好。在暗室中,于胶片盒内在膜两侧各压一张X线片, –70℃放射自显影,时间视杂交强度而定,1~10天不等,通常1~2天后可见RNA条带。

3. 结果

（1）电泳结束后,应在凝胶成像系统仔细观察RNA电泳分离效果是否良好、RNA样品有无降解、RNA带型是否清晰、有无拖尾及边缘模糊等现象。

（2）放射自显影后,观察X线片上曝光显示的条带,对照RNA分子质量标准条带的迁移距离,即可核查出凝胶电泳中相应的RNA位置,从而得知基因转录的RNA大小。利用灰度值分析,对比RNA的内参灰度值,计算出不同样品的基因转录的表达强度。

（四）作业与思考题

1. 作业　比较Northern和Southern杂交技术的方法与步骤。

2. 思考题　影响Northern实验成败的关键因素有哪些?

（五）附录(试剂配制)

1. 0.1% DEPC水　1000ml ddH₂O中加入DEPC 1ml,充分振荡,37℃过夜,高压灭菌。

2. 0.5M EDTA　EDTA 16.61g加dd H_2O至80ml,调pH至8.0,定容至100ml。

3. 50mM NaAc　NaAc 3.4g加dd H_2O至500ml,加DEPC 0.5ml,振荡,37℃过夜,高压灭菌。

4. ×5甲醛凝胶电泳缓冲液　MOPS〔3-（N-玛琳代）丙磺酸〕10.3g加50mM NaAc 400ml,用2N NaOH调pH至7.0,再加入0.5M EDTA 10ml,加DEPC H_2O至500ml。无菌抽滤,室温避光保存。

5. ×20 SSC　NaCl 175.3g、柠檬酸三钠88.2g,加ddH₂O至800ml,用2N NaOH调pH至7.0,再用dd H_2O定容至1000ml。DEPC处理、高压灭菌。

6. ×6 SSC　×20 SSC 300ml加dd H_2O至1000ml。DEPC处理,高压灭菌。

7. ×50 Denhardt　聚蔗糖0.5g、聚乙烯吡咯烷酮0.5g、牛血清白蛋白（BSA）0.5g加dd H_2O至50ml,无菌抽滤、分装。

8. 1M Na₂HPO₄　Na$_2$HPO$_4$·12H$_2$O 35.81g,加ddH$_2$O至100ml。

9. 1M NaH₂PO₄　NaH$_2$PO$_4$·2H$_2$O 15.6g,加ddH$_2$O至100ml。

10. 0.1M磷酸钠缓冲液(pH 6.6)　Na$_2$HPO$_4$ 35.2ml加NaH$_2$PO$_4$ 64.8ml。

11. **STE缓冲液**　1M Tris-HCl(pH 8.0)2.5ml,0.5M EDTA 0.5ml,5M NaCl 5ml,加dd H$_2$O至250ml。

12. **预杂交液**　×20 SSC 5ml,甲酰胺10ml,×50 Denhardt 4ml,1M磷酸钠缓冲液0.2ml(pH 6.6),10% SDS 1ml,总体积20ml。临用前加入变性鲑鱼精DNA(10mg/ml),使终浓度为4μl/ml。

(杨　娟)

实验十八　蛋白质分析

蛋白质是生命有机体的主要成分,在生命生长发育的各个阶段都起着重要的作用。同时,蛋白质在食品、药品、医学诊断及生物催化等方面有着广泛的应用。从生物样本中分离制备蛋白质、进而研究其结构与功能,对于了解生命活动的规律,阐明生命现象的本质有重大意义。由于生物样本中的蛋白种类可达到10万种以上,且样本具有复杂、含盐或其他污染物、易被蛋白酶降解、动态范围宽($>10^6$)、溶解性不均一(疏水性/亲水性)、分子量、等电点的范围宽(10~500kD,pH 2~14)等特性,致使不同样本来源的蛋白提取方法不一,甚至相同的生物样本不同分析目的的蛋白提取方法也不尽相同,因此,蛋白的分离提取及检测研究是现代生物医学研究领域热点之一。本章内容包括细胞及组织样本蛋白质的提取技术、蛋白质的凝胶电泳检测技术、以及Western blot技术。

一、蛋白质的提取

(一)实验目的和要求

1. 熟悉和掌握从细胞中提取总蛋白的方法步骤。

2. 熟悉和掌握从组织中提取总蛋白的方法步骤。

(二)实验用品

1. **材料**　培养细胞、动物组织。

2. **器材**　电子天平、超声仪、匀浆器、高速离心机、漩涡混合器、分光光度计、移液器、细胞刮铲、离心管。

3. **试剂**　RIPA裂解液、PMSF、PBS、去离子水。

(三)实验内容和方法

1. **原理**　由于生物样本的高度复杂性,目前尚未有通用的蛋白样品制备的方法,现有的处理方法基本遵循以下原则:①尽量少的操作步骤以减少污染和损失;②应使所有待分析的蛋白样品全部处于溶解状态(包括多数疏水性蛋白),且制备方法应具可重现性;③尽量去除干扰的高丰度或无关蛋白,从而保证待研究蛋白的可检测性。RIPA裂解液(RIPA lysis buffer)是一种传统的细胞及组织快速裂解液,对哺乳动物细胞的胞膜、胞质、胞核均有较强烈的裂解作用,利用RIPA裂解液提取的蛋白样品可用于SDS-PAGE凝胶电泳、Western-blot等蛋白质相关分析实验。

2. **方法与步骤**

(1)细胞的蛋白质抽提步骤:

1)从-20℃取出配制好的RIPA裂解液,冰上放置融解,混匀,瞬时离心;

2)配制含蛋白酶抑制剂的RIPA裂解液。

3)贴壁细胞的裂解:

①从贴壁细胞培养瓶中小心倾去培养液。

②预冷的PBS清洗贴壁的细胞2次,小心倾去PBS。

③细胞瓶中加入预冷的含抑制剂的RIPA裂解液(10^7个细胞中加入1ml抽提试剂;5×10^6个

细胞中加入0.5ml抽提试剂),轻摇混匀,使裂解液与细胞充分接触,冰上裂解5分钟。

④用预冷的细胞刮铲和移液器将裂解产物与细胞碎片一起转移至1.5ml离心管中,冰上放置30分钟,每10分钟震荡一次,每次震荡1分钟。

⑤4℃,14 000rpm离心15分钟。离心后上清液立刻转入新的离心管中,于-80℃保存。

4)悬浮细胞的裂解:

①1000rpm离心5分钟,收集细胞于离心管中。

②加入预冷PBS清洗细胞2~3次,1000rpm离心5分钟,收集细胞。

③根据细胞数量加入适量的RIPA裂解液,用吸管吹打将细胞打散,上下颠倒数次以充分裂解细胞。

④冰上放置30分钟,每10分钟震荡一次,每次震荡1分钟。

⑤4℃,14 000rpm离心15分钟。离心后上清液立刻转入新的离心管中,-80℃保存。

(2)组织蛋白质抽提步骤:

1)从-20℃取出配制好的RIPA裂解液,冰上放置溶解,混匀,短暂离心。

2)配制含抑制剂的RIPA裂解液。

3)组织称重,切小块放入管中。用预冷的PBS冲洗组织块3~5次,清除表面血迹。

4)加入预冷的含抑制剂的裂解液(按照250mg组织中加入1ml RIPA裂解液)。

5)玻璃匀浆器匀浆,每次30秒低速匀浆,每次匀浆间隔冰浴1分钟,至组织完全裂解。

6)冰上放置30分钟,每10分钟震荡一次,每次震荡1分钟。

7)充分裂解后,4℃,14 000rpm离心15分钟,上清液立刻转入新的离心管,于-80℃保存。

3. 结果　采用Bradford法用酶标仪检测提取蛋白样品的浓度。

(四)作业与思考题

1. 作业

(1)提取培养细胞的总蛋白。

(2)提取大鼠肝组织的总蛋白。

2. 思考题　对于可溶蛋白、微溶蛋白及不溶蛋白的提取,应采用何种提取方法?

(五)附录(试剂配制)

含抑制剂的RIPA裂解液: 1ml RIPA裂解液中加入5 μl(1mmol)PMSF。

二、SDS-聚丙烯酰胺凝胶电泳（SDS-PAGE）

(一)实验目的和要求

熟悉和掌握SDS-PAGE电泳的方法和步骤。

(二)实验用品

1. 材料　蛋白样品。

2. 器材　垂直电泳槽、电泳仪、水平摇床、电子天平。

3. 试剂　分离胶、浓缩胶、SDS、考马斯亮蓝G-250、乙酸、硫酸铵、磷酸、Tris-甘氨酸缓冲液、三氯乙酸、脱色液、ddH$_2$O。

(三)实验内容和方法

1. 原理　SDS-聚丙烯酰胺凝胶(SDS-PAGE)电泳,即十二烷基硫酸钠-聚丙烯酰胺凝胶电泳法,常用来检测蛋白质的相对分子质量。蛋白质混合样品中各蛋白质组分的迁移率主要取决于分子大小和形状以及所带电荷多少。SDS(十二烷基硫酸钠)是一种阴离子表面活性剂,在聚丙烯酰胺凝胶系统中,加入一定量的SDS,能使蛋白质的氢键和疏水键打开,并结合到蛋白质分子上,使各种蛋白质-SDS复合物都带上相同密度的负电荷,其数量远远超过了蛋白质分子原有的电荷量,从而掩盖了不同种类蛋白质间原有的电荷差别,此时,蛋白质分子的电泳迁移率主要取决于其分子量大小,而其他影响电泳迁移率的因素可忽略不计。

2. 方法与步骤

(1)安装夹心式垂直板电泳槽:目前,夹心式垂直板电泳槽有很多型号,虽然设置略有不同,但主要结构相同,且操作简单,不易泄漏。主要注意:安装前胶条、玻板、槽子都要洁净干燥,勿用手接触灌胶面的玻璃。

(2)配胶:根据所测蛋白质分子量范围,选择适宜的分离胶浓度。本实验采用SDS-PAGE不连续系统,按表18-1配制分离胶和浓缩胶。

(3)制备凝胶板:

1)分离胶制备:按表配制20ml 10%分离胶,混匀后用细长头滴管将凝胶液加至长、短玻璃板间的缝隙内,约8cm高,用1ml注射器取少许蒸馏水,沿长玻璃板板壁缓慢注入,约3~4mm高,以进行水封。约30分钟后,凝胶与水封层间出现折射率不同的界线,则表示凝胶完全聚合。倾去水封层的蒸馏水,再用滤纸条吸去多余水分。

2)浓缩胶的制备:按表18-1配制10ml 3%浓缩胶,混匀后用细长头滴管将浓缩胶加到已聚合的分离胶上方,直至距离短玻璃板上缘约0.5cm处,轻轻将梳子插入浓缩胶内,避免带入气泡。约30分钟后凝胶聚合,再放置20~30分钟。待凝胶凝固,小心拔去梳子,用窄条滤纸吸取点样孔中多余的水分,将pH 8.3 Tris-甘氨酸缓冲液倒入上、下贮槽中,应没过短板约0.5cm以上,即可准备加样。

(4)样品处理及加样:各标准蛋白及待测蛋白都使用样品溶解液溶解,至浓度约为3mg/ml,沸水浴加热3分钟,冷却至室温备用。处理好的样品液如经长期存放,使用前应在沸水浴中加热1分钟,以消除亚稳态聚合。一般加样体积为10~15 μl(即30~50 μg蛋白质)。如样品浓度较小,可增加上样量。用微量注射器小心将样品通过缓冲液加至点样孔,待点样结束后,开始电泳。

(5)电泳:将直流稳压电泳仪开关打开,开始时将电流调至10mA。待样品进入分离较时,将电流调至20~30mA。当溴酚蓝染料迁移至底部时,将电流调回到零,关闭电源。拔掉固定板,取出玻璃板,用刀片轻轻将一块玻璃撬开移去,在胶板一端切除凝胶一角作为标记,将胶板移至染色盘中染色。

(6)染色及脱色:

1)考马斯亮蓝G-250纯化:因为商品制剂中的杂质可增强染色背景。染色前,应先过滤染料杂质:250ml 7.5%乙酸中溶解4g染料,加热到70℃,加入44g硫酸铵,溶解后,冷却过滤或置室温离心(3000rpm,10分钟),去除上清液,使染料干燥。

2)染色液配制:在500ml 2%磷酸中溶解30g硫酸铵,待其完全溶解后,加入溶于10ml ddH$_2$O中的0.5g纯化的考马斯亮蓝G-250。室温保存。

3)电泳结束后,将凝胶放入洁净的玻璃或塑料容器中加入5倍于凝胶体积的12.5%三氯乙酸。室温下振摇温育1小时或更长时间。

4)排干液体:摇动混匀考马斯亮蓝G-250染液,使大颗粒胶体分散,加至凝胶内。室温下振摇温育过夜。

5)将染液倒回贮液瓶以备重复使用。

6)用ddH$_2$O清洗凝胶,再用脱色液脱色(约2~3小时),并观察脱色效果。直到蛋白条带清晰。

3. **结果**　采用凝胶分析系统,根据标准蛋白质分子量确定检测样品中的蛋白分子量。

(四)作业与思考题

1. **作业**　对大鼠肝组织蛋白进行SDS-凝胶电泳检测。

2. **思考题**　除SDS-凝胶电泳外,目前还有哪些技术方法可用于蛋白质的检测?

(五)试剂配制

1. **分离胶缓冲液(Tris-HCl缓冲液,pH 8.9)**　取1mol/l盐酸48ml,Tris 36.3g,去离子水溶解后定容至100ml。

2. **浓缩胶缓冲液(Tris-HCl缓冲液,pH 6.7)**　取1mol/l盐酸48ml,Tris 5.98g,去离子水溶解后定容至100ml。

3. **30%分离胶贮液**　称丙烯酰胺(Acr)30g及N,N'-甲叉双丙烯酰胺(Bis)0.8g,溶于重蒸水中,定容至100ml,过滤后置棕色试剂瓶中,4℃保存。

4. **10%浓缩胶贮液**　称Acr 10g及Bis 0.5g,溶于重蒸水中,定容至100ml,过滤后置棕色试剂瓶中,4℃保存。

5. **10% SDS溶液**　称取100g电泳级SDS溶解在900ml去离子水中,加热至68℃助溶,加入几滴浓盐酸,调节溶液的pH值至7.2,加水定容至1L,分装备用SDS(低温易析出结晶,用前微热,使其完全溶解)。

6. **1% TEMED**　移液器吸取1ml TEMED溶于100ml去离子水中备用。

7. **10%过硫酸铵(AP)**　称取1g过硫酸铵溶解于终量为10ml的水溶液中,该溶液可在4℃保存数周(一般现用现配)。

8. **电泳缓冲液(Tris-甘氨酸缓冲液,pH 8.3)**　称取Tris 6.0g,甘氨酸28.8g,SDS 1.0g,用去离子水溶解后定容至1L。

9. **样品溶解液**　取SDS 100mg,巯基乙醇0.1ml,甘油1ml,溴酚蓝2mg,0.2mol/l,pH 7.2磷酸缓冲液0.5ml,加重蒸水至10ml(遇液体样品浓度增加一倍配制)。用来溶解标准蛋白质及待测固体。

10. **染色液**　0.25g考马斯亮蓝G-250,加入454ml 50%甲醇溶液和46ml冰乙酸。

11. **脱色液**　75ml冰乙酸,875ml重蒸水与50ml甲醇混匀。

表18-1　SDS-PAGE凝胶配制各组分比例

试剂名称	配制20ml不同浓度分离胶所需各种试剂用量/ml				配制10ml浓缩胶所需试剂量/ml
	5%	7.5%	10%	15%	3%
分离胶贮液(30% Acr-0.8% Bis)	3.33	5.00	6.66	10.00	
分离胶缓冲液(pH 8.9 Tris-HCl)	2.50	2.50	2.50	2.50	
浓缩胶贮液(10% Acr-0.5% Bis)					3.0
浓缩胶缓冲液(pH 6.7 Tris-HCl)					1.25
10% SDS	0.20	0.20	0.20	0.20	0.10
1% TEMED	2.00	2.00	2.00	2.00	2.00
ddH$_2$O	11.87	10.20	8.54	5.20	4.60
混匀后,置真空干燥器中,抽气10分钟					
10% AP	0.10	0.10	0.10	0.10	0.05

三、Western 印迹杂交

(一)实验目的和要求
熟悉和掌握Western Blot实验原理与步骤。

(二)实验用品
1. **材料**   蛋白样品。
2. **器材**   垂直电泳槽、电泳仪、水平摇床、电子天平、转膜仪、凝胶图像处理系统、化学发光仪。
3. **试剂**   分离胶、浓缩胶、SDS、一抗、二抗、考马斯亮蓝G-250、乙酸、硫酸铵、Tris-甘氨酸缓冲液、三氯乙酸、脱色液、ddH$_2$O。

(三)实验内容和方法
1. **原理**   蛋白质免疫印迹,也称为免疫印迹实验,是用抗体检测蛋白的重要方法之一。它是分子生物学、生物化学和免疫遗传学中常用的一种实验方法。Western blot是将电泳分离后的细胞或组织总蛋白质从凝胶转移到固相支持物NC膜或PVDF膜上,然后用特异性抗体检测某特定抗原的一种蛋白质检测技术,现已广泛应用于基因在蛋白水平的表达研究、抗体活性检测和疾病早期诊断等多个方面。

2. **方法与步骤**
（1）总蛋白的提取:蛋白提取方法参照本实验第一部分蛋白质的提取的内容。
（2）蛋白浓度测定:用紫外分光光度计检测各样本的蛋白含量,Bradford法测定蛋白浓度,将所有样品稀释至同一浓度。
（3）蛋白样品的SDS-聚丙烯酰胺凝胶电泳。
1）制备10% SDS-PAGE凝胶。参照本实验第二部分SDS-聚丙烯酰胺凝胶电泳的内容。
2）每个蛋白样品加等体积×2 SDS上样缓冲液,短暂离心,煮沸3分钟,12 000rpm,离心2分钟,取上清液,冷却至室温后,蛋白样品直接上样至SDS-PAGE胶加样孔内。
3）电泳仪调节电泳参数,先用100V电泳,待样品到达分离胶时将电压调至150V,待溴酚蓝电泳至底部时结束电泳。
4）取出凝胶,用半干转印法转膜。恒定电流为350~400mA,转膜3小时。转膜电压或电流根据膜的大小而定,转膜时间根据目的蛋白的大小而定。
5）室温下丽春红S染色5分钟,PBST漂洗,观察蛋白转移效果。
6）转膜后的胶再用考马斯亮蓝染色约4小时,脱色,观察蛋白质转膜效率。
7）加入5%的脱脂奶粉-PBST封闭液,室温封闭1小时。PBST洗3次,每次5分钟。
8）用5%脱脂奶粉-PBST配制一抗工作液10ml(参考一抗的说明书,按照适当比例配制),孵育纤维膜,4℃过夜。PBST洗3次,每次5分钟。
9）用5%脱脂奶粉-PBST配制二抗(如:HRP标记羊抗鼠IgG,稀释度为1:1000),室温下反应1小时。PBST洗3次,每次5分钟。
10）取ECL化学发光试剂A液和B液各1ml,混匀后与膜作用80秒,暗室曝光2~10分钟后,全自动X线片洗片机洗片。或用UVP等化学发光仪直接曝光取图。
3. **结果**   将胶片扫描或拍照,用凝胶图像处理系统分析目标带的分子量和净光密度值,比如Bio-Rad的Quantity One。

（四）作业与思考题

1. **作业** Western blot实验中，蛋白样品准备中应注意哪些环节？

2. **思考题** Western blot实验中大分子量蛋白和小分子量蛋白分析有何不同？

（五）附录（试剂配制）

1. **电泳缓冲液（Tris-甘氨酸缓冲液，pH 8.3）** 称取Tris 6.0g，甘氨酸28.8g，SDS 1.0g，用去离子水溶解后定容至1L。

2. **染色液** 0.25g考马斯亮蓝G-250，加入454ml 50%甲醇溶液和46ml冰乙酸。

3. **脱色液** 75ml冰乙酸，875ml重蒸水与50ml甲醇混匀。

4. **转膜缓冲液** 称取2.9g甘氨酸、5.8g Tris碱、0.37g SDS，并加入200ml甲醇，加水至总量1L。

5. **丽春红染液储存液** 丽春红S 2g，三氯乙酸30g，磺基水杨酸30g，加水至100ml。用时上述储存液稀释10倍即成丽春红S使用液。使用后予以废弃。

6. **PBST** 含0.05% Tween-20的PBS溶液，每1000ml PBS溶液中加0.5ml Tween-20。

7. **5%（w/v）脱脂奶粉-PBST封闭液** 按照脱脂奶粉1g与20ml PBST比例配制。

（杨 娟）

实验十九　染色体制备与观察

染色体（chromosome）是一种由DNA、组蛋白、非组蛋白及RNA组成的核蛋白复合物，是遗传物质基因的载体。在间期核中伸展呈细丝状，形态不规则，弥散在细胞核内，称为染色质；在细胞分离期，细丝状的染色质高度螺旋、折叠而缩短变粗，形成条状或棒状的特定形态，能用碱性染料染色，称为染色体。染色体异常，将导致基因表达异常机体发育异常。对染色体进行分析，准确识别每一号染色体，是临床上某些疾病诊断和病因研究的重要工具。本实验内容包含：人体外周血淋巴细胞培养和染色体标本的制备、人类染色体常规核型分析、人类染色体G显带法、G带核型分析及骨髓细胞染色体的制备。

一、人体外周血淋巴细胞培养和染色体标本的制备

（一）实验目的和要求

1. 初步掌握人体外周血淋巴细胞染色体标本常规制作的方法和过程。
2. 了解人体外周血淋巴细胞培养的基本原理。

（二）实验用品

1. **材料**　人体静脉血。

2. **器材**　超净工作台、恒温培养箱、离心机、架盘天平、圆形细胞培养瓶、5ml注射器、采血针头、5ml刻度离心管、止血带、消毒棉签、试管架、预冷载玻片、吸管、量筒。

3. **试剂**　RPMI 1640或TCl99培养液，小牛血清，植物凝集素（PHA），秋水仙素（100mg/ml），青霉素，链霉素，0.2%肝素，0.075mol/L氯化钾低渗液，固定液（甲醇：冰乙酸=3：1，现用现配），10% Giemsa染液，2.5%碘液，75%乙醇。

（三）实验内容与方法

1. **原理**　人外周血淋巴细胞在体内外一般不分裂，但在适宜的培养条件及植物凝集素（phytohe-magglutinin, PHA）的刺激下，可使处于G0期的淋巴细胞转化为淋巴母细胞，重新获得有丝分裂的能力。

采用微量人体外周血淋巴细胞短期培养，可获得丰富的淋巴母细胞分裂相。适时再加入适量秋水仙素，干扰微管组装，抑制纺锤丝形成，使细胞分裂停止于中期而积累大量的中期分裂相。此法操作简便，用血量少，是临床和科研中常采用的一种获得有丝分裂相及制备染色体标本的方法。

2. **淋巴细胞的培养**

（1）培养前的准备: 培养过程中必需用品的清洗灭菌、培养液及药品配制方法详见附录。

（2）采血: 吸入少许肝素润湿针筒后推弃，再以无菌法抽取静脉血。细胞培养的必须用品安放在超净工作台内，操作前用紫外线消毒20~30分钟。为防止污染，在操作前必须用肥皂洗手，然后用75%乙醇擦拭。若在无菌室工作还须穿消毒隔离衣帽并戴口罩。献血者的手臂皮肤须用无菌棉签蘸75%酒精消毒两次，缚止血带，静脉取血1~2ml至针筒内摇匀，即为抗凝血。

（3）培养: 在无菌条件下将抗凝血0.3~0.4ml（7号针头13~15滴）加入培养瓶内，摇匀，置于

37℃恒温培养箱中培养72小时。

3. 制片

（1）秋水仙素处理：在培养终止前2~4小时内向每个培养瓶中加入秋水仙素,使最终浓度为0.2μg/ml培养液。轻轻摇匀后,放回培养箱中继续培养2~4小时。

（2）收集细胞：细胞培养至72小时取出培养瓶,用吸管混匀其中的细胞悬液,分别吸入刻度离心管中,平衡后离心8分钟（1000r/min）。

（3）低渗处理：吸弃上清液,加入预温至37℃的低渗液（0.075mol/L KCl）4ml。用吸管吹散打匀,使沉淀细胞与低渗液充分混匀后,置37℃温箱中25~30分钟。

（4）预固定：低渗后立即加入新配制的固定液1ml,用吸管混匀。离心（1000r/min）10分钟。弃上清液,留下沉淀物。

（5）固定：用吸管吸取固定液,沿离心管壁缓缓加入,直至4ml,并反复吹打均匀,室温下静置固定30分钟后,离心（1000r/min）10分钟,吸弃上清液。

（6）再固定：重复以上步骤,也可酌情延长或省略。

（7）制成细胞悬液：吸弃上清液,根据沉淀细胞的多少,适量加入新鲜固定液至0.3~0.5ml,用吸管轻缓吹吸混匀即成细胞悬液。

（8）滴片：取冰箱中预冷的湿载玻片,用吸管吸取细胞悬液,不重叠地滴上2~3滴,滴时吸管的高度应在载玻片正上方约20cm处或更高,以利于染色体铺展。立即在酒精灯上远火烘干或室温晾干。

（9）染色：在滴有细胞的载玻片面上用记号笔作一标记,在盛有10%的Giemsa染液的染缸中染色10~15分钟,取出载片,用流水冲洗去玻片上的染液,晾干或烘干后镜检。

4. 镜检

在低倍镜下见视野中有较多的紫色或蓝紫色小点。换高倍镜观察,这些小点实为圆形的间期细胞核。移动推进器进一步寻找散在分布的中期分裂相,确定一个不重叠或重叠较少,染色体分散较好的中期分裂相观察后再换油镜分析观察,统计染色体数目。

（四）作业与思考题

1. 作业　简述或以图解法表示人体外周血淋巴细胞染色体的制备过程。

2. 思考题

（1）在外周血培养过程中为什么要加入PHA?

（2）在终止培养前加入秋水仙素的作用是什么?

（3）在染色体制片的过程中为什么要低渗处理?

（4）请简述为避免污染应采取的措施。

（5）能否根据染色体分散较好的中期分裂相判断该细胞来源的性别? 为什么?

（五）附录

因培养的细菌要在无菌、无毒的环境中才能生长,所以对实验用具的清洁和灭菌是保证实验成功的首要条件。

1. 用具的清洗

（1）玻璃器皿：在肥皂粉水中煮沸30分钟,趁热洗刷内外。流水冲洗10分钟,烘干。浸入清洗液中8~14小时,取出后以流水充分冲洗（20分钟）,再以蒸馏水冲洗3次。烘干以后消毒包装,高压灭菌10磅（4540g）20分钟或160℃干热灭菌2小时。

（2）载玻片须用肥皂粉水煮沸约20分钟,趁热洗刷后流水冲洗,烘干。逐片放入清洗液中,24小时后取出,浸入盆中,充分流水冲洗,再用蒸馏水冲洗后放置在蒸馏水中备用。

（3）橡胶类制品：先用清水洗刷,再用肥皂粉水煮沸30分钟,经清水充分洗洁后再用三蒸水洗3次,烘干待用。

2.培养基和试剂的配制

（1）RPMI 1640培养液的配制：RPMI 1640粉末1.04g溶于100ml的三蒸水中（充分溶解）,再加入25ml小牛血清（先在56℃水浴箱灭活20分钟）,加入10%的PHA1.8ml。在配好的培养液中还应加入双抗（青霉素、链霉素）100单位/1ml培养液。用7.4%NaHCO₃溶液调pH为7.2~7.4。再以G6细菌漏斗抽滤除菌或以孔径为0.22μm的微孔滤膜过滤,然后按每培养瓶5ml分装,冰箱保存备用。

（2）0.2%肝素的配制：称量0.2g肝素粉末,溶于100ml 0.85%的NaCl溶液中,高压灭菌〔8磅（3632g）,15分钟〕。

（3）100μg/ml秋水仙素的配制：称量秋水仙素粉末0.01g,溶于100ml的0.85%的NaCl溶液。

（4）10% Giemsa染液的配制：

1）Giemsa原液的配制：称量1gGiemsa粉末,溶于66ml甘油（60℃）,研磨溶解,再加入66ml甲醇液混合即成原液。

2）Giemsa原液与磷酸盐缓冲液（pH 6.8或7.4）按1∶9配成,此即10%Giemsa染液。

二、人类染色体常规核型分析

(一)实验目的和要求

1.掌握正常人体细胞染色体数目及其形态特征。

2.掌握人类染色体核型分析方法。

(二)实验用品

1. **材料**　人类正常体细胞染色体的玻片标片、几种染色体病的玻片标本或照片。

2. **器材**　显微镜。

3. **试剂**　香柏油、无水乙醇、乙醚。

(三)实验内容与方法

1. **人类正常体细胞染色体制片的观察**

（1）染色体计数：用分片技术法计算出人体正常体细胞染色体数目。

（2）染色体形态：观察每一条染色体的大小和着丝粒位置。标本中每条中期染色体都含有两条染色单体（chromatid）,通过着丝粒（centromere）彼此相连。由着丝粒向两端伸展的是染色体的臂,长臂以q表示,短臂以p表示。根据着丝粒位置的不同,可将染色体分为三种类型：

中着丝粒染色体（metacentric chromosome）：着丝粒位于染色体长轴的1/2~5/8处。

亚中着丝粒染色体（submetacentric chromosome）：着丝粒位于染色体长轴的5/8~7/8处。

近端着丝粒染色体（acrocentric chromosome）：着丝粒位于染色体长轴的7/8至末端处。

2. **正常人核型分析**　人的体细胞（somatic cell）中包含46条染色体,相互配成23对,其中1~22对是男女共有的,称为常染色体（autosome）。X和Y染色体与性别有关,称为性染色体（sexchromosome）。男性核型为46,XY;女性核型为46,XX。依染色体大小和着丝粒位置,分成A、B、C、D、E、F、G七组（Denver体制）（表19-1,图19-1）。

A组：1~3号染色体。第一号最大,为中着丝粒染色体;第二号为最大的亚中着丝粒染色体;第三号略小,是第二个最大的中着丝粒染色体。

B组：4~5号染色体。均为亚中着丝粒染色体,短臂较短。

C组：6~12号和X染色体。均为中等大小的亚中着丝粒染色体。这组染色体较难区分，可根据一些特殊特征来鉴别。如6、7、8、11号染色体短臂较长；而9、10、12染色体短臂较短。X染色体的大小介于7号和8号染色体之间。

D组：13~15号染色体。中等大小，均为最大的近端着丝粒染色体，短臂末端可见到随体，彼此之间不易区分。

E组：16~18号染色体。体积较小，16号为中着丝粒染色体；17、18号为亚中着丝粒染色体，18号短臂较短。

F组：19~20号染色体。体积小，均为中着丝粒染色体。

G组：21~22号和Y染色体。是体积最小的近端着丝粒染色体。21、22号染色体长臂常呈二分叉状；Y染色体为该组较大者，长臂的两条单体常平行伸展。可根据该组最小近端着丝粒染色体的数目鉴定性别，女性具有4条最小的近端着丝粒染色体（21、22号），男性具有5条最小的近端着丝粒染色体（21、22号、Y染色体）（表19-1）。

表19-1　人类核型分组与各组染色体形态特征（非显带）

染色体分组号	染色体号	形态大小	着丝粒位置	随体	次缢痕	鉴别要求
A	1~3	最大	近中部着丝粒	无	常见于1号	要求明确区分各号
B	4~5	次大	亚中部着丝粒	无		要求不与其他组相混
C	6~12+X	中等	亚中部着丝粒	无	常见于9号	要求6、7、8、X不与9、10、11、12相混
D	13~15	中等	近端着丝粒	有		要求不与其他组相混
E	16~18	较小	近中部着丝粒	无	常见于16号	要求明确区分各号
F	19~20	次小	近中部着丝粒	无		要求不与其他组相混
G	21~22+Y	最小（但Y有变异）	近端着丝粒	有（Y无）		要求21、22与Y相区分

3. 染色体畸变核型观察（示教）

（1）13三体综合征：又称Patau综合征，在新生儿中发生率为1/5000~1/6000，通常核型为47，XX（XY）+13。

（2）18三体综合征：又称Edwards综合征，在新生儿发生率为1/3300~1/6700，通常核型为47，XX（XY）+18。

（3）21三体综合征：又叫先天愚型（Down's syndrome），在新生儿中发生率是1/600~1/800，通常核型为47，XX（XY）+21。

（4）性腺发育不全综合征：又称杜纳综合征（Turner's syndrome），在女性活婴中的发生率为1/2500，通常核型为45，X。

（5）先天性睾丸发育不全综合征：又称克氏综合征（Klinefelter's syndrome），在男性中发病率为1/500~1/800，通常核型为47，XXY。

（6）XYY综合征：又称超雄综合征，在男性群体中发生率是1/1000，通常是新发生的，行为异常，易冲动和好斗，轻度智力低下或低于家族成员中的智力。其核型为47，XYY（图19-1）。

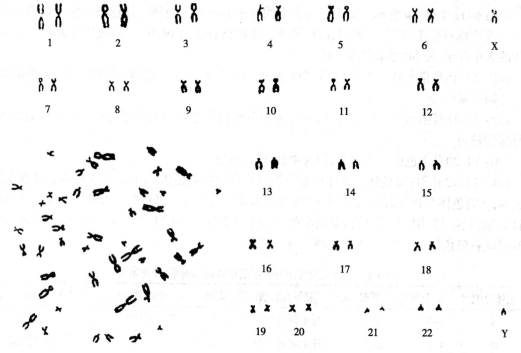

图19-1　正常人类染色体核型分析图片

(四)作业与思考题

1. **作业**　在油镜下绘一个正常人类染色体核型图,标注A组1~3号及G组染色体,并标明男女核型。

2. **思考题**

(1)正常人体细胞有多少条染色体? 分几种类型?

(2)什么叫核型? 人体正常核型分几组? 每组染色体有何亮点? 如何辨别男女核型?

三、人类染色体 G 显带法及 G 带核型分析

(一)实验目的和要求

1. 学习人类染色体G显带方法。

2. 学习G显带各号染色体的鉴别。

(二)实验用品

1. **材料**　人类外周血培养按常规法制作的染色体标本白片; 正常人类染色体G显带图片。

2. **器材**　恒温水浴箱、染色缸、镊子、吸管、量筒。

3. **试剂**　用0.85% NaCl溶液配制的0.025%胰酶液、1mol/L NaOH溶液、磷酸盐缓冲液、Giemsa原液、0.4%酚红液。

(三)实验内容与方法

1. **G显带标本的制备**

(1)外周血培养按常规法制作染色体标本,置75~80℃烤箱中烘2~3小时,待自然冷却至室温,放置48小时左右即可处理标本片。

(2)将0.025%胰酶液倒人染色缸中,加入0.4%酚红液2滴,并以1mol/L NaOH调至pH 7.0左

右,使颜色变为橙色,混匀后,放入37℃恒温水浴箱,使胰酶液温度升至37℃。

(3)将玻片标本投入预温37℃的0.025%胰酶溶液中轻轻摆动3分钟左右。

(4)标本取出后立即投入用磷酸盐缓冲液配制的10%的Giemsa染色液中染色20分钟。

(5)自来水冲洗,空气干燥,镜检。

2. G显带各号染色体的鉴别　按照巴黎会议规定,染色体长臂和短臂上染色深者称为深带,染色浅或未染色者称为浅带(图19-2)。在描述每一染色体上的带时,根据距离着丝粒的远近而使用臂的近侧段、中段、远侧段等名称。

(1)A组染色体:包括1~3号染色体,其长度最长,1号和3号染色体的着丝粒约在1/2处,2号染色体的着丝粒约在3/8处。

1号染色体:着丝粒和次缢痕染色深。

p:近侧段和近中段各有一条深带,其近中段深带稍宽,在处理较好的标本上,远侧段可显示2条淡染的深带。

q:次缢痕紧贴着丝粒,染色浓,中段和远侧段各有2条深带,中段两条深带稍靠近,第2深带染色较浓。

2号染色体:

p:可见4条深带,中段的两条深带稍靠近。

q:可见6条深带。

3号染色体:两臂近似对称,中段各有一条明显而宽的浅带,形似蝴蝶是该染色体的特征。

p:一般在近侧段可见2条深带,远侧段可见3条深带,近端部的一条较窄,着色较淡,这是区别3号染色体短臂的特征。

q:一般在近侧段和远侧段各有一条较宽的深带。

(2)B组染色体:包括4、5号染色体,长度次于A组,着丝粒约在1/4处。

4号染色体:

p:可见一条深带。

q:可见均匀分布的4条深带,在处理较好的标本上,在第2、第3深带之间还可见一条较窄的深带。

5号染色体:

p:可见一条深带。

q:中段可见3条深带,染色较浓,呈"黑腰"。远侧段可见1~2条深带,近末端的一条着色较浓。

(3)C组染色体:包括6~12号和X染色体,中等长度,6、7、11号和X染色体着丝粒约在3/8处,其他号染色体的着丝粒约在1/4处。

6号染色体:着丝粒染色浓。

p:近侧段和远侧段均为深带,中段有一条较宽的浅带,在处理较好的标本上,远侧段的深带可分为2条。

q:可见5条深带,近侧的一条紧贴着丝粒,远侧末端的一条深带窄而且着色较淡。

7号染色体:着丝粒染色浓。

p:远侧近末端有一条深带着色浓且稍宽,似"瓶盖"。

q:有3条深带,远侧近末端的一条深带着色较淡。

8号染色体:

p:在近侧段和远侧段各有一条深带,中段有一条较明显的浅带,这是与10号染色体相区别的主要特征。

q: 近中段可见2~3条分界不明显的深带,远侧段有一条明显而染色浓的深带。

9号染色体: 着丝粒染色浓。

p: 远侧段有2条深带,在有的标本上融合成一条深带。

q: 可见2条明显的深带,次缢痕一般不着色,在有些标本上呈现出特有的"颈部区"。

10号染色体: 着丝粒染色浓。

p: 近中段有一条深带。

q: 可见明显的3条深带,近侧的一条着色最浓。

11号染色体: 着丝粒染色浓。

p: 近中段可见一条宽的深带。

q: 近侧有一条深带紧贴着丝粒,中段可见一条较宽的深带,在这条深带与近侧深带之间是一条宽的浅带。

12号染色体: 着丝粒染色浓。

p: 中段可见一条深带。

q: 近侧有一条深带紧贴着丝粒。近中段有一条宽的深带,这条深带与近侧深带之间有一条浅带,但与11号染色体比较,这条浅带较窄,这是鉴别11号与12号染色体的一个主要特征。

X染色体: 长度介于7号和8号染色体之间。

p: 中段有一明显的深带,犹如"竹节状"。

q: 可见4条深带,近侧段的一条最明显。

(4)D组染色体: 包括13~15号染色体,具有近端着丝粒和随体。

13号染色体: 着丝粒和短臂染色浓。

q: 可见4条深带,第1和第4深带较窄,染色较淡;第2和第3深带较宽,染色较浓。

14号染色体: 着丝粒和短臂染色浓。

q: 近中段可见一条宽的深带,远侧段有一条窄的深带,在处理较好的标本上其近侧可显出一条深带。

15号染色体: 着丝粒和短臂染色浓。

q: 近侧段可见1~2条淡染的深带,中段有一条明显的深带,染色较浓,远侧末端有2条窄的深带并封口。

(5)E组染色体: 包括16~18号染色体。16号染色体着丝粒位置变化较大,但一般近1/2处。17~18号染色体着丝粒约在1/4处。

16号染色体: 着丝粒及次缢痕染色浓。

p: 中段有一条深带。

q: 有2条深带,远侧段的一条有时不明显。

17号染色体: 着丝粒染色浓。

p: 中段有一条深带。

q: 远侧段可见一条深带,这条深带与着丝粒之间为一明显而宽的浅带。

18号染色体:

p: 一般为浅带。

q: 一近侧和远侧各有一条明显的深带。

(6)F组染色体: 包括19和20号染色体,着丝粒约在1/2处。

19号染色体: 着丝粒及其周围为深带, 其余均为浅带, 在有的标本上长臂近中段可显出一条着色极淡的深带。

20号染色体: 着丝粒染色浓。

p: 有一条明显的深带。

q: 在远侧段有一条染色淡的深带。

（7）G组染色体: 包括21号、22号和Y染色体, 是人类染色体最小的具近端着丝粒染色体。21号和22号染色体具有随体。

21号染色体: 着丝粒染色浓, 比22号染色体短, 其长臂靠近着丝粒处有一明显而宽的深带。

22号染色体: 着丝粒染色浓, 比21号染色体长, 在长臂上可见两条深带, 近侧的一条着色浓且紧贴着丝粒, 呈点状, 近中段的一条染色淡, 在有的标本上不显现。

Y染色体: 长度变化较大, 变异可大到18号, 甚至超过18号, 一般长臂远侧1/2处为深带, 有时整个长臂被染成深带。

为了帮助同学们记忆, 将人类23对染色体的G显带特点编成口诀如下:

一秃二蛇三蝶飘, 四像鞭炮五黑腰, 六号像个小白脸, 七盖八下九苗条;

十号长臂近带好, 十一低来十二高; 十三四五一二一; 十六长臂缢痕大;

十七长臂带脚镣, 十八白头肚子饱; 十九中间一点腰, 二十头重脚飘飘;

二十一好像黑葫芦瓢, 二十二头上一点黑; X染色一担挑, Y染色长臂带黑脚。

(四)作业

在油镜下绘一个G带核型图, 并标出A组1、2、3号染色体和X、Y染色体

四、小白鼠骨髓细胞染色体的制备

(一)实验目的和要求

初步掌握骨髓细胞染色体标本常规制作和观察的方法。

(二)实验用品

1. **材料** 小白鼠(Mus musculus)。

2. **器材** 显微镜、离心机、天平、解剖器械、注射器及5号针头、离心管、染色缸、预冷载玻片、酒精灯、记号笔、恒温水浴箱或温箱。

3. **试剂** 秋水仙素(200mg/ml)、低渗液(0.075mol/L KCl)、固定液(甲醇: 冰乙酸=3: 1, 现用现配)、姬姆萨(Giemsa)染液。

(三)实验内容与方法

1. **原理** 用适量秋水仙素溶液注入动物体内, 抑制分裂细胞纺锤体的形成, 从而积累了大量的处于分裂中期相的骨髓细胞。由骨髓细胞取材, 不仅量多, 而且分裂活跃, 其染色体标本的制片可直接从骨髓中取出细胞, 经空气干燥制片。

2. **小白鼠骨髓细胞染色体制备及观察**

（1）秋水仙素处理: 取健康小鼠, 在实验前5~6小时给予腹腔注射秋水仙素(4mg/g体重)。

（2）取材: 用颈椎脱臼断髓法处死小鼠, 剪开后肢大腿上的皮肤和肌肉, 剥除肌肉, 从膝关节至髂关节处分离下股骨, 用卫生纸擦净骨上残余的肌肉和血液。

（3）收集细胞: 在股骨两端剪去少量骨质(约2mm, 不可多剪, 以防骨髓细胞过多损失), 暴露骨髓腔。以镊子夹住股骨中部, 用注射器吸取2~3ml预温37℃的低渗液, 将针头从股骨一端插入骨髓腔, 缓缓冲洗腔内骨髓至离心管中, 直至骨骼发白为止。

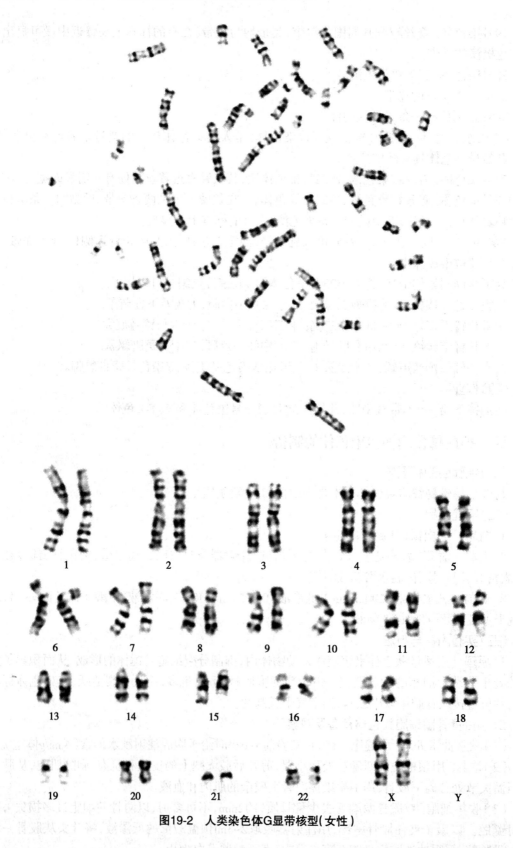

图19-2　人类染色体G显带核型（女性）

（4）低渗处理：加入预温37℃的低渗液至4ml，用吸管反复吹打，以使细胞均匀分散并与低渗液充分接触。吹打后，置37℃恒温水浴箱或温箱中低渗处理30分钟。

（5）预固定：取出离心管，加入1ml新配制的固定液，用吸管轻轻吹打混匀，离心10分钟（800~1000r/min），弃上清液，留沉淀物0.2~0.3ml。

（6）固定：加入新鲜固定液5ml，用吸管将沉淀物轻轻吹匀悬浮，室温放置30分钟。离心10分钟。

（7）再固定：方法同固定，课时有限可省略。

（8）制备细胞悬液：弃上清液，留下沉淀物，加入新鲜固定液至0.2~0.5ml，具体视细胞多少而定，混匀后即为细胞悬液。

（9）滴片：用吸管吸取细胞悬液，从离载玻片（冰片）20~30cm的高度处滴下，每片滴2~3滴，不要重叠，然后顺玻片斜面用口轻轻吹散，立即在酒精灯火焰上烤干或晾干。

（10）染色：把干燥的制片插入装有10% Giemsa染液的染缸内，染色10~15分钟后取出，流水缓缓冲洗玻片，晾干、镜检。

（11）观察：先在低倍镜下找到分裂象较多的区域，转高倍镜选分散适中、不重叠的中期分裂象后，再换油镜仔细观察其形态特征。

（12）分片计数法进行染色体计数：为避免重复和遗漏，在计数前先按该细胞的染色体自然分布状态，大致划分为几个区域，然后按顺序数出各区染色体的实际数目，最后加在一起，即为该细胞染色体数目。

（四）作业

1. 用简明图解方法表示小白鼠骨髓细胞染色体制备过程。

2. 绘小白鼠染色体分裂中期图，写出2n=？。

（李　杰　刘艳平）

第六篇　细胞功能实验

引　言

　　细胞是生命活动的基本结构和功能单位。低等单细胞生物,单个细胞具有整个生物体的所有功能,通过无丝分裂增加个体数量。高等生物从一个受精卵发育为一个成熟的个体,经历无数次的有丝分裂,有性生殖的物种通过减数分裂产生配子,以维持物种的延续。细胞分裂受到细胞周期的严格控制,细胞的增殖能力与细胞的分化状态、细胞所处的环境以及外界刺激密切相关。每个细胞都会经历新生、成熟、衰老和死亡的过程,细胞衰老和损伤往往导致细胞活力下降。细胞死亡包括凋亡、坏死和自噬性死亡等不同形式,机体通过免疫系统清除死亡或损伤的细胞。

　　细胞膜是细胞与外界环境之间的屏障,对于物质进出细胞具有一定的选择性,控制着细胞与细胞外环境之间的物质交流。在多数情况下,外界刺激信号首先被细胞膜上的受体接收,进而通过特定的信号转导通路传递到细胞内,引起细胞内的一系列应答。在特定条件下,不同细胞可以通过细胞膜融合变成一个融合细胞。某些细胞通过细胞膜的变形,形成伪足,包裹和吞噬异物,清除病原体。

　　细胞功能的研究主要包括细胞运动、细胞膜的功能、细胞增殖、细胞衰老与死亡、细胞周期和细胞分裂、细胞信号转导等方面。本篇较为系统地介绍了细胞功能研究中的各种常用的方法及其原理。

（闫小毅）

实验二十　细　胞　运　动

细胞具有运动能力。单细胞生物(如：衣藻、草履虫)通过运动寻找食物和逃避危险,鞭毛或纤毛是其主要的运动器官。对高等动物来说,细胞运动与受精、胚胎发育、个体生长、免疫应答、疾病等诸多生命活动密切相关。自然条件下的受精过程离不开精子的运动,在胚胎发育过程中,三胚层的产生以及其后各个器官的形成都涉及细胞的增殖和运动。正常的生理活动与细胞运动密不可分,如红细胞通过血液循环,将氧气输送到全身;而在受到病原微生物感染时,体内的吞噬细胞会迁移至感染部位,清除病原体。肿瘤细胞可从原发部位迁移到其他组织,形成转移灶,给临床治疗增加难度。

长期以来,细胞运动能力的检测一直是个难点,可用的方法并不多。对于体外培养的细胞,目前常用的方法主要有transwell培养小室法、划痕法和基于显微镜的示踪法。对于体内细胞运动的研究,常用的手段是在体外用荧光蛋白(如GFP)标记细胞,然后输入到动物体内,再利用各种动物荧光成像技术追踪细胞的运动。相对来说,transwell培养小室法和划痕法操作简单,且不需要特殊仪器,因而在细胞运动的研究中被普遍采用。

一、transwell 培养小室法检测血清对细胞迁移的影响

(一)实验目的和要求

1. 了解transwell培养小室法研究细胞迁移的基本原理。
2. 掌握transwell培养小室法的操作方法。

(二)实验用品

1. **材料**　AGS细胞。
2. **器材**　显微镜、细胞培养箱、超净工作台、移液器、transwell培养小室、24孔细胞培养板。
3. **试剂**　消化液、PBS、F12培养基、胎牛血清、甲醇、0.1%结晶紫。

(三)实验内容与方法

1. **实验原理**　transwell培养小室外形为一个可放入孔板内的小杯子,杯子底部为带有微孔的通透性的聚碳酸酯膜,孔径大小为0.1~12 μm,可根据不同需要选择合适孔径的transwell。将transwell小室放入24孔板中,transwell培养小室为上室,培养板为下室,上室内加上层培养液,下室内加下层培养液,上下层培养液以膜相隔。当把细胞接种于上室后,由于transwell小室底部的膜具有通透性,下室培养液中成分可影响上室细胞的运动。通过此方法,可比较相同刺激对不同细胞的迁移的影响或不同刺激对相同细胞迁移的影响。除细胞迁移外,transwell也常被用来进行细胞趋化和肿瘤细胞侵袭等多种方面的研究。

2. **方法和步骤**

(1)在24孔板中每孔接种8×10^4个细胞,常规条件培养24小时。

(2)弃培养基,用PBS洗涤细胞2次,用消化液消化细胞,继而用无血清培养液重悬细胞,计数,将细胞密度调为30万/ml。

(3)将transwell培养小室(Corning公司,孔径8 μm)放入24孔板中,共分2组,每组3个复孔,

一组在小室下层分别加600μl无血清培养基、另一组加600μl含10%胎牛血清的培养液,小室内则加入100μl含3×10^4个细胞的单细胞悬液,常规培养12小时。

（4）取出transwell小室,用甲醇固定15分钟,0.1%结晶紫染色20分钟,用棉签小心擦去微孔膜上层细胞,PBS清洗两次。

（5）细胞计数: 在荧光显微镜下给微孔膜下层细胞拍照,每孔拍9个视野,计数。

3. 实验结果　培养一段时间以后,一部分细胞穿过transwell小室,迁移到孔膜下层,在荧光显微镜下可看到蓝紫色的细胞。孔膜下层细胞数目的多少与细胞运动能力以及下层溶液有关。在本实验中,下层加含10%胎牛血清的培养基一组细胞迁移数目明显多于另一组。

4. **注意事项**

（1）将transwell小室小心放入盛有培养液的细胞培养板中,注意孔膜下不要产生气泡。

（2）染色完毕后,擦净孔膜上层的细胞,且注意保持膜面的平整,以免影响后续拍照。

(四)作业与思考题

1. **作业**

（1）统计两组中迁移到transwell培养小室孔膜下层的细胞数。

（2）比较两组细胞迁移能力的差异。

2. **思考题**

（1）使用transwell培养小室法研究细胞运动有何优缺点?

（2）如何用实验检测某种化学物质对细胞迁移能力的影响?

(五)附录(试剂配制)

1. PBS　称取8.0g NaCl、0.2g KCl、1.44g Na_2HPO_4、0.24g KH_2PO_4,溶于800ml双蒸水中,调pH至7.4,定容至1L,分装,高压蒸汽灭菌,室温保存。

2. **消化液**　称取0.25g胰蛋白酶粉末、0.02g EDTA溶于100ml PBS中,用0.22μm滤器过滤除菌,−20℃保存。

3. **0.1%结晶紫**　称取0.1g结晶紫,溶于100ml PBS中,避光保存。

二、划痕法研究不同胃癌细胞迁移能力

(一)实验目的和要求

1. 了解划痕法研究细胞运动的基本原理。

2. 掌握划痕法的操作方法。

(二)实验用品

1. **材料**　BGC细胞、HGC细胞、SGC细胞。

2. **器材**　显微镜、细胞培养箱、超净工作台、移液器、transwell培养小室。

3. **试剂**　消化液、PBS、RPMI 1640培养基、胎牛血清。

(三)实验内容和方法

1. **实验原理**　细胞划痕法,是测定细胞迁移运动与修复能力的常用方法,类似体外伤口愈合模型,故又称伤口愈合法(wound healing)。在体外将细胞培养在培养皿或平板上,当细胞长到融合成单层状态时,用微量枪头或其他硬物在细胞生长的中央区域划线,去除中央部分的细胞,在融合的单层细胞上人为制造一个空白区域,称为"划痕"。然后继续培养细胞,划痕边缘的细胞会逐渐进入空白区域使"划痕"愈合,每间隔一段时间(如间隔12小时),显微镜下拍照,记录细胞向中央空白区迁移情况,以此判断细胞的迁移能力。为排除细胞增殖对实验结果的

影响,通常在划痕后将细胞培养在无血清培养基中。实验通常需设定正常对照组和实验组,实验组是加了某种处理因素或药物、外源性基因等的组别,通过不同分组之间的细胞对于划痕区的修复能力,可以判断各组细胞的迁移与修复能力。

2. **方法和步骤**

（1）在24孔板中分别接种8×10^4个BGC细胞、HGC细胞、SGC细胞,常规条件培养,直至形成细胞单层。

（2）在单层细胞上,用10 μl规格的枪头沿培养板底部呈"一"字形划痕,用PBS清洗掉悬浮的细胞,清洗两次,加无血清培养液继续培养,同时拍照,记录划痕区域的相对距离。

（3）分别在12、24、36小时更换新鲜的无血清培养基,观察并拍照,记录各个时间点划痕区域的相对距离。

（4）测量迁移距离:用IPP6.0软件测量各个时间点同一区域的划痕距离,计算细胞实际迁移距离。

3. **实验结果**　通过拍摄的照片可看到细胞从划痕两侧逐渐向划痕中央迁移,随时间延长,划痕造成的空白区域逐渐减少。不同细胞的迁移速率不同。

4. **注意事项**

（1）确保培养板内细胞为单细胞层。

（2）划痕时注意保持划痕区域边缘的平整。

（3）划痕时保持不同分组间划痕区域距离的一致性。

(四)作业和思考题

1. **作业**

（1）统计每个时间点10个不同位置划痕的相对距离。

（2）计算各组细胞迁移的平均距离,比较各组细胞迁移能力的差异。

2. **思考题**

（1）使用划痕法研究细胞运动有何优缺点?

（2）在划痕实验中为什么要加无血清培养基培养细胞?

(五)附录(试剂配制)

1. **PBS**　称取8.0g NaCl、0.2g KCl、1.44g Na_2HPO_4、0.24g KH_2PO_4,溶于800ml双蒸水中,调pH至7.4,定容至1L,分装,高压蒸汽灭菌,室温保存。

2. **消化液**　称取0.25g胰蛋白酶粉末、0.02g EDTA溶于100ml PBS中,用0.22 μm滤器过滤除菌,-20℃保存。

三、transwell培养小室法检测血清对细胞迁移的影响

(一)实验目的和要求

1. 了解transwell培养小室法研究细胞迁移的基本原理。

2. 掌握transwell培养小室法的操作方法。

(二)实验用品

1. **材料**　AGS细胞。

2. **器材**　显微镜、细胞培养箱、超净工作台、移液器、transwell培养小室、24孔细胞培养板。

3. **试剂**　消化液、PBS、F12培养基、胎牛血清、甲醇、0.1%结晶紫。

（三）实验内容与方法

1. **实验原理**　同本实验第二部分"transwell培养小室法检测血清对细胞迁移的影响"。

2. **方法和步骤**

（1）在24孔板中每孔接种8×10^4个细胞，常规条件培养24小时。

（2）弃培养基，用PBS洗涤细胞2次，用消化液消化细胞，继而用无血清培养液重悬细胞，计数，将细胞密度调为30万/ml。

（3）将transwell培养小室（Corning公司，孔径8μm）放入24孔板中，共分2组，每组3个复孔，一组在小室下层分别加600μl无血清培养基、另一组加600μl含10%胎牛血清的培养液，小室内则加入100μl含3×10^4个细胞的单细胞悬液，常规培养12小时。

（4）取出transwell小室，用甲醇固定15分钟，0.1%结晶紫染色20分钟，用棉签小心擦去微孔膜上层细胞，PBS清洗两次。

（5）细胞计数：在荧光显微镜下给微孔膜下层细胞拍照，每孔拍9个视野，计数。

3. **实验结果**　培养一段时间以后，一部分细胞穿过transwell小室，迁移到孔膜下层，在荧光显微镜下可看到蓝紫色的细胞。孔膜下层细胞数目的多少与细胞运动能力以及下层溶液有关。在本实验中，下层加含10%胎牛血清的培养基一组细胞迁移数目明显多于另一组。

4. **注意事项**

（1）将transwell小室小心放入盛有培养液的细胞培养板中，注意孔膜下不要产生气泡。

（2）染色完毕后，擦净孔膜上层的细胞，且注意保持膜面的平整，以免影响后续拍照。

（四）作业和思考题

1. **作业**

（1）统计两组中迁移到transwell培养小室孔膜下层的细胞数。

（2）比较两组细胞迁移能力的差异。

2. **思考题**

（1）使用transwell培养小室法研究细胞运动有何优缺点？

（2）如何用实验检测某种化学物质对细胞迁移能力的影响？

（五）附录（试剂配制）

1. **PBS**　称取8.0g NaCl、0.2g KCl、1.44g Na_2HPO_4、0.24g KH_2PO_4，溶于800ml双蒸水中，调pH至7.4，定容至1L，分装，高压蒸汽灭菌，室温保存。

2. **消化液**　称取0.25g胰蛋白酶粉末、0.02g EDTA溶于100ml PBS中，用0.22μm滤器过滤除菌，−20℃保存。

3. **0.1%结晶紫**　称取0.1g结晶紫，溶于100ml PBS中，避光保存。

（闫小毅）

实验二十一　细胞吞噬作用

细胞吞噬作用是细胞获取营养物质(单细胞生物),清除病原菌和异物(高等动物)的重要方式。通过实验操作可以加深对细胞吞噬作用的理解,了解细胞吞噬的过程及其生物学功能;熟悉研究细胞吞噬的方法,并掌握显微镜的使用方法。草履虫容易获取,易于培养,是目前观察单细胞生物吞噬作用最常用的生物模型。高等动物体内具有吞噬作用的细胞包括中性粒细胞、单核细胞和巨噬细胞等,其中巨噬细胞易于富集、分离和纯化,因而被广泛用于动物细胞吞噬作用的观察。

一、草履虫吞噬活动的观察

(一)实验目的和要求

1. 加深理解细胞的吞噬作用。
2. 进一步掌握临时制片的技术和显微镜的使用。

(二)实验用品

1. **材料**　草履虫(提纯培养)。
2. **器材**　显微镜、滴管、载玻片、盖玻片、吸水纸、擦镜纸、二甲苯、天平。
3. **试剂**　0.01%中性红染液。

(三)实验内容与方法

1. **实验原理**　吞噬作用是单细胞生物摄取营养物质的方式。大分子物质团块不能以简单扩散、协助扩散和主动运输的方式通过质膜进入细胞。这些物质必须首先与质膜的表面接触,通过与膜上的某些蛋白质之间特异的亲和力,附着在膜上,之后周围的膜形成伪足包围异物,使这部分膜内陷形成小囊,囊泡包裹着异物脱离质膜,进入胞内,称为胞吞作用(endocytosis)。如果所包入的物质(如细菌、血细胞等)为固态物质,这种内吞作用称为吞噬作用(phagocytosis)。

2. **方法和步骤**　用吸管吸取草履虫培养液(内含草履虫)少许,滴一小滴于清洁的载玻片上,放几根棉花纤维(以减缓草履虫的运动),加上盖玻片,在低倍镜下观察其运动方式,可在视野中看到许多形似倒置草鞋底的草履虫,以其中轴向左旋转,螺旋状前进,如遇阻挡物即回避而转向运动。然后从盖片的一侧加入0.01%的中性红染液,用吸水纸从另一侧吸引染液,使染液均匀地分布(小心操作,避免草履虫被吸出),在低倍镜下选择运动迟缓的草履虫换高倍镜观察。

3. **实验结果**　草履虫体表均匀密布纤毛,是运动的细胞器,身体的前部有口沟,由前端斜向伸至体中部。口沟的底部为胞口,下接一短管斜向后部进入细胞质称为胞咽。由于口沟周围纤毛的摆动,食物随水流一起经口沟进入胞、口,在胞咽聚集,形成食物泡,最后脱离胞咽进入细胞质(注意观察胞咽处形成食物泡—即吞噬体的情景)。食物泡随细胞质经体后端到前端不停地环流,与细胞质中的溶酶体融合形成消化泡,进行细胞内消化。根据食物泡中的中性红指示剂颜色的变化(由红色逐渐变为淡红)和食物泡体积的变化(逐渐变小),可以观察到消化过程。不能消化的残渣,环流至体后端,通过胞吐作用(exocytosis)排出体外(图21-1)。

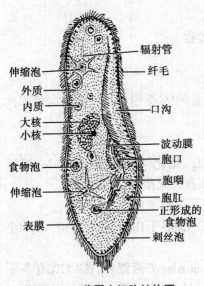

图21-1　草履虫细胞结构图

辐射管
伸缩泡
纤毛
外质
内质
口沟
大核
小核
波动膜
胞口
食物泡
胞咽
伸缩泡
胞肛
正形成的
食物泡
表膜
刺丝泡

（四）作业与思考题

1. **作业**　绘图说明草履虫吞噬异物的过程。

2. **思考题**　什么是吞噬作用？举例解释吞噬过程。

（五）附录（试剂配制）

0.01%中性红染液：称取0.1g中性红,溶于100ml蒸馏水中,避光保存,临用时再稀释10倍。

二、小鼠腹腔巨噬细胞吞噬活动的观察

（一）实验目的和要求

1. 观察巨噬细胞的吞噬作用,了解巨噬细胞体外吞噬的基本过程。

2. 了解吞噬作用在机体免疫应答中的作用。

（二）实验用品

1. **材料**　1%鸡红细胞悬液、小鼠。

2. **器材**　离心机、离心管、显微镜、滴管、1ml注射器、载玻片、盖玻片、剪刀、镊子、吸水纸、擦镜纸、天平、高压灭菌器。

3. **试剂**　6%淀粉肉汤（含0.3%台盼蓝）、0.9%生理盐水、Alserver溶液。

（三）实验内容与方法

1. **实验原理**　高等动物体内的巨噬细胞（macrophage）具有吞噬功能,可吞噬入侵的病原体和异种细胞,清除损伤和死亡的细胞,是机体非特异性免疫应答的重要组成部分。巨噬细胞是由骨髓干细胞分化生成,经过血液循环进入组织,分布于全身各处。当机体受到病原微生物或其他异物侵入时,受感染的细胞和其附近的细胞会释放某些信号分子（如趋化因子）,这些物质向四周扩散,形成浓度梯度。巨噬细胞具有趋化性,在受到这些信号分子刺激后,逆浓度梯度运动,向异物处聚集,随后将病原体或受感染细胞吞入胞质,形成吞噬泡,吞噬泡在细胞内与溶酶体融合,溶酶体内的各种水解酶将病原体或异物消化分解。此外,巨噬细胞可将消化后的病原微生物蛋白片段进行加工,并递呈给T细胞,激活机体特异性免疫应答。实验前2天向小鼠腹腔注射淀粉肉汤,可刺激大量巨噬细胞向腹腔迁徙;巨噬细胞吞噬含台盼蓝的淀粉肉汤后,台盼蓝进入吞噬体和溶酶体,在细胞内形成多个蓝色颗粒,可借此辨别巨噬细胞和鸡红细胞。

2. **方法和步骤**

（1）实验前2天,每天给每只小白鼠腹腔注射6%淀粉肉汤（含台盼蓝）1ml。

（2）实验时向小白鼠腹腔注射1ml 1%鸡红细胞悬液,轻揉小鼠腹部,使鸡红细胞分散。

（3）25分钟后,向小鼠腹腔注射1ml生理盐水。

（4）3分钟后,用颈椎脱臼法处死小鼠。剖开腹腔,用注射器或滴管直接吸取腹腔液。

（5）滴一滴腹腔液到载玻片中央,制成临时制片,静置片刻镜检。

3. **实验结果**　先在低倍镜下找到细胞,转高倍镜观察,可见许多大的圆形或形状不规则的巨噬细胞。在细胞质中有数量不等的蓝色圆形小颗粒,这就是吞入的含台盼蓝的淀粉肉汤所形成;还可见到少量淡黄色的鸡红细胞（圆形或椭圆形）。慢慢移动片子,仔细观察,可以看到巨噬细胞正在吞噬鸡红细胞过程中不同阶段的情景。

4. **注意事项**　向小鼠腹部注射生理盐水时注意不要刺伤内脏。

(四)作业与思考题

1. **作业** 绘图表示小鼠腹腔巨噬细胞吞噬鸡红细胞的过程。

2. **思考题**

（1）细胞或异物被巨噬细胞吞噬以后会有什么样的命运？

（2）为什么在实验前2天每天给小白鼠腹腔注射含台盼蓝的6%淀粉肉汤？淀粉肉汤和台盼蓝各有什么作用？

(五)附录(试剂配制)

1. **6%淀粉肉汤(含台盼蓝)** 称取牛肉膏0.3g、蛋白胨1g、氯化钠0.5g、台盼蓝0.3g,溶于100ml双蒸水中,水浴加热,再加入可溶性淀粉6.0g,混匀,高压蒸汽灭菌,置4℃保存。

2. **0.9%生理盐水** 称取0.9g NaCl溶于100ml蒸馏水中,高压蒸汽灭菌,室温保存。

3. **Alsever溶液** 取葡萄糖2.05g、枸橼酸钠0.8g、氯化钠0.42g溶于100ml蒸馏水中,调pH至6.1,高压蒸汽灭菌,置4℃保存。

4. **1%鸡红细胞悬液** 在公鸡翼下静脉抽取1ml鸡血与4ml Alsever液混合,置4℃保存备用(1周内使用)。使用前加入0.9%生理盐水1500rpm离心10分钟,洗涤2次。再用生理盐水配成1%的鸡红细胞悬液。

（闫小毅）

实验二十二　细胞膜的性质

细胞膜(cell membrane),又称质膜,是包围在细胞质表面的一层薄膜,主要由脂类,蛋白质和糖类组成。细胞膜以双层脂分子为结构骨架,蛋白质以多种形式与脂双分子层结合。细胞膜具有两个基本特性,即不对称性和流动性。细胞膜是细胞与细胞外环境间的半通透性屏障,对穿膜运输的物质有选择和调节作用,从而维持细胞内环境的稳定。小分子物质穿膜运输主要有简单扩散、离子通道扩散、异化扩散和主动运输四种方式。大分子和颗粒物质的穿膜运输主要为胞吞和胞吐两种方式。

一、溶血作用与红细胞透性

(一)实验目的和要求

1. 通过红细胞的溶血作用来测量细胞膜对各种物质的不同透性。
2. 了解溶血现象及其发生机制。

(二)实验用品

1. **材料**　羊血(红细胞悬液)或兔血(红细胞悬液)。
2. **器材**　试管、试管架、移液管、滴管、量筒。
3. **试剂**　0.17M氯化钠溶液、0.17M氯化铵溶液、0.17M醋酸铵溶液、0.12M硫酸钠溶液、0.12M草酸铵溶液、0.32M葡萄糖溶液、0.32M甘油、0.32M丙醇、0.32M乙醇、蒸馏水。

(三)实验内容与方法

1. **实验原理**　细胞膜是细胞与外界环境进行物质交换的选择通透性屏障。它是一种半透膜,可选择性控制物质进出细胞。将红细胞置于各种等渗液中,由于红细胞对各种溶质分子有不同的透性,有的溶质分子可透入,但透入的速度也各不相同;有的溶质分子则不能透入。当溶质分子进入红细胞内,红细胞中溶质分子浓度增加,导致水的摄入,使红细胞膨胀,到一定极限时,细胞膜破裂,血红素逸出,即红细胞发生溶血现象,使原来不透明的红细胞悬液,突然变成透明的血红蛋白的过程。据此原理可用作测量各种分子相对通透速度的指标。

2. **方法和步骤**

(1)取试管一支,加入0.3ml红细胞悬液,再加入0.17M氯化钠溶液3ml,观察是否是一种不透明的红色液体(即稀释的红细胞悬液)。

(2)另取试管一支,加入0.3ml红细胞悬液,再加入3ml蒸馏水,很快可见红色澄清溶液,这就是溶血现象。

(3)取试管8支,每支各加入10%红细胞悬液0.3ml,再分别加入下列物质(表22-1),观察是否溶血,并记录加入等渗液后至溶血时间。

表22-1　溶血现象记录表

试管编号（红细胞悬液0.3ml）	加入物质（3ml）	是否溶血	所需时间
1	0.17M氯化铵		
2	0.17M醋酸铵		
3	0.12M硫酸钠		
4	0.12M草酸铵		
5	0.32M葡萄糖		
6	0.32M甘油		
7	0.32M丙醇		
8	0.32M乙醇		

3. **实验结果**　不同溶液导致溶血的能力和速度有很大差异，这与红细胞对其不同的通透性有关。

4. **注意事项**

（1）各种不同溶液的移液管不可混用，严格分开，是实验成功与否的关键。

（2）观察是否溶血时，必须在加入溶液后立即注意，记下时间，继续观察至溶血产生，再记下时间，方可得知溶血所需时间，否则容易含糊不清，无法比较。

(四)作业与思考题

1. 作业

（1）通过上述观察记录进行分析，哪些溶液中含有非通透性分子？

（2）对上述溶液的溶血作用强度进行排序。

2. **思考题**　小分子化合物通过哪些方式出入细胞膜？

(五)附录(试剂配制)

1. **0.17M氯化钠溶液**　称取NaCl 4.97g，加蒸馏水500ml。

2. **0.17M氯化铵溶液**　称取氯化铵4.57g，加蒸馏水500ml。

3. **0.12M硫酸钠**　称取十水硫酸钠19.33g，加蒸馏水500ml。

4. **0.12M草酸铵**　称取8.53g水合草酸铵，加蒸馏水500ml。

5. **0.32M葡萄糖**　称取28.83g葡萄糖，加蒸馏水500ml。

6. **0.32M甘油**　取11.7ml甘油，加蒸馏水至500ml。

7. **0.32M丙醇**　取11.98ml丙醇，加蒸馏水至500ml。

8. **0.32M乙醇**　取无水乙醇9.93ml，加蒸馏水至500ml。

二、动物细胞融合实验

(一)实验目的的要求

1. 了解细胞融合的原理和诱导方法。

2. 掌握聚乙二醇诱导细胞融合的方法。

(二)实验用品

1. **材料**　鸡血(红细胞悬液)。

2. **器材**　离心管、离心机、注射器、载玻片、盖玻片、水浴箱、显微镜。

3. **试剂**　蒸馏水、肝素、Alsever液、GKN溶液、0.85%生理盐水、50%PEG溶液、双蒸水、詹姆斯绿染液。

(三)实验内容与方法

1. **实验原理**　动物细胞融合也称细胞杂交(cell hybridization),是指两个或多个动物细胞融合成一个细胞的过程。融合后形成的具有原来两个或多个细胞遗传信息的单核细胞,称为杂交细胞(hybrid cell)。细胞融合可以发生在同型细胞间,也可以发生在异型细胞间,甚至异种细胞间。细胞融合可以发生在自然条件下,如精子和卵子融合形成受精卵;也可以通过人工的方法诱导细胞融合。人工诱导细胞融合的方法主要有生物法(仙台病毒)、化学法(聚乙二醇)和物理法(电融合)。聚乙二醇(PEG)是常用的促进细胞融合的化学诱导物。PEG诱导细胞融合的机制尚不清楚,可能引起细胞膜中磷脂的酰键及极性基团发生结构重排,进而促进两个细胞接触区域质膜发生融合,形成一个大的双核或多核细胞。细胞融合技术不仅具有重要的基础研究价值,还具有广泛的应用价值,如植物育种、制备单克隆抗体等。

2. **方法和步骤**

(1)在15ml离心管加Alsever液8ml,用注射器从鸡翼下静脉取血2ml,注入离心管,混匀后置4℃冰箱中备用(可保存1周)。

(2)实验时取此贮存鸡血1ml加入0.85%生理盐水4ml,充分混均,1000rpm离心5分钟。

(3)弃上清液,加入0.85%生理盐水4ml,充分混匀,1000rpm离心5分钟,弃上清。再重复此步骤1次。

(4)在沉淀中加入1ml GKN溶液,混匀使之成为单细胞悬液。

(5)取1ml细胞悬液转移到新离心管中,缓慢加入50% PEG溶液0.5ml,边加边摇匀。然后置于37℃水浴中,静置5~20分钟。

(6)20分钟后,加入GKN溶液至8ml,静置于水浴中20分钟左右。

(7)1000rpm离心3分钟,弃去上清,加GKN溶液再离心1次。

(8)弃去上清,加入GKN溶液少许,混匀,取少量悬浮于载玻片上,加入詹姆斯绿染液(Janus green solution),用牙签混匀,3分钟后,盖上盖玻片,观察细胞融合情况。

(9)计算融合率:融合率=视野内发生融合的细胞核总数/视野内所有细胞核总数×100%。

3. **实验结果**　在显微镜下可看到单核细胞、双核细胞和多核细胞,单核细胞是未发生融合的红细胞,双核细胞是两个细胞发生了融合,多核细胞则是多个细胞融合的结果。

(四)作业与思考题

1. **作业**　计算本次实验的细胞融合率。

2. **思考题**

(1)本实验中所用的PEG融合方法能否用于植物细胞?为什么?

(2)如果用兔血替代鸡血,对实验结果的判断有何影响?

(3)如何识别发生融合的细胞?

(五)附录(试剂配制)

1. **Alsever液**　取葡萄糖2.05g、枸橼酸钠0.8、氯化钠0.42g溶于100ml蒸馏水中,调pH至6.1,高压蒸汽灭菌,置4℃保存。

2. **GKN溶液**　称取NaCl 8.0g、KCl 0.4g、$Na_2HO_4 \cdot 2H_2O$ 1.77g、$Na_2HPO_4 \cdot 2H_2O$ 0.69g、葡萄糖2.0g、酚红0.01g,溶于1000ml双蒸水中。

3. **0.85%生理盐水**　称取0.85g NaCl,溶于1000ml双蒸水中。

4. **50% PEG溶液**   称取一定量的PEG（WM=4000）放入烧杯中,沸水浴加热,使之溶化,待冷却至50℃时,加入等体积预热至50℃的GKN溶液,混匀,置37℃备用。

5. **詹姆斯绿染液**   称取0.03g詹姆斯绿,溶于100ml生理盐水中。

三、细胞凝集反应

(一)实验目的和要求

1. 了解细胞膜的结构特征。
2. 掌握凝集素促进细胞凝集反应的原理。

(二)实验用品

1. **材料**   土豆块茎、公鸡。
2. **器材**   天平、载玻片、滴管、离心管、离心机、显微镜、擦镜纸、高压灭菌锅。
3. **试剂**   PBS、Alsever液、生理盐水。

(三)实验内容与方法

1. **原理**   细胞膜上含有一定量的糖类,大多数膜糖以共价键形式与膜蛋白结合形成糖蛋白,少量膜糖与膜脂结合,以糖脂形式存在,糖蛋白和糖脂在细胞表面形成细胞外被。凝集素(lectin)是一类能够特异性结合糖类的糖蛋白,每个凝集素分子具有一个以上同糖结合的位点,因此能够参与细胞的识别和黏着,在细胞间形成桥梁,将不同的细胞联系起来。凝集素在自然界普遍存在,常用的凝集素主要来自植物,如:刀豆凝集素、麦胚凝集素和大豆凝集素等。

2. **方法和步骤**

（1）在公鸡翼下静脉抽取1ml鸡血与4ml Alsever液混合,置4℃保存备用(1周内使用)。使用前加入0.9%生理盐水,1500rpm离心10分钟,洗涤2次。再用生理盐水配成2%的鸡红细胞悬液。

（2）取2g去皮土豆,切成片,放入小烧杯中,加10ml PBS缓冲液,浸泡2小时。

（3）用滴管加一滴2%鸡红细胞悬液到载玻片上,再加一滴浸泡土豆片的PBS,静置20分钟。设置两组对照,一组只加2%鸡红细胞悬液,另一组加一滴2%鸡红细胞悬液和一滴PBS。

（4）置显微镜下观察。

3. **结果**   实验组红细胞凝集成簇,两个对照组不发生凝集反应。

(四)作业与思考题

1. **作业**   绘图表示鸡红细胞凝集反应。
2. **思考题**   影响细胞凝集反应的因素有哪些?

(五)附录(试剂配制)

1. **Alsever液**   取葡萄糖2.05g、枸橼酸钠0.8、氯化钠0.42g溶于100ml蒸馏水中,调pH至6.1,高压蒸汽灭菌,置4℃保存。

2. **PBS**   称取8.0g NaCl、0.2g KCl、1.44g Na_2HPO_4、0.24g KH_2PO_4,溶于800ml双蒸水中,调pH至7.4,定容至1L,分装,高压蒸汽灭菌,室温保存。

（闫小毅）

实验二十三　细　胞　生　长

　　细胞生长的检测包括对细胞活力和细胞增殖的测定。细胞活力是指细胞群体中活细胞占总细胞的百分比；而细胞增殖是指细胞在多种细胞周期调控因子的作用下，通过DNA复制、RNA转录及蛋白质合成等复杂反应而完成的生物过程，是个体形成及组织生长的基础，其中细胞核DNA的复制是细胞增殖的重要特征。目前，对细胞活力和增殖的检测已广泛应用于分子生物学、遗传学、肿瘤生物学、免疫学、药理和药代动力学等研究领域。细胞活力和增殖的检测方法主要包括MTT检测法、细胞生长曲线法、XTT法、MTS法、WST-8法、[^{3}H]-TdR掺入法、BrdU掺入法、羟基荧光素二醋酸盐琥珀酰亚胺脂（CFSE）检测法及Ki67法等。本实验主要对上述的MTT检测法、细胞生长曲线法、[^{3}H]-TdR掺入法及BrdU掺入法加以介绍。

一、四唑盐（MTT）比色法

（一）实验目的和要求
掌握MTT比色法的原理及方法。

（二）实验用品
1. 材料　贴壁或悬浮细胞。
2. 器材　显微镜、CO_2孵箱、振荡混合仪、酶联免疫检测仪、磁力搅拌器、96孔培养板（贴壁生长的细胞选用平底型培养板，悬浮生长的细胞选用圆底型培养板）、可调移液器、Tip头、离心管、移液管、细胞计数板。
3. 试剂　MTT溶液（5mg/ml）、细胞培养液、0.25%胰蛋白酶、二甲亚砜（DMSO）。

（三）实验内容与方法
1. 原理　四唑盐比色法是一种检测细胞活力的方法，实验中所用的四唑盐是一种能接受氢原子的显色剂，化学名为3-（4,5-二甲基噻唑-2）-2,5-二苯基四氮唑溴盐，简称为MTT。MTT在不含酚红的培养液或0.01mol/L PBS中溶解后为黄色，活细胞线粒体中的琥珀酸脱氢酶能使外源性的MTT（黄色）还原为难溶性的蓝紫色结晶物——甲䐉（formazan），而死细胞则无此功能。DMSO能溶解细胞中的蓝紫色结晶物，用酶联免疫检测仪在490nm波长处测定光吸收值（OD值），在一定细胞数范围内，蓝紫色结晶物形成的量与活细胞的数量成正比，可间接反映活细胞的数量。MTT比色法可用于一些生物活性因子的活性测定、大规模的抗肿瘤药物筛选及细胞毒性实验等，它的特点为灵敏度高、重复性好、操作简便、经济、快速且无放射性污染。

2. **方法与步骤**
（1）用0.25%的胰蛋白酶消化贴壁细胞，用相应的培养液配成单个细胞悬液，以每孔10^3~10^4个细胞接种于96孔培养板中，每孔体积200μl；然后将96孔培养板置入CO_2孵箱中，在37℃、5% CO_2及饱和湿度条件下培养，根据实验目的和要求确定培养所需时间。
（2）培养一定时间后，每孔加入MTT溶液（5mg/ml）20μl（培养液量的10%），37℃继续孵育4小时，结束培养，小心吸弃孔内的上清液（对于悬浮生长的细胞，需离心，1000rpm×5分钟，然后弃去孔内上清液），每孔加入150μl DMSO，振荡10分钟，使结晶物充分溶解。

（3）在酶联免疫检测仪上，选择490nm波长，测定各孔的光吸收值，记录结果。

3. 结果分析

（1）以时间为横坐标，光吸收值为纵坐标绘制细胞生长曲线。

（2）细胞存活率=实验组光吸收值/对照组光吸收值×100%。

4. 注意事项

（1）设置调零孔，与实验孔平行设不加细胞只加培养液的调零孔，其余实验步骤保持一样，最后比色时，以调零孔调零。

（2）选择适当的细胞接种密度，使培养终止时细胞不至于过满，以保证MTT结晶形成的量与细胞数呈良好的线性关系。

（3）避免血清干扰，高浓度的血清可影响光吸收值，常使用含10%胎牛血清（FBS）的培养液，在加入DMSO前应尽量吸净培养孔内残余的培养液，但动作要慢，以免吸取形成的蓝紫色结晶，影响实验结果。

(四)作业与思考题

1. 作业　根据实验结果，绘制细胞生长曲线。

2. 思考题　试述用MTT比色法测定细胞活力的原理及注意事项。

(五)附录(试剂配制)

MTT溶液的配制：称取250mg MTT（粉末），放入小烧杯中，加入50ml PBS溶液（0.01mol/L，pH 7.4），在磁力搅拌器上搅拌30分钟，用0.22 μm的微孔滤器过滤除菌，分装，4℃保存，两周内有效。如需较长时间使用，可冷冻保存。

二、细胞生长曲线法

(一)实验目的和要求

掌握细胞生长曲线的制作方法并了解其应用。

(二)实验用品

1. 材料　培养的细胞。

2. 器材　细胞计数板、显微镜、24孔培养板、可调移液器、Tip头、离心管、移液管。

3. 试剂　培养液、0.25%胰蛋白酶。

(三)实验内容与方法

1. 原理　细胞生长曲线法是测定细胞生长基本规律的重要方法，通过测定细胞生长曲线，不仅可以了解细胞的基本生物学特性确定进行具体实验、细胞传代、细胞冻存的最佳时间，而且可测定细胞的绝对生长数、判断细胞的活力及用于测定药物等外来因素对细胞生长的影响等。本实验利用细胞计数法进行细胞生长曲线的测定。

2. 方法与步骤

（1）取生长状态良好的细胞，按照常规的传代方法消化细胞，制成细胞悬液，经细胞计数后，精确地将细胞接种于培养板中，每个孔中加入的细胞总数及培养液的量要求一致，培养时间一般为7天。

（2）每隔24小时吸去3个孔的培养液，加入0.25%胰蛋白酶消化细胞，用含血清培养液终止胰酶消化，制成单细胞悬液，进行细胞计数，每个孔计数至少2次，得出细胞浓度的平均值。

（3）以培养时间为横坐标，细胞浓度为纵坐标，绘制细胞生长曲线。

3. 结果分析　细胞生长曲线反映细胞增殖的特征，每一代细胞的生长过程大致可分为潜伏期、对数生长期、平台期及退化衰老期,其中的潜伏期、对数生长期和平台期是每个细胞系所共有的特征。

(1)潜伏期:此期细胞可对分离和传代过程中所造成损伤进行修复及对新的生长环境进行适应。不同细胞的潜伏期长短不等,一般情况下,原代细胞的潜伏期约为24~96小时,而传代细胞的潜伏期为6~24小时,肿瘤细胞比正常二倍体细胞的潜伏期短。

(2)对数生长期:经过潜伏期后,细胞进入对数生长期,此期细胞呈对数增长,对数生长期一般为3~5天。从细胞生长曲线上可计算细胞数量增加1倍所需的时间即细胞倍增时间。细胞的传代、冻存及实验多应在对数生长期进行。

(3)平台期:在细胞达到饱和密度后,生长活动停止,进入平台期,然后退化衰老。

4. 注意事项

(1)培养板各孔内细胞接种数不能过多也不能太少。如果细胞数量太少,细胞潜伏期太长;细胞数量太多,细胞将很快进入增殖稳定期(平台期),需要在短期内进行传代,生长曲线不能准确地反映细胞的生长情况。一般细胞的接种数量以7~10天能长满而不发生生长抑制为度。

(2)同种细胞的生长曲线如果需要先后测定,应采用相同的细胞接种密度,以便于做纵向比较;不同的细胞接种数也应相同,相互之间才能进行比较。

(3)细胞生长曲线虽然最为常用,但有时其反映的数值不够精确,存在一定的误差(20%~30%),通常需结合其他指标进行分析。

(四)作业与思考题

1. 作业 根据你的实验,绘制细胞生长曲线。

2. 思考题 试述细胞生长曲线的特征及应用。

三、[^{3}H]-TdR 掺入法

(一)实验目的和要求

1. 掌握[^{3}H]-TdR掺入法进行细胞增殖测定的原理及方法。

2. 熟悉DNA合成的过程。

(二)实验用品

1. 材料 培养的细胞。

2. 器材 液体闪烁计数仪、细胞计数板、显微镜、CO_2孵箱、24孔培养板、可调移液器、Tip头、离心管、移液管。

3. 试剂 培养液、0.25%胰蛋白酶、3.7×10^8 Bq/ml的[^{3}H]-TdR(用HBSS配制,过滤除菌)、HBSS缓冲液、10%三氯乙酸(TCA)、甲醇、0.3mol/L NaOH(用1%SDS配制)、闪烁液。

(三)实验内容与方法

1. 原理 DNA是细胞的遗传物质,其结构中包含4种碱基(A、T、G、C),其中胸腺嘧啶核苷(TdR)是DNA特有的碱基,也是DNA合成的必需物质,因此用同位素^{3}H标记TdR即^{3}H-TdR作为DNA合成的前体能掺入DNA的合成过程中,通过测定细胞的放射性强度,可以反映细胞DNA的代谢及细胞增殖情况。^{3}H-TdR掺入法具有敏感性高、客观性强且重复性好等特点,但是需在专门的放射性实验室内进行,同时还存在放射性核素污染的问题。

2. 方法与步骤

(1)将处于对数生长期的细胞制成细胞密度为3×10^5/ml(根据具体情况而定)的单细胞悬液,接种于24孔培养板中,每孔1ml;然后将培养板置于CO_2孵箱中在37℃、5%CO_2及饱和湿度条件下培养一定时间。

（2）在细胞处于对数生长期时每孔加100μl配制的[³H]-TdR液体,使其终浓度为3.7×10^8 Bq/ml;根据实验要求继续培养1~24小时。

（3）小心吸弃各培养孔中的培养上清液,终止培养;用HBSS洗涤细胞2次,然后加2ml预冷的10% TCA,放置10分钟(如果细胞松散,应先用甲醇固定细胞10分钟)。

（4）用10% TCA重复洗涤2次,5分/次。

（5）加500μl 0.3mol/L NaOH至各培养孔,60℃处理30分钟,然后使之冷却至室温。

（6）收集上述各培养孔内的裂解液,移入闪烁瓶中,加5ml闪烁液,用液体闪烁计数仪测定每分钟脉冲数(cpm),结果以cpm/10^6表示。

3. 结果分析　被标记的细胞是处于细胞周期S期的细胞,[³H]-TdR掺入量可反映细胞中DNA合成的快慢,从而可测定细胞的增殖情况。

4. 注意事项　³H为放射性核素,实验必须在专门的放射性实验室内按放射性实验的操作规程进行,严防吞入或吸入放射性核素,务必妥善处理放射性核素用品及污染物。

(四)作业与思考题

1. 作业　根据你的实验,计算出细胞的增殖情况,结果以cpm/10^6表示。

2. 思考题　根据DNA合成的过程,理解[³H]-TdR掺入法进行细胞增殖测定的原理及方法。

(五)附录(试剂配制)

1. 闪烁液的配制　PPO(2,5-二苯基噁唑)5g,POPOP(1,4[双-(5-苯基噁唑-2)]苯)0.30g,无水乙醇200ml,二甲苯800ml混合即可。

2. HBSS(Hank's balanced salt solution)的配制　8g/L NaCl,0.4g/L KCl,1g/L葡萄糖,60mg/L KH_2PO_4,47.5mg/L Na_2HPO_4,0.35g/L $NaHCO_3$,调pH至7.2。

（吴茉莉）

实验二十四　细胞衰老与死亡

　　细胞衰老和死亡是细胞生命活动的必然规律。细胞衰老是细胞在正常环境条件下发生的功能减退、逐渐趋向死亡的现象,是细胞内部结构的衰变。其特征是细胞变大,呈扁平状,胞内颗粒度增加,细胞衰老相关β半乳糖苷酶染色阳性。而细胞死亡是细胞生命现象不可逆地停止及细胞生命的终结。生物体主要通过严格控制细胞死亡和细胞增殖之间的平衡来调控细胞的数量和质量,对于生物体的生长发育及正常生理的维持具有极为重要的意义。细胞死亡方式可以分为主动性(程序性)细胞死亡和被动性细胞死亡,其中主动性细胞死亡包括细胞凋亡及自噬等,而被动性死亡方式为坏死,是细胞受到环境中物理或化学刺激时所发生的细胞被动性死亡。

　　细胞凋亡是目前研究得最清楚的一种程序性死亡方式,其主要特征是细胞皱缩、染色质凝集、断裂,细胞膜内侧的磷脂酰丝氨酸外翻,细胞出泡形成凋亡小体;自噬是另一种程序性细胞死亡方式,它以细胞质中大量出现自噬泡为主要特征。自噬泡的外膜与溶酶体膜融合,内膜及其包裹的物质进入溶酶体腔,被溶酶体中的酶水解。此过程使进入溶酶体中的物质分解为其组成成分,并被细胞再利用。这一过程对于消除长寿命蛋白和受损的细胞器以及物质重新利用都有很重要的意义,但如果这一过程过度,就会引起自噬性细胞死亡。

　　目前,根据细胞衰老、凋亡及自噬的机制及特征,人们设计出了许多种不同的检测方法,如衰老相关的β-半乳糖苷酶检测法,检测细胞凋亡的苏木素-伊红染色法、Giemsa染色法、脱氧核糖核苷酸转移酶介导的缺口末端标记法(TUNEL法)、DNA片段的琼脂糖凝胶电泳法、流式细胞仪定量分析法,以及通过透射电子显微镜观察自噬性结构的形成或通过免疫组织化学、免疫荧光及Western blot等方法对自噬体表面蛋白标记分子对细胞自噬进行检测等。

一、细胞衰老的检测

(一)实验目的和要求
1. 掌握衰老相关β-半乳糖苷酶的检测原理及方法。
2. 熟悉衰老细胞的基本特征。

(二)实验用品
1. **材料**　细胞悬液。
2. **器材**　细胞片、6孔培养板、显微镜、CO_2孵箱、移液管、离心管。
3. **试剂**　培养液、×1 PBS(pH 7.4)、固定液、2%甲醛/0.2%戊二醛固定液、X-Gal溶液、二甲苯、中性树胶。

(三)实验内容与方法
1. **原理**　细胞衰老是细胞在正常环境条件下发生的功能减退、逐渐趋向死亡的现象,是细胞内部结构的衰变,是机体衰老的基础。衰老的细胞虽然生长发生不可逆性停滞,不能进入S期,但仍具有代谢功能,而且比年轻细胞的抗凋亡能力强,可以继续生存。其特征是细胞体积变大,呈扁平状;细胞核变大,核膜内陷,染色质聚集、固缩、裂解;胞质内颗粒增加,有空泡形成；线粒体的数目及形状发生改变；膜流动性降低；溶酶体内容物增多，导致溶酶体酶 β-半乳糖苷酶活性升高。衰老细胞所具有的上述特征成为各种细胞衰老检测手段的依据。

目前针对细胞衰老的检测手段主要集中于端粒长度的测定、端粒酶活性的测定、DNA修复基因测定、微卫星不稳定性测定及衰老相关的 β-半乳糖苷酶（senescence associated-β-galactosidase，SA-β-gal）检测等。其中对衰老相关 β-半乳糖苷酶的检测是有效检测细胞衰老的经典方法。X-Gal（5-溴-4-氯-3-吲哚-β-D-半乳糖苷）是 β-半乳糖苷酶的底物，X-Gal 本身无色，经 β-半乳糖苷酶水解后产生半乳糖和蓝色的 5-溴-4-氯-靛蓝。利用 X-Gal 的这个特点，可以间接对 β-半乳糖苷酶的活性进行测定。衰老细胞中的溶酶体内容物通常增多，使得溶酶体酶 β-半乳糖苷酶的活性升高，故可以 X-Gal 作为底物对细胞衰老的情况进行检测。

2. 方法与步骤

（1）细胞接种前在 6 孔培养板中预先放置灭菌的细胞片，每孔加入 1×10^5 个细胞，37℃ 5% CO_2 条件下培养过夜，使细胞在细胞片上生长。

（2）在超净工作台中吸弃 6 孔培养板中的培养液，加入 ×1 PBS，洗涤细胞 1 次，随后加入 2% 甲醛/0.2% 戊二醛固定液，室温条件下固定 3~5 分钟。

（3）吸弃 2% 甲醛/0.2% 戊二醛固定液，加入 ×1 PBS，洗涤细胞 3 次，每次 3 分钟。

（4）吸弃 ×1 PBS，加 X-Gal 溶液以浸没细胞片为宜，37℃孵育 4~8 小时或过夜，用保鲜膜包被 6 孔培养板以防染液蒸发。

（5）取出细胞爬片，去离子水冲洗 2 次，再次用固定液固定 4 分钟，流水轻轻冲洗。

（6）将细胞爬片按此顺序脱水、透明：95% 酒精Ⅰ（2 分钟）→95% 酒精Ⅱ（2 分钟）→100% 酒精Ⅰ（2 分钟）→100% 酒精Ⅰ（5 分钟）→二甲苯Ⅰ（2 分钟）→二甲苯Ⅱ（2 分钟）。

（7）中性树胶封片。

（8）在普通光学显微镜下观察衰老细胞形态。

3. 结果分析　在普通光学显微镜下对经过染色的细胞爬片进行观察，细胞质呈蓝色的细胞为阳性细胞即衰老细胞，阳性细胞的判断标准为细胞结构清晰、（蓝色）阳性颗粒着色明显高于背景，定位好。每张片子镜下计数 400 个细胞，确定 X-Gal 染色阳性细胞（衰老细胞）在细胞群体中的所占的百分比即衰老细胞率（蓝染细胞数/总计细胞数 ×100%）。

4. 注意事项

（1）X-Gal 溶液需要现用现配。

（2）细胞固定时间过长或固定之后清洗不干净，均会影响后续的酶反应。

（四）作业与思考题

1. **作业**　根据你的实验，计算衰老细胞占总细胞群体的百分比。

2. **思考题**　通过对细胞 β-半乳糖苷酶的检测为什么可以反映细胞的衰老情况？

（五）附录（试剂配制）

1. **X-Gal 溶液**　X-Gal 20mmol/L、醋酸-磷酸钠（pH 6.0）40mmol/L、铁氰化钾 5mmol/L、亚铁氰化钾 5mmol/L、氯化钠 150mmol/L、氯化镁 2mmol/L。

2. **固定液**　70% 乙醇、乙醛溶液（福尔马林）、冰乙酸按照体积分数以 20∶2∶1 比例混合。

二、苏木素-伊红染色法检测细胞凋亡

（一）实验目的和要求

1. 掌握凋亡细胞的形态学特征。

2.熟悉HE染色法检测凋亡细胞的方法。

（二）实验用品

1. **材料**　目的细胞或组织。

2. **器材**　普通冰箱、石蜡切片机、CO_2孵箱、显微镜、离心机、载玻片、盖玻片、细胞爬片。

3. **试剂**　苏木精染液、伊红染液、盐酸乙醇分化液、二甲苯、100%乙醇、95%乙醇、80%乙醇、75%乙醇、蒸馏水、冷丙酮、×1 PBS、中性树胶。

（三）实验内容与方法

1. **原理**　苏木素-伊红（hematoxylin/eosin）染色法是一种用普通光学显微镜观察凋亡细胞形态学特征的简便方法。细胞凋亡时主要的形态学变化为细胞体积变小,胞质浓缩,染色质高度凝集、边缘化,呈新月状,随后染色质裂解成大小不等的块状,核膜裂解,细胞以类似胞吐的方式形成凋亡小体。苏木素容易被氧化,其氧化产物苏木红是真正的染料,苏木红与铝结合形成一种带正电荷的蓝色色精,呈碱性。带负电荷的脱氧核糖核酸根和带正电荷的蓝色色精进行极性吸附而完成细胞核的染色。伊红可分为几种,如伊红Y和伊红B等。伊红Y是一种酸性红色胞质性染料,对细胞质、肌纤维及胶原纤维具有着色性,呈粉红色。细胞经HE染色后,细胞核呈蓝紫色,细胞质呈粉红色,根据凋亡细胞的形态学特征可观察细胞凋亡的情况。

2. **方法与步骤**

（1）石蜡组织切片的H/E染色

1）取材:组织块经10%中性福尔马林（甲醛）溶液固定后,常规石蜡包埋,制成厚4 μm的石蜡组织切片。

2）将石蜡组织切片按照此顺序进行脱蜡、水化:二甲苯Ⅰ（10分钟）→二甲苯Ⅱ（10分钟）→100%酒精Ⅰ（5分钟）→100%酒精Ⅱ（5分钟）→95%酒精（5分钟）→90%酒精（5分钟）→85%酒精（5分钟）→H_2O冲洗（1分钟）。

3）放入苏木精液染5~7分钟。

4）流水洗去附着染液,1%盐酸酒精分化1~2秒。

5）流水冲洗10分钟蓝化,使切片由淡红色变为灰蓝色。

6）放入伊红染液中2~5秒。

7）放入95%酒精Ⅰ（2分钟）→95%酒精Ⅱ（2分钟）→100%酒精Ⅰ（2分钟）→100%酒精Ⅰ（5分钟）→二甲苯Ⅰ（2分钟）→二甲苯Ⅱ（2分钟）中脱水、透明。

8）中性树胶封片。

9）在普通光学显微镜下观察凋亡细胞形态。

（2）贴壁细胞的H/E染色

1）对于贴壁生长的细胞,让其在盖玻片上爬行生长。

2）经药物或其他因素处理诱导细胞凋亡后,取出盖玻片,用×1 PBS轻轻洗涤,室温,3分钟×3次。

3）用4%的多聚甲醛在常温下固定20分钟或冷丙酮-20℃固定15分钟,取出细胞爬片,室温晾干,-20℃保存或直接进行染色。

4）蒸馏水浸泡细胞爬片5分钟。

接石蜡组织切片H/E染色步骤中的3）~9）。

（3）悬浮细胞的H/E染色

1）对于悬浮生长的细胞经药物或其他因素处理诱导细胞凋亡后,置入离心管中,离心

（1000rpm，5分钟），收集细胞。

2）×1 PBS洗涤细胞1~2次。

3）调整细胞数为（1~15）×10⁴/ml，涂片或用离心甩片，4%的多聚甲醛在常温下固定20分钟或冷丙酮–20℃固定15分钟，取出细胞爬片，室温晾干，–20℃保存或直接进行染色。

4）蒸馏水浸泡细胞爬片5分钟。

接石蜡组织切片H/E染色步骤中的3）~9）。

3. 结果分析

（1）对于组织切片，光学显微镜下正常细胞核呈均匀淡蓝色或蓝色，胞质呈淡红色，凋亡细胞在组织中单个散在分布，表现为细胞体积变小，核染色质致密、浓缩、深染呈蓝黑色，核碎裂等（图24-1）。坏死组织则呈均质红染的无结构物质，核染色消失。

（2）对于细胞爬片，凋亡细胞体积变小，呈圆形，可见细胞核固缩、碎裂，染色体被染成深蓝色或蓝黑色（图24-2）；有时可见细胞膜皱褶、卷曲和出泡，以及芽生形成膜包裹的凋亡小体，而正常的细胞经染色仍然保持原有的生长形状（如梭形或多角形等），细胞核完整，呈均一蓝色。

（3）对于细胞涂片时，可见凋亡细胞核固缩、碎裂、染色变深；正常细胞核呈均匀的淡蓝色或蓝色，而坏死细胞则细胞肿胀，可见细胞膜的连续性破坏，核染色质染成很淡的蓝色甚至蓝色消失。

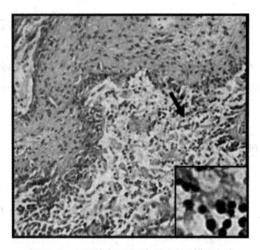

图24-1　H/E染色示细胞凋亡（石蜡组织）

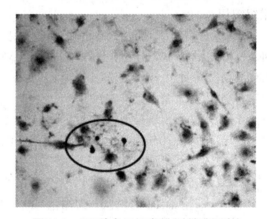

图24-2　H/E染色示细胞凋亡（贴壁细胞）

4. 注意事项

（1）石蜡切片染色前应彻底脱蜡、水化。

（2）细胞核染色淡，原因可能为苏木素染色时间过短、染液过度氧化失去染色能力或者分化步骤时间过长等；而细胞核染色过深的原因可能为苏木素染色时间过长或者分化时间太短。

（3）细胞核如果呈红或棕色，原因可能为苏木素染液过度氧化或苏木素染色后水中返蓝不足，可用流水或弱碱性溶液如稀氨水或0.2% NaHCO₃，在苏木精染色后给细胞足够的蓝化时间。

（4）当室温低，不利于染色时，通常可用加热染液的方法进行染色。

（四）作业与思考题

1. **作业**　查阅资料，了解HE染色的用途。

2. **思考题**　在细胞形态上如何区分细胞凋亡和细胞坏死？

（五）附录（试剂配制）

1. **苏木素液配制**　苏木素2.5g、100%乙醇25.0ml、硫酸铝钾2.5g、氧化汞1.2g、冰乙酸20.0ml、蒸馏水500.0ml；先将苏木素溶于乙醇中（稍加热），将预先已溶解硫酸铝钾的蒸馏水加入苏木素乙醇液中，然后将其加热使溶液沸腾后，将火焰熄灭，慢慢加入氧化汞，防止溶液溅出，再煮沸约2分钟后将烧瓶立即浸入冷水中，当染液冷却后，加入冰乙酸室温保存，用前过滤。

2. **伊红Y染色液配制**　伊红Y 0.5~1.0g、蒸馏水75ml、95%乙醇25ml、冰乙酸1~2滴。先取少许蒸馏水加入伊红，用玻璃棒将伊红研碎，再加入全部蒸馏水溶解后加入乙醇。

3. **盐酸乙醇分化液**　浓盐酸0.5ml，75%乙醇100ml，将两种液体小心混合而成。

三、Giemsa染色法检测细胞凋亡

（一）实验目的和要求

1. 熟悉Giemsa染色法检测凋亡细胞的方法。
2. 掌握凋亡细胞的形态学特征。

（二）实验用品

1. **材料**　目的细胞或组织。
2. **器材**　普通冰箱、石蜡切片机、CO_2孵箱、显微镜、离心机、载玻片、盖玻片、细胞爬片、水浴箱。
3. **试剂**　Giemsa染液、二甲苯、100%乙醇、95%乙醇、80%乙醇、75%乙醇、蒸馏水、甲醇、×1 PBS、中性树胶。

（三）实验内容与方法

1. **原理**　Giemsa染色法目前多用于细胞染色体的染色。Giemsa染料主要由天青色素、伊红及亚甲蓝组成，细胞中的各种成分因其化学性质的不同对Giemsa中各种染料的亲和力也不一样，例如细胞中嗜酸性颗粒通常为碱性蛋白质，可与酸性染料伊红结合，呈粉红色；而细胞核中的染色质（体）为酸性，可与碱性染料天青或亚甲蓝结合，呈蓝紫色；中性颗粒则可与伊红和亚甲蓝均可结合，呈淡紫色。细胞凋亡时具有明显的形态学特征，如细胞体积变小、胞质浓缩、染色质高度凝集、边缘化，染色质裂解成大小不等的块状，核膜裂解，凋亡小体形成等。细胞或组织经Giemsa染色后，根据凋亡细胞的形态学特征，通过普通光学显微镜可观察细胞凋亡的情况。

2. **方法与步骤**

（1）石蜡组织切片的Giemsa染色

1）取材，组织块经10%中性福尔马林溶液固定后，常规石蜡包埋，制成厚4μm的石蜡组织切片。

2）将石蜡组织切片按照此顺序进行脱蜡、水化：二甲苯Ⅰ（10分钟）→二甲苯Ⅱ（10分钟）→100%酒精Ⅰ（5分钟）→100%酒精Ⅱ（5分钟）→95%酒精（5分钟）→90%酒精（5分钟）→85%酒精（5分钟）→H_2O冲洗（1分钟）。

3）滴加Giemsa染色工作液，37℃染色20~30分钟。

4）蒸馏水轻轻洗去染液，室温充分干燥。

5）在二甲苯中浸泡5分钟，去除杂质，待载玻片透明后，用中性树胶封片。

6）在普通光学显微镜下观察凋亡细胞形态。

（2）贴壁细胞的Giemsa染色

1）对于贴壁生长的细胞,让其在盖玻片上爬行生长。

2）经药物或其他因素处理诱导细胞凋亡后,取出盖玻片,用×1 PBS轻轻洗涤,室温,3分钟×3次。

3）用甲醇室温下固定10分钟,晾干,-20℃保存或直接进行染色。

接石蜡组织切片Giemsa染色步骤中的3）~6）。

（3）悬浮细胞的Giemsa染色

1）对于悬浮生长的细胞经药物或其他因素处理诱导细胞凋亡后,置入离心管中,离心（1000rpm,5分钟）,收集细胞。

2）×1 PBS洗涤细胞1~2次。

3）调整细胞数为（1~15）×10^4/ml,涂片或用离心甩片,干后用甲醇室温下固定10分钟,晾干,-20℃保存或直接进行染色。

接石蜡组织切片Giemsa染色步骤中的3）~6）。

3. 结果分析 在普通光学显微镜下可观察到切片或细胞爬片（涂片）背景为淡蓝色,正常细胞核的色泽均一,凋亡细胞染色变深、染色质浓缩、边缘化、核膜裂解、染色质分割成块状及凋亡小体形成等典型的凋亡细胞形态。

4. 注意事项

（1）Giemsa染料具有毒性,且易燃、易挥发,严禁靠近火源或剧烈振荡。

（2）Giemsa染色工作液宜现用现配,保存时间最好在48小时以内。

(四)作业与思考题

1. 作业 查阅资料,了解与台盼蓝染色法相比,H/E和Giemsa染色在细胞凋亡检测方面的优、缺点。

2. 思考题 细胞凋亡与细胞坏死的不同之处有哪些?

(五)附录(试剂配制)

1. Giemsa染色原液的配制 Giemsa染料0.8g、甘油50ml、甲醇50ml; 先将Giemsa粉置于研钵内加入少量甘油与之充分混合,不断研磨直至无颗粒; 随后将剩余的甘油与之混合,置于56℃保温2小时,加入50ml甲醇,混匀,转入棕色瓶内,4℃密封保存。

2. Giemsa染色工作液的配制 使用前将Giemsa原液与PBS（pH为6.4~6.8）按1:9的比例混合即为Giemsa染色工作液。

四、脱氧核糖核苷酸转移酶介导的缺口末端标记法（TUNEL 法）检测细胞凋亡

(一)实验目的和要求

1. 掌握TUNEL法检测细胞凋亡的方法。

2. 熟悉TUNEL法检测细胞凋亡的原理。

(二)实验用品

1. 材料 待检测的细胞或组织。

2. 器材 普通冰箱、石蜡切片机、CO_2孵箱、显微镜、离心机、载玻片、盖玻片、细胞爬片、恒温水浴箱、湿盒、冰盒、制冰机、Eppendorf管、可调移液器、Tip头。

3. 试剂 Promega Corporation的DeadEnd^{TM} Colorimetric TUNEL System（主要包含equilibration buffer、terminal deoxynucleotidyl transferase（recombinant）、streptavidin HRP、biotinylated nucleotide mix、proteinase K、×20 SSC、DAB ×20 chromogen、DAB substrate ×20 buffer及hydrogen peroxide ×20）、TritonX-100、4%多聚甲醛、二甲苯、乙醇、中性树胶。

（三）实验内容与方法

1. **原理**　细胞凋亡时DNA双键或单链在核酸水解酶的作用下断裂,产生一系列的3'-OH末端,在脱氧核糖核苷酸末端转移酶（terminal deoxynucleotidyl transferase, TdT）的作用下,将标记有生物素（或荧光素、过氧化物酶、碱性磷酸化酶）的脱氧核糖核苷酸（dNTP,多为dUTP）结合至DNA的3'-OH末端,再借助辣根过氧化物酶（HRP）标记的链霉卵白素与dNTP上的生物素结合（每个链霉卵白素至少可以再结合3个生物素分子）,最后通过相应的底物（DAB、过氧化氢）产生颜色反应,使凋亡细胞被特异性地显示出来,从而对凋亡细胞进行检测,这种方法被称为脱氧核糖核苷酸末端转移酶介导的缺口末端标记法（terminal-deoxynucleotidyl transferase mediated nick end labeling, TUNEL）。正常的或正在增殖的细胞几乎没有DNA的断裂,因此无3'-OH末端形成,很少能够被染色。TUNEL法实际上是将分子生物学与细胞形态学相结合的研究方法,可对完整的单个凋亡细胞核或凋亡小体进行原位染色,能准确反映凋亡细胞最典型的生物化学及形态学特征,并可检测出极少量的凋亡细胞,灵敏度远比一般的组织化学和生物化学测定法要高,并且适用于体外培养的细胞及组织切片的细胞凋亡测定,因而已在细胞凋亡的研究中应用十分广泛。

2. **方法与步骤**

（1）贴壁细胞的TUNEL染色

1）取待测的细胞爬片,用新鲜配制的×1 PBS清洗,室温,3分钟×3次。

2）用4%多聚甲醛固定,室温,25分钟。

3）用新鲜配制的×1 PBS清洗,室温,5分钟×2次。

4）细胞爬片浸入0.2%TritonX-100（×1 PBS配制）溶液中,室温,5分钟。

5）浸入新鲜配制的×1 PBS中清洗,室温,5分钟×2次。

6）移去细胞爬片上多余的液体,滴加equilibration buffer,每张片子100μl,室温孵育5~10分钟。

7）配rTdT反应液,每张细胞片100μl（equilibration buffer 98μl+biotinylated nucleotide mix 1μl+rTdT enzyme 1μl）。

8）移去细胞爬片上多余的液体,每张细胞片滴加100μl rTdT反应液（避免细胞片变干）,放入湿盒中,37℃,60分钟。

9）用去离子水稀释×20 SSC至×2 SSC（1:10）,倾去rTdT反应液,滴加×2 SSC,室温,15分钟,终止反应。

10）浸入×1 PBS（新鲜配制）中清洗,去除未结合的生物素化的核苷酸,室温,5分钟×3次。

11）浸入0.3% H₂O₂溶液中,室温,3~5分钟,阻断内源性过氧化物酶的作用。

12）浸入×1 PBS（新鲜配制）中清洗,室温,5分钟×3次。

13）用×1 PBS稀释streptavidin HRP（1:500）,每张细胞片加100μl,室温孵育,30分钟。

14）浸入×1 PBS（新鲜配制）中清洗,室温,5分钟×3次。

15）配制DAB使用液（50μl 20×DAB substrate buffer+950μl去离子水+50μl 20×DAB chromogen+50μl ×20 H₂O₂）,避光,滴加100μl DAB使用液至细胞片,显色,直到浅棕褐色背景出现,避免背景颜色过深。

16）去离子水清洗数次,脱水,透明,封片,镜下观察。

（2）石蜡组织的TUNEL染色

1）将石蜡组织切片放入新鲜的二甲苯中进行脱蜡处理,室温,5分钟,此过程重复1次。

2）浸入100%的乙醇溶液中洗涤,室温,5分钟。

3）再次浸入100%的乙醇溶液中洗涤,室温,3分钟。

4）将石蜡组织切片依次浸入下列溶液中进行水化处理:95%乙醇→85%乙醇→70%乙醇→50%乙醇,每步3分钟,室温。

5）浸入0.85%NaCl溶液中洗涤,室温,5分钟。

6）浸入4%多聚甲醛溶液(PBS配制)中固定组织切片,室温,15分钟。

7）浸入×1 PBS中洗涤,室温,5分钟,重复1次。

8）配制20 μg/ml的蛋白酶K溶液(用PBS配制),每张组织切片滴加100 μl的蛋白酶K溶液,以覆盖切片上的组织为准,室温,10分钟。

9）浸入×1 PBS中洗涤,室温,5分钟。

10）浸入4%多聚甲醛溶液(PBS配制)中重复固定组织切片,室温,5分钟。

11）浸入×1 PBS中洗涤,室温,5分钟,重复1次。

12）接贴壁细胞的TUNEL染色步骤中的6）~16）。

3. **结果分析**   本实验中采用的显色反应为辣根过氧化物酶与DAB及过氧化氢发生氧化、环化反应,形成苯乙肼聚合物而呈现棕褐色,因此呈现棕褐色的细胞为阳性细胞(图24-3、24-4),最终通过计数每张切片上不同视野中TUNEL阳性细胞的比例来判断细胞凋亡情况。

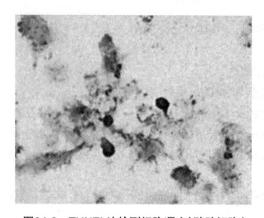

图24-3   TUNEL法检测细胞凋亡(贴壁细胞)

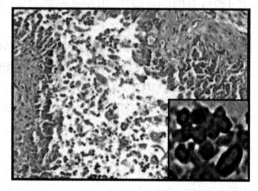

图24-4   TUNEL法检测细胞凋亡(石蜡组织)
细胞质经伊红染色

4. **注意事项**

(1)本实验需设置阴性对照(不加rTdT反应液)和阳性对照(使用预先经过DNase处理过的标本)。

(2)rTDT反应液应现用现配,置于冰上配制。

(3)极少数细胞凋亡时无DNA断裂,此时不适于用TUNEL法进行检测;在坏死细胞中TUNEL染色有时也可呈阳性,最好同时结合其他凋亡检测方法。

(四)作业与思考题

1. **作业**   为什么TUNEL法可检测细胞凋亡?

2. **思考题**   试述TUNEL法检测细胞凋亡的适用范围及优点和缺点。

五、DNA 琼脂糖凝胶电泳法检测细胞凋亡

(一)实验目的和要求

1. 掌握琼脂糖凝胶电泳的方法。

2. 熟悉DNA琼脂糖凝胶电泳法检测细胞凋亡的原理。

(二)实验用品

1. **材料**　待测的细胞。

2. **器材**　高速台式离心机、高压灭菌锅、恒温水浴箱、微量移液器、1.5ml Eppendorf管、高速冷冻离心机、电泳仪、水平电泳槽、紫外凝胶成像系统、剪刀。

3. **试剂**　Tris饱和酚(pH 8.0)、酚/氯仿(酚:氯仿=1:1)、氯仿、×1 PBS、DNA提取缓冲液、蛋白酶K(20mg/ml)、NaAc(pH 5.2,3mol/L)、100%乙醇、75%乙醇、TE、×6 loading buffer、溴化乙啶溶液(EB,10mg/ml)、×5 TBE电泳缓冲液、琼脂糖。

(三)实验内容与方法

1. **原理**　细胞凋亡时细胞内Ca^{2+}浓度升高,活化内源性核酸内切酶,于核小体之间的连接区切断染色质DNA,随后DNA降解为大约由180~200bp或其多聚体组成的寡核苷酸片段,这是细胞凋亡最显著而具特征性的生化特征,通过琼脂糖凝胶电泳可见特征性的"梯状(DNA ladder)"条带。而细胞坏死时,DNA也发生断裂,但断裂点杂乱,无规律可循,电泳后DNA呈弥散状。因此,可利用上述特征,通过提取细胞基因组DNA,进行琼脂糖凝胶电泳,EB染色,在紫外透射仪或紫外凝胶成像系统中观察细胞的凋亡情况。

2. **方法与步骤**

(1)DNA的提取

1)收集待测细胞,转移至1.5ml的Eppendorf管中,用冷的PBS洗涤,离心3000g,5分钟,去除上清液。

2)加入DNA提取缓冲液500 μl,加20mg/ml的蛋白酶K 5 μl(终浓度200 μg/ml),55℃孵育1~2小时或者37℃过夜。保温过程中,应不时混匀反应液,反应结束后液体会变得黏稠,表明DNA已部分释放出来,操作过程要轻柔。

3)加等体积(约500 μl)饱和酚至上述样品处理液中,温和并充分混匀3分钟。

4)离心,10 000r/min,10分钟,小心从离心机中取出Eppendorf管,禁止晃动,可见有清晰的分层,上层为水相(含DNA),下层为酚相,一般为黄色,中间可见白色絮状物为蛋白质。

5)小心吸取上层水相至新管,可将一次性吸头用高压过的剪刀剪去尖端部分使孔径变大,以免DNA通过吸头时发生机械性损伤。为避免将中间层及下层酚相吸上来,吸头不要伸入水相中,而是在水相的液面上,并将加样器量程调小,以减少抽吸时的负压。

6)加等体积饱和酚,轻轻混匀,离心10 000r/min,10分钟,取上层水相至另一1.5ml Eppendorf管中。

7)加等体积酚/氯仿,轻轻混匀,离心10 000r/min,10分钟,取上层水相至另一1.5ml Eppendorf管中。如水相仍不澄清,可重复此步骤数次。

8)加等体积氯仿,轻轻混匀,离心10 000r/min,10分钟,取上层水相至另一1.5ml Eppendorf管中。

9)加1/10体积的3mol/L NaAc(pH 5.2)和2.5倍体积的无水乙醇,轻轻倒置混匀,-20℃放置30分钟。

10）待絮状物出现时，离心10 000r/min，5分钟，弃上清液。

11）沉淀中加入75%乙醇500μl，小心洗涤沉淀，离心10 000r/min，5分钟，弃上清。

12）干燥10~15分钟，加50~100μl TE溶液溶解沉淀（不要等沉淀完全干燥，否则难以溶解），–20℃保存备用或–70℃长期保存。

（2）DNA琼脂糖凝胶电泳

1）称取琼脂糖0.25g，加入25ml ×1 TBE电泳缓冲液，加热溶化。

2）胶液冷至50℃时，加2μl EB，小心混匀，缓慢倒入制胶模具中，在胶的一端插上梳子。

3）待胶凝固后，拔出梳子，将凝固的胶置于电泳槽中，加入×1 TBE电泳缓冲液，让液面高于胶面2~3mm。

4）在DNA样品中加入×6 loading buffer并混匀，将DNA样品加入胶凝的样品孔中。

5）把电泳槽与电源接通后，DNA样品开始电泳。

6）根据指示剂迁移位置，判断是否终止电泳。切断电源后，取出凝胶，用紫外凝胶成像系统对DNA片段进行观察或拍照。

3. **结果分析**　凋亡细胞DNA的琼脂糖凝胶电泳呈典型的梯状条带（图24-5）。

4. **注意事项**

（1）不要使DNA沉淀完全干燥，干燥的DNA溶解极为困难。

（2）所有用品均需要高压灭菌，以灭活残余的DNase。

（3）在提取过程中，基因组DNA容易发生机械性断裂，因此，提取基因组DNA时应尽量在温和的条件下操作。

（4）常用的核酸染色剂是溴化乙啶（EB），染色效果好，操作方便，但是稳定性差，具有毒性，操作时戴手套，废弃物回收统一处理。

（5）常用的电泳缓冲液有TAE和TBE，TBE的缓冲能力高于TAE。电泳时使用新制的缓冲液可以明显提高电泳效果。

（四）作业与思考题

1. **作业**　结合你的实验结果，试述DNA琼脂糖凝胶电泳法为什么可以检测细胞凋亡？

2. **思考题**　DNA提取过程中的关键步骤及注意事项有哪些？

（五）附录（试剂配制）

1. **DNA提取缓冲液的配制**　Tris·HCl 10mmol/L（pH 8.0）、EDTA 0.1mol/L（pH 8.0）、0.5% SDS。

2. **TE的配制**　Tris·HCl 10mmol/L（pH 8.0）、EDTA 1mmol/L（pH 8.0），配后高压灭菌。

3. **×6 loading buffer的配制**　0.25%溴酚蓝、0.25%二甲苯腈FF、40%（W/V）蔗糖水溶液。

4. **×5 TBE电泳缓冲液的配制**　Tris碱54g、硼酸27.5g、0.5mol/L EDTA（pH 8.0）20ml，加水至1000ml。

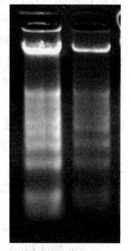

图24-5　琼脂糖凝胶电泳示细胞凋亡时的DNA ladder

六、细胞自噬的检测

（一）实验目的和要求

1. 了解细胞自噬的功能。

2. 掌握通过LC3分子检测细胞自噬的原理及方法。

(二)实验用品

1. **材料**　HeLa细胞。

2. **器材**　超净工作台、CO_2孵箱、显微镜、荧光显微镜、湿盒、载玻片、移液管、微量移液器、恒温水浴箱、细胞培养皿、细胞爬片。

3. **试剂**　培养液、1×PBS、抗人LC3 Ⅱ 抗体、荧光标记的二抗、抗荧光淬灭封片液、calmidazolium chloride、胰酶、封闭血清。

(三)实验内容与方法

1. **原理**　自噬发生时,细胞内会形成一种称为吞噬泡的小囊泡样结构,首先与需降解的胞质成分集结在一起,然后隔离膜延伸并包裹封闭胞浆成分形成一个双层膜的结构即自噬体(autophosome),自噬体与溶酶体融合形成自噬溶酶体(autopholysome),其中包裹的胞质成分最终在溶酶体酶的作用下被降解利用。目前,自噬的检测方法可分为两种:直接法和间接法。直接法指直接观察自噬体的形态,例如通过透射电子显微镜观察自噬性结构的形成是检测自噬现象最直接和最经典的方法;而间接法通常指通过免疫组织化学、免疫荧光及Western blot等方法对自噬体表面蛋白标记分子进行检测。本实验就自噬体标记蛋白分子LC3的细胞免疫荧光法进行详细介绍。

LC3为微管相关蛋白1轻链3(microtubule-associated protein 1 light chain 3,LC3/Atg8),是自噬体膜上的标记蛋白分子。细胞内存在两种形式的LC3蛋白:LC3-Ⅰ 和LC3-Ⅱ。LC3蛋白合成后其C端被Atg4蛋白酶切割变成LC3-Ⅰ,LC3-Ⅰ 散在分布于细胞质内,当自噬体形成后,LC3-Ⅰ 和磷脂酰乙醇胺耦联形成LC3-Ⅱ并定位于自噬体内膜和外膜上。与其他定位于自噬性结构膜上的Atg蛋白不同(仅在自噬过程的某一阶段发挥作用),LC3-Ⅱ始终稳定地保留在自噬体膜上,直到与溶酶体融合,因此常被用来作为自噬体的标记分子。

2. **方法与步骤**

(1)细胞传代前,在培养皿中预先放置灭菌的细胞片,然后以$5×10^4$的细胞密度将人宫颈癌细胞系HeLa传代于2个培养皿中(Φ50mm),并将细胞置于37℃、5%CO_2和90%湿度的培养箱中培养。

(2)24小时后,从CO_2孵箱中取出培养皿,一个培养皿中的细胞更换为正常的培养液(正常对照组),另一个培养皿中的细胞则换为含有50 μM calmidazolium chloride培养液(药物组)。

(3)6小时后,从培养皿中取出细胞片,×1 PBS洗涤细胞片,3次,3分钟/次。

(4)将细胞片放入4%多聚甲醛溶液中室温固定10分钟。

(5)×1 PBS洗涤细胞片,3次,3分钟/次。

(6)10%封闭用正常山羊血清,37℃,15分钟。

(7)滴加×1 PBS稀释的LC3抗体,37℃孵育2~3小时或4℃过夜。

(8)×1 PBS洗涤细胞片,3次,3分钟/次。

(9)在暗室中滴加×1 PBS稀释的荧光二抗(羊来源),如果复染细胞核,可按适当比例加DAPI(4',6-二脒基-2-苯基吲哚),细胞核呈蓝色,37℃湿盒中孵育30~60分钟。

(10)×1 PBS洗涤细胞片,3次,3分钟/次。

(11)配制封片液(甘油与×1 PBS按1:1比例混合)或购买抗淬灭的封片液进行封片。

(12)暗室中用荧光显微镜观察、拍照。

3. **结果分析**　正常对照组细胞中荧光弱,在细胞质呈弥散分布,点状聚集少;而实验组细胞中荧光强,点状聚集增加。

4. 注意事项

（1）荧光抗体孵育及后续的处理中要注意避光,防止荧光信号衰减。

（2）封闭血清使用与二抗同源的正常血清。

（四）作业与思考题

1. **作业** 根据你的实验,试述LC3细胞免疫荧光法检测细胞自噬的原理是什么。

2. **思考题** 除了LC3的细胞免疫荧光法检测细胞自噬外,还有哪些方法也可对细胞自噬现象进行检测?

（吴茉莉）

实验二十五　细　胞　周　期

　　细胞周期是指一次细胞分裂完成到下一次细胞分裂完成所经历的过程。细胞周期通常被人为分成G_1期（Gap1）、S期（DNA synthesis）、G_2期（Gap2）和M期（mitotic phase）4个时相。有些细胞暂时脱离细胞周期，处于静息状态，一旦受到某种刺激，又可进入分裂周期，这类细胞称为G_0期细胞。G_1期的主要特点是进行蛋白质及RNA合成，细胞体积增大；S期主要进行DNA和中心体复制及组蛋白和非组蛋白合成；G_2期大量合成RNA和一些与M期相关的蛋白质，为细胞分裂做准备；M期则进行遗传物质的分离和细胞质的分裂。不同种类的细胞其细胞周期长短呈现很大的差异。

　　在细胞周期不同时相，细胞呈现不同的特征，其内部有发生不同的事件，可以此来识别不同时相的细胞。在持续增殖的细胞中，DNA的含量呈现周期性的变化，用可与DNA结合的荧光染料（如碘化丙啶）对DNA进行标记，通过流式细胞仪技术可识别处于不同细胞周期时相的细胞。也可根据不同时相中发生的特征性事件，通过相应的方法来观测：如DNA复制是进入S期的标志性事件，在细胞培养液中添加5-溴脱氧尿嘧啶核苷（BrdU），使其掺入到新合成的DNA链中，通过荧光标记的BrdU单克隆抗体，即可识别处于S期的细胞；在M期，组蛋白3（histone3，H3）被磷酸化，用磷酸化组蛋白H3抗体标记磷酸化组蛋白3，通过间接免疫荧光法即可识别处于M期的细胞。

　　在体外培养过程中，细胞通常处于细胞周期不同的时相。为了更方便地研究细胞周期不同时相中发生的生命活动，研究者通常采用人工的方法把细胞阻断到某一个时相，称为细胞周期同步化。血清饥饿法是G_0期同步化最常用的方法；而DNA合成阻断法则被用来获得S期同步化细胞；微管解聚剂如Nocodazole和秋水仙素可将细胞周期阻断在M期。

一、流式细胞仪检测细胞周期

（一）实验目的和要求

1. 了解流式细胞仪检测细胞周期的原理。
2. 掌握流式细胞仪检测细胞周期的方法。

（二）实验用品

1. **材料**　人宫颈癌HeLa细胞株。
2. **器材**　CO_2培养箱、超净工作台、移液器、离心机、细胞筛、流式细胞仪、流式管、记号笔、制冰机。
3. **试剂**　消化液、PBS、DMEM培养基、小牛血清、碘化丙锭（PI）、RNA酶A、95%乙醇。

（三）实验内容与方法

1. **实验原理**　细胞周期分为G_1期、S期、G_2期和M期，不同时相细胞内DNA含量有很大差异：G_1/G_0期具有2倍体细胞的含量（2N）；到G_2/M期，细胞已完成DNA复制，而细胞质未完成分离，变为4倍体细胞（4N）；S期是DNA复制期，DNA含量介于2N和4N之间。溴化丙啶是一种核酸染料，可结合DNA和RNA，通过RNA酶处理，去除RNA，再利用流式细胞分选仪检测细胞内的DNA含量,可以确定细胞所处的细胞周期时相,以及各相细胞所占的比例。

2. 方法和步骤

(1)取一盘处于对数期生长的HeLa细胞,弃培养基,PBS洗一遍,吸弃PBS。

(2)加1ml消化液消化细胞,将细胞转移至离心管中,300g离心5分钟,弃上清。

(3)用0.25ml预冷的PBS悬浮细胞,缓慢加入0.75ml预冷的95%乙醇,混匀。

(4)4℃或-20℃固定30分钟以上。

(5)300g离心5分钟,弃上清。

(6)加入100 μl PBS重悬细胞,加入1 μl RNA酶A,室温孵育15分钟。

(7)300g离心5分钟,弃上清。

(8)加入100 μl PBS,悬浮细胞,加1ml PI,室温,避光孵育15~30分钟。

(9)加入500 μl PBS,悬浮细胞,用300目细胞筛过滤,将细胞转移到FACs管中。

(10)在流式细胞仪上488nm激发波长检测,计算10 000个细胞。

3. 实验结果

如图所示,横坐标代表DNA含量,纵坐标代表细胞数目,第一个峰为处于G_1/G_0期细胞,第二个峰为处于G_2/M期的细胞,两个峰之间为处于S期的细胞(图25-1)。

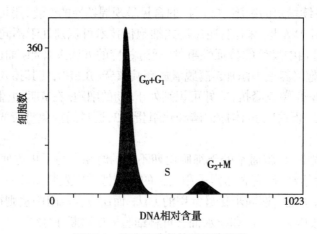

图25-1   流式细胞仪检测细胞周期

4. 注意事项

(1)95%乙醇应逐滴加入,边加边混匀,以免细胞聚集成团。

(2)加入PI后,应注意避光,以免荧光淬灭。

(四)作业与思考题

1. **作业**   标出本次实验所测样品中处于G_1期,S期和G_2/M期的细胞比例。

2. **思考题**

(1)流式细胞仪能区分G_2期和M期的细胞吗?为什么?

(2)在这个实验中,95%乙醇和PI的作用分别是什么?

(五)附录(试剂配制)

1. **PBS**   称取8.0g NaCl、0.2g KCl、1.44g Na_2HPO_4、0.24g KH_2PO_4,溶于800ml双蒸水中,调pH至7.4,定容至1L,分装,高压蒸汽灭菌,室温保存。

2. **消化液**   称取0.25g胰蛋白酶粉末、0.02g EDTA溶于100ml PBS中,用0.22 μm滤器过滤除菌,-20℃保存。

3. **PI**　15mg PI溶于1ml双蒸水中,配成15mg/ml的母液,用时按1∶100稀释。

4. **RNA酶**　10mg RNA酶A溶于1ml双蒸水中,配成10mg/ml的母液,用时1∶100稀释。

5. **95%乙醇**　95ml无水乙醇,5ml双蒸水,混匀。

二、BrdU 掺入法检测 S 期细胞

(一)实验目的和要求
掌握流BrdU掺入法检测S期细胞的原理和方法。

(二)实验用品
1. **材料**　人宫颈癌HeLa细胞株。

2. **器材**　荧光显微镜(或共聚焦显微镜)、CO_2培养箱、超净工作台、移液器、离心机、记号笔、制冰机。

3. **试剂**　消化液、PBS、DMEM培养基、小牛血清、4%多聚甲醛、0.1% Triton X-100、BrdU、鼠抗BrdU单克隆抗体、FITC标记的羊抗鼠IgG(二抗)、抗荧光衰减封片剂(antifade)、指甲油。

(三)实验内容与方法

1. **实验原理**　BrdU是一种胸腺嘧啶核苷的类似物,可掺入到细胞合成的DNA中。当细胞处于DNA合成期而同时又有BrdU存在时,就会有BrdU掺入新合成的DNA中,掺入到DNA中的BrdU可被抗BrdU单克隆抗体标记,通过间接免疫荧光呈现(图25-2/文末彩图25-2)。

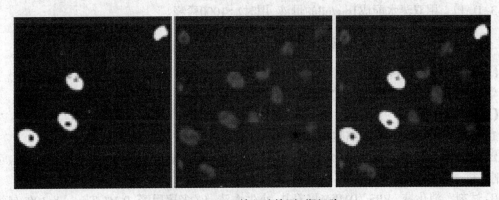

图25-2　BrdU掺入法检测S期细胞

2. **方法和步骤**

(1)接种细胞到培养皿,37℃,5% CO_2细胞培养箱培养。

(2)第2天,加BrdU(终浓度为10μM),孵育20分钟。

(3)PBS洗3次,吸弃PBS,用4%多聚甲醛固定10分钟。

(4)吸弃多聚甲醛,用PBS洗3次。

(5)加入含0.1% Triton X-100的PBS,透膜10分钟。

(6)用5% BSA封闭1小时。

(7)加100μl稀释的BrdU抗体,孵育1小时。

(8)PBS洗3次,加100μl FITC标记的二抗和DAPI(终浓度1μg/ml),孵育1小时。

(9)PBS洗3次,每次5分钟。

(10)在洁净的载玻片上滴加25μl antifade,将盖玻片有细胞的一面轻轻盖在载玻片上。

(11)室温、避光孵育1小时,用指甲油封片。

（12）避光、空气干燥30分钟，–20℃保存（最长可保存1个月）。

（13）选择合适激发波长，通过荧光显微镜或共聚焦显微镜观察。

3. 实验结果　使用荧光显微镜观察，以紫外光激发，视野下可见许多呈蓝色的细胞核。不要移动样品位置，再换以蓝光激发，可见部分呈绿色的细胞核，即为S期细胞的细胞核。绿色细胞核数目明显少于蓝色的细胞核。

4. 注意事项

（1）操作要轻柔，以免冲走细胞。

（2）选择合适的抗体稀释比例对实验的成败非常关键，浓度过低，则造成假阴性，而浓度过高，则背景过高。可参照供应商提供的说明书对抗体进行合适比例的稀释；或通过预实验，确定最佳的抗体稀释比例。

（四）作用与思考题

1. 作业　观察100个细胞，计算处于S期的细胞比例。

2. 思考题　本实验中DAPI的作用是什么？

（五）附录（试剂配制）

1. 0.1% Triton X-100　100ml PBS中加入0.1ml Triton X-100。

2. 4%多聚甲醛　称取0.4g多聚甲醛，加8ml PBS，1ml 1N的NaOH，60℃水浴溶解，冷却到室温后，用浓盐酸调pH值到7.2定容到10ml。

3. DAPI　用双蒸水配成1mg/ml的母液，用时1∶1000稀释。

三、间接免疫荧光发检测 M 期细胞

（一）实验目的和要求

学会用间接免疫荧光法标记M期细胞。

（二）实验用品

1. 材料　人宫颈癌HeLa细胞株。

2. 器材　荧光显微镜（或共聚焦显微镜）、CO_2培养箱、超净工作台、移液器、离心机、记号笔、制冰机。

3. 试剂　消化液、PBS、DMEM培养基、小牛血清、4%多聚甲醛、0.1% Triton X-100、鼠抗磷酸化H3抗体、Alexa Fluor 555标记的鼠IgG（二抗）、抗荧光衰减封片剂（antifade），指甲油。

（三）实验内容与方法

1. 实验原理　组蛋白H3是组成核小体的核心蛋白之一。当细胞周期进入M期后，组蛋白H3 N-末端的两个丝氨酸位点（Ser16和Ser28）被蛋白激酶磷酸化修饰，当细胞退出有丝分裂后，这两个丝氨酸位点被磷酸酯酶去磷酸化。因而，磷酸化组蛋白H3可作为有丝分裂的标记。通过依次与抗磷酸化组蛋白H3的抗体和荧光素偶联的二抗孵育，细胞内的磷酸化组蛋白H3被间接荧光标记，而非磷酸化的组蛋白H3不能被标记，最后通过荧光显微镜即可辨别M期细胞和间期细胞。

2. 方法和步骤

（1）弃培养基，PBS洗1遍。

（2）加1ml 4%多聚甲醛，室温固定10分钟。

（3）用0.1% Triton X-100洗3次，每次5分钟。

（4）加100μl稀释的一抗（抗磷酸化H3抗体），室温孵育2小时（一抗溶于含3%BSA的PBS中）。

（5）PBS洗3次，每次5分钟。加100μl稀释的二抗和DAPI（1μg/ml），避光，室温孵育1小时。

（6）PBS洗3次，每次5分钟。在洁净的载玻片上滴加25 μl antifade，将盖玻片有细胞的一面轻轻盖在载玻片上。

（7）室温、避光孵育1小时，用指甲油封片。

（8）避光、空气干燥30分钟，-20℃保存（最长可保存1个月）。

（9）选择合适激发波长，通过共聚焦显微镜或荧光显微镜观察。

3. **实验结果** 视野中可见少数细胞带红色荧光，即为M期细胞。可根据红色荧光的分布，分辨出前期、中期、后期和末期的细胞。

4. **注意事项** 同本实验第二部分"BrdU掺入法检测S期细胞"。

(四)作业与思考题

1. **作业** 计算实验中M期细胞所占的比例。

2. **思考题** 有哪些方法可以区分S期细胞和M期细胞？

(五)附录(试剂配制)

1. 0.1% Triton X-100 100ml PBS中加入0.1ml Triton X-100。

2. 4%多聚甲醛 称取0.4g多聚甲醛，加8ml PBS，1ml 1N的NaOH，60℃水浴溶解，冷却到室温后，用浓盐酸调pH值到7.2定容到10ml。

3. DAPI 用双蒸水配成1mg/ml的母液，用时1：1000稀释。

四、G_0 期细胞同步化

(一)实验目的和要求

掌握研究G_0期细胞同步化的原理和方法。

(二)实验用品

1. **材料** 人宫颈癌HeLa细胞株。

2. **器材** 显微镜、CO_2培养箱、超净工作台、移液器、离心机、记号笔。

3. **试剂** 消化液、PBS、DMEM培养基、小牛血清。

(三)实验内容与方法

1. **实验原理** 在体外培养细胞的过程中，需要加入5%~10%的动物血清，细胞才能正常增殖，因为血清中含有细胞增殖所需的多种生长因子。如果将细胞培养在无血清的培养基中（血清饥饿），一段时间以后，细胞则因为缺乏刺激增殖的信号而停滞在G_0期。血清饥饿的时间与细胞种类有关，通常为24~48小时。

2. **方法和步骤**

（1）接种3×10^6细胞到100mm培养皿中，放入37℃ 5% CO_2培养箱，培养16~24小时。

（2）弃培养基，用PBS洗2次，加入10ml无血清DMEM培养基，继续培养24小时，即可获得G_0期细胞。

(四)作业与思考题

1. **作业** 简述G_0期细胞同步化的原理。

2. **思考题** 诱导G_0期细胞同步化时，血清饥饿的时间是不是越长越好？为什么？

五、G_1/S 期细胞同步化

(一)实验目的和要求

1. 了解胸腺嘧啶核苷双阻断法诱导G_1/S期细胞同步化的原理。

2. 学会用胸腺嘧啶核苷双阻断法将细胞同步化到G_1/S期。

(二)实验用品

1. **材料**　人宫颈癌HeLa细胞株。

2. **器材**　显微镜、CO_2培养箱、超净工作台、移液器、离心机、记号笔、制冰机。

3. **试剂**　消化液、PBS、DMEM培养基、小牛血清、胸腺嘧啶核苷。

(三)实验内容与方法

1. **实验原理**　S期是DNA进行复制的时期,在这一时期加入一定量的DNA合成抑制剂,干扰DNA的合成,培养一段时间后,所有细胞即被阻断到S期。常用的DNA合成抑制剂有羟基脲(hydroxyurea, HU)和胸腺嘧啶核苷(TdR)。培养时间通常为G_1期+G_2期+M期时间的总和。为了得到更高纯度的S期细胞,可连续进行两次同步化,称为胸苷双阻断法(double thymidine block),去除抑制剂后,细胞周期可同步运转。

2. **方法和步骤**

(1)接种1.5×10^6细胞到100mm培养皿中,放入37℃ 5% CO_2培养箱,培养16~24小时。

(2)弃培养基,加入含2mM的胸腺嘧啶核苷的新鲜培养基,继续培养16小时。

(3)弃培养基,PBS洗2次。加入新鲜培养基,继续培养8小时。

(4)弃去培养基,加入含2mM的胸腺嘧啶核苷酸的新鲜培养基,继续培养16小时。即可获得同步化到G_1/S期的细胞。

(四)作业与思考

1. **作业**　简述G_1/S期同步化的原理,描述显微镜下S期细胞的相同特征。

2. **思考题**　两次胸腺嘧啶核苷处理之间,有一个8小时的间隔,这个时间能否延长到16小时?为什么?

(五)附录(试剂配制)

1. **胸腺嘧啶核苷**　用DMSO配成200mM母液,使用时按1:100的比例加入到培养基中。

2. **PBS**　称取8.0g NaCl、0.2g KCl、1.44g Na_2HPO_4、0.24g KH_2PO_4,溶于800ml双蒸水中,调pH至7.4,定容至1L,分装,高压蒸汽灭菌,室温保存。

3. **消化液**　称取0.25g胰蛋白酶粉末、0.02g EDTA溶于100ml PBS中,用0.22μm滤器过滤除菌,-20℃保存。

六、M期细胞同步化

(一)实验目的和要求

掌握M期同步化的方法。

(二)实验材料

1. **材料**　人宫颈癌HeLa细胞株。

2. **器材**　显微镜、CO_2培养箱、超净工作台、移液器、离心机、记号笔。

3. **试剂**　消化液、PBS、DMEM培养基、小牛血清、胸腺嘧啶核苷、nocodazole。

(三)实验内容与方法

1. **实验原理**　在体外培养过程中,加入微管解聚剂(秋水仙素、nocodazole等)抑制微管组装,可使细胞停滞在M期。由于M期细胞形态变圆,同培养皿底部黏附力减弱,轻轻震荡,即可使M期细胞悬浮到培养基中,而非M期细胞仍旧黏附在培养皿底部,收集上清。通过离心即可获得纯化的M期细胞。这种方法称为有丝分裂震荡(mitotic shake-off)。为了获得更高的M期同步化效率,可先用胸腺嘧啶核苷将细胞同步化到G_1/S期,去除胸腺嘧啶核苷后再用微管解聚剂阻断。

2. 方法和步骤

(1)接种2×10^6细胞到100mm培养皿中,放入37℃,5% CO_2培养箱,培养24小时。

(2)弃培养基,加入含2mM的胸腺嘧啶核苷酸的新鲜培养基,继续培养16小时。

(3)弃培养基,PBS洗2次。加入新鲜培养基,继续培养5小时。

(4)加入终浓度为100ng/ml的nocodazole,继续培养12小时。

(5)轻拍培养皿,使得M期细胞脱离皿底,将培养上清转移到15ml离心管中。

(6)1000rpm离心5分钟,弃上清,沉淀即为同步化到M期的细胞。

(四)作业与思考题

1. **作业** 在光学显微镜观察M期细胞,描述其形态特征。

2. **思考题** 为什么要进行细胞周期同步化?

(五)附录(试剂配制)

1. nocodazole 用DMSO配成100μg/ml的母液,使用时按1:1000的比例加入到培养基中。

2. **胸腺嘧啶核苷** 用DMSO配成200mM母液,使用时按1:100的比例加入到培养基中。

(闫小毅)

实验二十六　细　胞　分　裂

细胞分裂是个体生长和物种延续的基础。自然界中细胞分裂主要有三种方式,分别是无丝分裂(amitosis)、有丝分裂(mitosis)和减数分裂(meiosis)。无丝分裂是低等生物增殖的主要方式,其过程比较简单,因为在分裂过程中没有出现纺锤丝和染色体的变化,故被称为无丝分裂。有丝分裂是高等生物细胞增殖的主要方式,有丝分裂过程中,染色体复制一次,细胞分裂为两个子细胞,每个子细胞含有与亲代细胞遗传物质完全相同的染色体。减数分裂是有性生殖的生物产生配子的一种特殊的细胞分裂方式。在减数分裂过程中,染色体复制一次,细胞连续分裂两次,形成的配子细胞内染色体数目为体细胞的一半,称作单倍体。经过雌雄配子的结合(受精),形成与体细胞染色体数目相同的受精卵,延续了物种的稳定性。同时,在减数分裂过程中,有可能在配对过程中发生非姐妹染色体之间的交换,从而产生种内遗传多样性。

一、观察草履虫无丝分裂

(一)实验目的和要求
了解无丝分裂的过程。

(二)实验用品
1. **材料**　草履虫横分裂正体装片。
2. **器材**　显微镜、擦镜纸、二甲苯。

(三)实验内容与方法
1. **原理**　无丝分裂是低等生物增殖的主要方式,在高等生物中也普遍存在。草履虫是低等单细胞生物,以无丝分裂的方式进行增殖。

2. **方法步骤**　将草履虫横分裂正体装片置于显微镜下,先在低倍镜下找到分裂细胞,换高倍镜观察。

3. **结果**　草履虫细胞核伸长成哑铃状,同时细胞在核拉长的部位出现横缢。观察多个处于分裂期的细胞,可以发现有些细胞刚刚开始分裂,有些细胞已经完成分裂,形成两个子细胞。

二、高等生物有丝分裂观察

(一)实验目的和要求
掌握动、植物细胞有丝分裂的基本过程、各期的形态特征。

(二)实验用品
1. **材料**　洋葱根尖细胞纵切片、马蛔虫子宫横切片。
2. **器材**　显微镜、擦镜纸、二甲苯。

(三)实验内容与方法
1. **实验原理**　有丝分裂是高等生物体细胞增殖的主要方式。在分裂过程中,细胞内出现了一系列复杂丝状结构(染色体、纺锤体),故称为有丝分裂。洋葱根尖生长区是细胞增殖旺盛的区域,常用来观察植物有丝分裂,马蛔虫子宫内有大量受精卵细胞,处于分裂的不同时期,常用来观察动物有丝分裂过程。动植物材料经固定、染色、压片,可以制成有丝分裂切片,通过显微镜可以找到大量处于有丝分裂期的细胞。根据细胞形态特征,可以辨别处于有丝分裂不同时相的细胞。

2. 方法和步骤

(1)洋葱根尖细胞有丝分裂观察:取洋葱根尖切片,先在低倍镜下观察。洋葱根尖由尖端向上可分为根冠区、生长区、延长区和根毛区等四个区域(图26-1)。找到生长区,此区域细胞较小,近似正方形,排列紧密,染色较深,除可见到间期细胞外,还有大量处于有丝分裂各个时期的细胞,将它们置于视野中央,换高倍镜进行观察。在显微镜下可观察到不同时期的细胞形态特征如下(图26-2):

前期:核膨大,核内染色质丝螺旋化,逐渐变短变粗形成染色体,同时,核仁核膜消失。

中期:染色体开始向赤道面移动,最后排在赤道面。形成赤道板,所谓排列在赤道面,并不是所有染色体都平铺在一个平面,而是每一染色体的着丝粒基本上排列在一个平面上,至于染色体的两臂则仍可上下、左右地分布在细胞的空间内,细胞两极出现,纺锤体丝连接染色体的着丝粒(切片中纺锤丝呈现不十分清晰)。

后期:每条染色体着丝粒纵裂为二,成为两条染色单体(光镜不易分辨),分别被纺锤体纤维拉向两极。

末期:两组子染色体到达细胞两极,染色体解螺旋,伸长变细又成为染色质,核仁、核膜重新出现,纺锤体纤维渐渐消失,细胞中央出现细胞板,细胞板继续向细胞两边伸长,最后发展成为新的细胞壁,把细胞质完全分隔成为两个新(子)细胞,新细胞又进入到间期状态。间期细胞的特点呈圆球形,染色较深,细胞核、细胞质及细胞壁均清楚可辨别。核内可见一个或数个核仁。

(2)马蛔虫子宫细胞有丝分裂观察:取马蛔虫子宫横切片,先在低倍镜下观察。可见子宫内有很多圆形的受精卵。每一受精卵外围均有一层较厚的卵膜,卵膜与卵细胞之间的空隙为围卵腔,由于制片过程中脱水、固定等原因,使细胞质收缩,因此围卵腔就显得特别大。马蛔虫体细胞2n=4,用高倍镜观察各受精卵处于分裂的各个不同时期。马蛔虫有丝分裂各时期特征如下(图26-3):

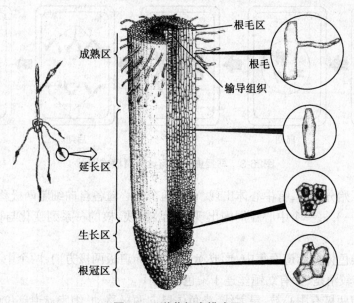

图26-1 洋葱根尖模式图

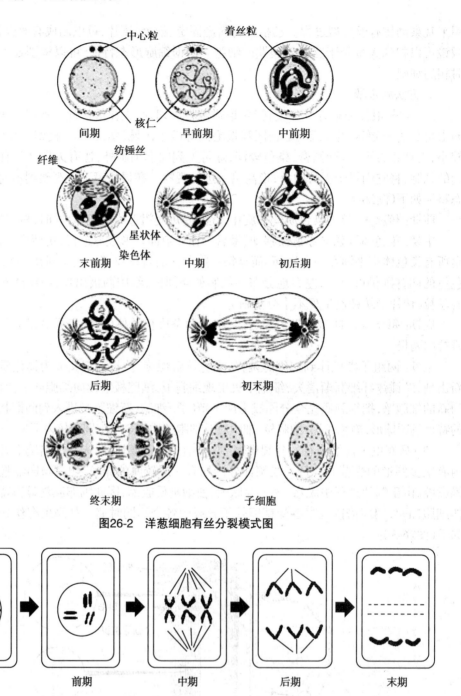

图26-2   洋葱细胞有丝分裂模式图

图26-3   马蛔虫细胞有丝分裂模式图

前期:细胞开始分裂时,有中心体出现,它的两个中心粒各自向细胞两极移动(这是动物有丝开裂的特点之一),每一个中心粒周围出现丝状放射线,核的一系列变化与植物细胞有丝分裂相同。

中期:全部染色体向赤道面集中,形成赤道板,在赤道板两极方向,两个中心粒及星射线明显可见,染色体亦较清楚,并有纺锤丝连于染色体。

后期:除细胞两极有中心粒,星射线,染色体已向两极移动,细胞赤道部位已开始出现细胞膜的横缢。

末期:细胞赤道部位细胞膜横缢逐渐加深,最后将细胞分裂成为两个子细胞(这一特征不同于植物细胞有丝分裂)。

(四)作业与思考题

1. 作业

(1)绘图表示洋葱根尖细胞有丝分裂的不同时期。

(2)绘图表示马蛔虫有丝分裂过程。

2. 思考题

(1)动物细胞和植物细胞有丝分裂过程有何异同?

(2)无丝分裂与有丝分裂有哪些主要区别?

三、观察植物细胞减数分裂过程

(一)实验目的和要求

1. 了解减数分裂的基本过程和各时期的主要特点。

2. 掌握减数分裂标本的制备方法。

(二)实验用品

1. **材料**　大葱花序。

2. **器材**　显微镜、解剖针、眼科镊子、载玻片、盖玻片、吸水纸。

3. **试剂**　carnoy固定液、改良苯酚品红溶液。

(三)实验内容与方法

1. **原理**　减数分裂是有性生殖的生物在形成配子过程中所进行的一种特殊形式的细胞分裂。其特点是染色体只复制一次,而细胞连续进行两次分裂,最终产生4个配子,每个配子染色体数目仅为体细胞的一半,称为单倍体(haploid)细胞。同有丝分裂相比,减数分裂第一次分裂的前期很长,划分为细线期、偶线期、粗线期、双线期和终变期5个时期。

大葱为石蒜科、葱属,多年生草本植物。大葱花序呈伞形,外有总苞,内有多朵小花。在一个花序上,各小花从上往下逐渐发育成熟,每朵花具有花被6片,雄蕊6个,每个雄蕊由花药和花丝组成,每个花药由2个花粉囊构成,花粉囊由囊壁细胞、绒毡层细胞及处在减数分裂过程中的花粉母细胞组成。体细胞染色体数目2n=16。

2. **方法和步骤**

(1)取经carnoy液固定的花序(花序伞形为散开),用眼科镊子从花序的上、中、下层各取1~2朵小花,置于载玻片上,用解剖针剥去花被,取出花药。

(2)加1~2滴改良苯酚品红溶液。

(3)用眼科镊子夹破花粉囊壁,使囊内细胞散开,除去肉眼可见的组织,染色10~20分钟。

(4)加盖玻片,用吸水纸吸去多余染液。

(5)将载玻片置于显微镜载物台上,先用低倍镜找到花粉母细胞,再换高倍镜仔细观察。

3. **实验结果**　在显微镜下可看到三类细胞,即囊壁细胞、绒毡层细胞和花粉母细胞。囊壁细胞体积小、长方形或方形、核小,核内染色深;绒毡层细胞体积大、核大染色深;花粉母细胞呈圆形,具明显的细胞壁,细胞内染色体随不同的发育时期而变化(图26-4)。

(1)第一次分裂: 分为前期、中期、后期和末期,分称为前期Ⅰ、中期Ⅰ、后期Ⅰ和末期Ⅰ。

1)前期Ⅰ:又可分为细线期(leptotene)、偶线期、粗线期(zygotene)和浓缩期5个时期。

细线期: 染色体呈细丝状。

偶线期: 染色体比细线期稍粗,同源染色体开始配对。

粗线期: 染色体变短、变粗。同源染色体完成配对。配对的染色体称为二价体(bivalent),又称为四分体。

双线期: 同源染色体开始分开,但两个同源染色体间仍有部分相互连接,形成交叉。染色体继续变粗、变短。

浓缩期: 又称终变期。8对同源染色体分散于细胞质中,四分体清晰可辨。

2)中期Ⅰ: 同源染色体排列在赤道面上。

3)后期Ⅰ: 同源染色体分别向两极移动。

4)末期Ⅰ: 染色体到达两极后,解螺旋成染色质,接着进行胞质分裂产生2个子细胞,称为次级精母细胞。

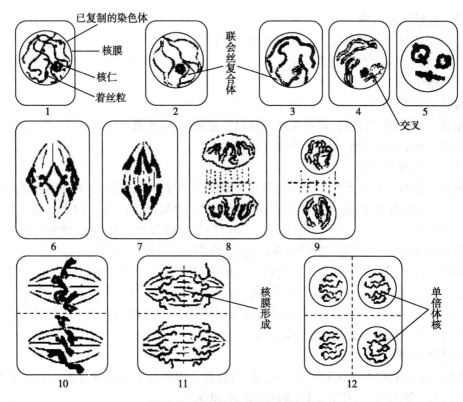

图26-4　植物细胞减数分裂模式图

1. 细线期; 2. 偶线期; 3. 粗线期; 4. 双线期; 5. 终变期; 6. 中期Ⅰ;
7. 后期Ⅰ; 8. 末期Ⅰ; 9. 前期Ⅱ; 10. 中期Ⅱ; 11. 后期Ⅱ; 12. 末期Ⅱ。

(2)第二次分裂:可分为前期Ⅱ、中期Ⅱ、后期Ⅱ和末期Ⅱ4个时期,各时期特征如下:

前期Ⅱ: 核膜消失,每个子细胞含有8个二分体。

中期Ⅱ: 染色体排列在赤道板。

后期Ⅱ: 各二分体在着丝粒处纵裂,形成2个染色单体。

末期Ⅱ: 各染色单体移向两极,分别形成两个子细胞。

4. 注意事项

（1）选未开的花序取材，选上、中、下不同部位的花朵。

（2）镜检时找有明显细胞壁、圆形细胞，观察各时期分裂象。

（四）作业与思考题

1. 作业　绘制大葱花粉母细胞减数分裂图并描述各期特点。

2. 思考题

（1）有丝分裂和减数分裂的有哪些异同点？

（2）染色体数目改变发生在减数分裂哪个时期？

（五）附录（试剂配制）

1. carnoy固定液　甲醇和冰醋酸以3∶1的比例混合。

2. 改良苯酚品红溶液　先配3种原液：

原液A：取3g碱性品红溶于100ml的70%乙醇中（可长期保存）。

原液B：取10ml原液A，加入90ml的5%苯酚水溶液（2周内使用）。

原液C：取45ml原液B，加6ml冰乙酸和6ml 37%的甲醛（可长期保存）。

染色液：取10~20ml原液C，加80~90ml 45%的乙酸，再加1.5g山梨醇，2周以后使用。

（闫小毅）

实验二十七 蛋白质相互作用

每个细胞中都有成千上万种蛋白质,每种蛋白质并不是孤立存在的,它们之间存在复杂的相互作用,以维持细胞正常的功能。可以通过不同的实验技术来研究两种蛋白质是否存在相互作用,常用的方法包括免疫共沉淀(co-immunoprecipitation, Co-IP)、Pull-down、噬菌体展示技术、酵母双杂交、荧光共振能量转移(fluorescence resonance energy transfer, FRET)以及质谱分析等。免疫共沉淀常常被用来检测两种蛋白在生理条件下的相互作用,pull-down实验则用来检测纯化的蛋白质与其他蛋白质之间的直接相互作用。

一、免疫共沉淀研究蛋白质之间的相互作用

(一)实验目的和要求

熟悉免疫共沉淀的实验原理,掌握基本的实验方法。

(二)实验用品

1. **材料** HeLa细胞。

2. **器材** CO_2培养箱、超净工作台、低温离心机、电泳设备、摇床、枪头、移液器、细胞刮、硝酸纤维素膜、滤纸、制冰机。

3. **试剂** 消化液、PBS、DMEM培养基、小牛血清、RIPA裂解液、protein A beads、×2上样缓冲液、蛋白酶抑制剂。

(三)实验内容与方法

1. **实验原理** 免疫共沉淀是以抗体和抗原之间的专一性作用为基础的用于研究蛋白质相互作用的经典方法,也是确定两种蛋白质在细胞内生理性相互作用的有效方法。其原理是:当细胞在非变性条件下被裂解时,细胞内存在的许多蛋白质-蛋白质间的相互作用被保留了下来。如果用蛋白质X的抗体免疫沉淀X,那么与X在体内结合的蛋白质Y也能沉淀下来。目前多用protein A或protein G预先结合固化在琼脂糖磁珠(agarose beads)上,使之与含有抗原-抗体复合物的细胞裂解液孵育,磁珠上的prorein A/G就能吸附抗原以及其相互作用蛋白。这种方法常用于测定两种目标蛋白质是否在体内结合;也可用于确定一种特定蛋白质的新的作用搭档。

免疫共沉淀是研究蛋白间相互作用常用的方法,具体以下优点:①相互作用的蛋白质都是经翻译后修饰的,处于天然状态;②蛋白的相互作用是在自然状态下进行的,可以避免人为的影响;③可以分离得到天然状态的相互作用蛋白复合物。其缺点为:①可能检测不到低亲和力和瞬间的蛋白质-蛋白质相互作用;②不能推断两个蛋白质之间是否是直接相互作用;③不能提供亲和力大小和化学当量的关系。本实验用中心体蛋白FOR20抗体进行免疫共沉淀,验证FOR20与蛋白激酶PLK1的相互作用。

2. **方法和步骤**

(1)接种细胞到2个150mm的细胞培养皿中,5×10^6细胞/皿,放入37℃,5% CO_2培养箱,培养16~24小时。

(2)PBS洗2次,弃去PBS,加入预冷的RIPA buffer(10^7个细胞/ml),冰上裂解15分钟。用细

胞刮将细胞从培养皿底刮下,将裂解液转移1.5ml离心管中。

（3）4℃,12 000g离心15分钟,立即将上清液转移到一个新的离心管中。

（4）取少量裂解液以备Western blot分析,将剩余裂解液平均分为两份,分别加1μg FOR20抗体或对照IgG,4℃缓慢摇晃,孵育2~4小时。

（5）取20μl protein A琼脂糖磁珠,用适量裂解缓冲液洗涤3次,每次3000g离心1分钟。

（6）将预处理过的20μl protein A琼脂糖磁珠加入到抗体/细胞裂解液中4℃缓慢摇晃孵育2~4小时,使抗体与protein A琼脂糖磁珠偶联。

（7）4℃,3000g离心1分钟,将琼脂糖磁珠离心至管底,小心吸弃上清。

（8）加入1ml裂解缓冲液悬浮琼脂糖磁珠,4℃,3000g离心1分钟,小心吸弃上清。重复洗涤3次,最后一次离心后,弃上清,留约30μl上清液。

（9）加入等体积(30μl)×2上样缓冲液将琼脂糖珠-抗原抗体复合物悬起,轻轻混匀。

（10）将离心管置于沸水中水浴5分钟,使蛋白变性。样品于-20℃保存备用。

（11）通过免疫印迹法检测PLK1和FOR20(免疫印迹法见本书相关章节)。

3. 实验结果　首先检测细胞裂解液中是否有PLK1和FOR20,缺少其中任何一个,则蛋白相互作用无从谈起。在裂解液中存在PLK1和FOR20情况下,若 FOR20抗体沉淀物里能够检测到PLK1,而对照IgG沉淀物里不能检测到PLK1,则说明FOR20和PLK1存在生理条件下的相互作用。

(四)作业与思考题

1. 作业　简述免疫共沉淀的作用原理和基本步骤。

2. 思考题　如果免疫共沉淀未检测到目的蛋白,可能的原因有哪些?

(五)附录(试剂配制)

1. RIPA裂解液　20mM Tris-Cl(pH 8.0),200mM NaCl,1mM EDTA(pH 8.0),0.5% Nonidet P-40,使用前加入蛋白酶抑制剂。

2.×2上样缓冲液　40mM Tris-HCl(pH 6.8),200mM二硫苏糖醇,4%(m/V)SDS,0.2%溴酚蓝,20%甘油。

二、GST pull-down 检测蛋白相互作用

(一)实验目的和要求

熟悉GST pull-down的实验原理,掌握实验方法。

(二)实验用品

1. 材料　HeLa细胞。

2. 器材　CO_2培养箱、超净工作台、低温离心机、电泳仪、电泳槽、摇床、枪头、移液器、细胞刮、NC膜、滤纸。

3. 试剂　消化液、PBS、DMEM培养基、小牛血清、RIPA裂解液、×2上样缓冲液、蛋白酶抑制剂、谷胱甘肽琼脂糖磁珠(GST-beads)、还原型谷胱甘肽、GST蛋白、GST-FOR20融合蛋白。

(三)实验内容与方法

1. 实验原理　GST pull-down技术是体外进行蛋白质相互作用的常用方法。GST pull-down技术利用谷胱甘肽-S转移酶(glutathione S-transferase, GST)与谷胱甘肽(GSH)有很强亲和力的特性,将细胞裂解液、纯化的GST融合蛋白与偶联谷胱甘肽的琼脂糖磁珠共孵育,从而使GST融合蛋白及其相互作用蛋白连接到琼脂糖磁珠上,经过离心和洗涤,去除未结合的蛋白质,用

过量游离的谷胱甘肽将GST融合蛋白及其相互作用蛋白从磁珠上洗脱下来。最后经SDS-PAGE和免疫印迹对洗脱下来的蛋白质进行分析,以验证两个蛋白质之间的相互作用。GST蛋白和GST融合蛋白通常在细菌或昆虫细胞中表达和纯化。本实验通过GST pull-down技术,验证中心体FOR20与PLK1蛋白激酶的体外相互作用。

2. 方法和步骤

（1）接种细胞到2个150mm的细胞培养皿中,5×10^6细胞/皿,放入37℃,5% CO2培养箱。

（2）待细胞约80%汇集时,弃培养基,用PBS洗2次,弃去PBS,加入预冷的RIPA裂解液(10^7个细胞/1ml),置冰上裂解15分钟。用细胞刮将细胞刮下,将裂解液转移到1.5ml离心管中。

（3）4℃,12 000g离心15分钟,立即将上清等量转移到两个新的离心管中。

（4）在其中一个离心管中加入6 μg的GST蛋白,另一管中加入10 μg的GST-FOR20融合蛋白（两个反应中加入的GST和GST-FOR20的摩尔量相同）。每管分别加入50 μl GST-beads,将离心管在4℃摇荡孵育4小时（可延长至过夜）。

（5）4℃,5000g,离心1分钟,弃上清。

（6）加入1ml冰冷的裂解液洗涤磁珠,离心,弃上清,重复洗涤4次,弃上清。

（7）加入50 μl 20mM的还原型谷胱甘肽到磁珠中,洗脱GST或GST融合蛋白和与其结合的蛋白质。

（8）4℃,5000g,离心1分钟,取上清液（含洗脱的蛋白质）与1/4体积×5 SDS-PAGE上样缓冲液混合。

（9）将样品煮沸10分钟,通过SDS聚丙烯酰凝胶电泳和免疫印迹法,检测目标蛋白（SDS聚丙烯酰凝胶电泳和免疫印迹法见本书其他章节）。

3. 实验结果　如果用GST-FOR20 pull-down检测到PLK1,而用GST pull-down不能检测到PLK1,表明FOR20与PLK1之间存在特异性的相互作用。

（四）作业与思考题

1. 作业　分析GST pull-down的实验结果,实验是否成功,如不成功,分析可能的原因。

2. 思考题

（1）比较免疫共沉淀和GST pull-down在研究蛋白相互作用时的异同。

（2）GST pull-down在研究蛋白质相互作用时,如何排除假阳性（非特异性条带）的结果?

（五）附录（试剂配制）

1. RIPA裂解液　20mM Tris-Cl(pH 8.0),150mM NaCl,1mM EDTA,1% Nonidet P-40,0.25脱氧胆酸钠,使用前加入蛋白酶抑制剂。

2. ×5 SDS-PAGE加样缓冲液　100mM Tris-HCl(pH 6.8),500mM二硫苏糖醇,10%(m/V) SDS,0.5%溴酚蓝,50%甘油。

3. 20mM还原型谷胱甘肽　取61.4mg还原型谷胱甘肽溶于10ml 50mM Tris-HCl(pH 9.5)中。

（李　敏　闫小毅）

实验二十八　RNA 干扰

　　RNA干扰（RNA interference，RNAi）是指由双链RNA介导序列特异的基因沉默现象，它作用于转录后水平，诱导特定的mRNA降解，从而抑制靶基因的表达。RNA干扰是一种古老的防御机制，具有抗病毒的作用，广泛存在于各种真核生物中，但直到上世纪末才被人们所了解。目前，RNA干扰的基本机制已经明确，即外源性或内源性双链RNA在细胞内被一种具有RNA酶活性的内切酶Dicer切割，产生21~23nt带有3'尾巴的小干扰RNA（small interference RNA，siRNA），随后siRNA与DNA内切酶、外切酶、解旋酶以及其他一些蛋白组装成RNA诱导的沉默复合体（RNA-induced silencing complex，RISC），siRNA按照碱基互补原则结合到靶基因转录出的mRNA并引导RISC结合到mRNA上，随后，在解旋酶作用下，mRNA与siRNA的正义链交换，最终mRNA被核酶降解，从而在转录后水平抑制了靶基因的表达。

　　在RNA干扰过程中，siRNA作为起始诱导物。在实际应用中，主要通过两种方式产生siRNA，即体外合成法和体内合成法。体外合成法主要有化学合成法、体外转录法和酶消化法，目前最常用的是化学合成法。体内siRNA合成法依赖体内的转录系统，其思路是将siRNA对应的DNA双链序列克隆入载体内位于RNA聚合酶Ⅲ的启动子后，这样就能在体内表达所需的siRNA分子。目前，RNA干扰作为一种基因沉默的常规工具，广泛用于基因功能的研究。近年来，RNA干扰越来越多的用于各种疾病治疗的临床研究和应用，如用于治疗肿瘤、神经性疾病以及艾滋病等多种疾病。

一、化学合成 siRNA 介导靶向 PLK1 基因的 RNA 干扰

（一）实验目的和要求

1. 了解RNA干扰的原理

2. 掌握化学合成siRNA介导的RNA干扰的方法。

（二）实验用品

1. **材料**　HeLa细胞

2. **器材**　移液器、枪头、超净工作台、细胞培养箱、细胞培养皿、Eppendorf管。

3. **试剂**　细胞培养基、小牛血清、PBS、消化液、lipofectamine 2000转染试剂、PLK1-siRNA、阴性对照siRNA。人PLK1 siRNA序列: 5'-CGAGCUGCUUAAUGACGAGTT-3'，阴性对照siRNA序列: 5'-UUCUCCGAACGUGUCACGUTT-3'。

（三）实验内容与方法

1. **实验原理**　RNA干扰已从一种自然反应发展到一种强有力的研究基因功能的工具。21nt的siRNA作为RNA干扰的触发者，可以通过体外化学合成得到，通过转染，可以将其导入细胞内。siRNA与其他蛋白形成沉默复合体，最终将靶基因mRNA降解。其优点是: 操作简单，siRNA转染效率高，发挥作用快。缺点是: RNA易被RNA酶降解，操作中要时刻避免RNA酶污染。

　　选择合适的靶序列对RNA干扰的成败至关重要，RNA干扰靶序列通常遵循以下原则: ①RNA干扰靶序列的长度一般为21nt左右; ②靶序列中G/C含量在30%~60%之间; ③序列第

15~19位至少含有3个A/U；④第10为最好为U；⑤第13位非G；⑥第19位为A或U；⑦与同物种其他基因序列无高度同源性。为了客观地判断RNA干扰的效果，实验时必须设置阴性对照，通常的做法是把siRNA序列顺序打乱，重新排列，作为阴性对照；也可以选择不和任何基因匹配的无关序列作为对照。

2. 方法与步骤

（1）在两个60mm培养皿中各接种（0.5~1）×10⁶细胞，置于CO₂培养箱中培养。

（2）第2天，在一个1.5ml的离心管中加入250μl无血清的培养液，加入5μl 20μM siRNA，混合均匀，静置5分钟。在另一个1.5ml的离心管中加入250μl无血清的培养液，加入5μl lipofectamine 2000转染试剂，混合均匀，静置5分钟。以同样的方法配制RNA干扰对照组。

（3）将siRNA/无血清培养基加到lipofectamine/无血清培养基中，上下颠倒将其混匀，短暂离心，静置20分钟。

（4）从培养箱中取出细胞，吸去培养液，加入2ml无血清培养液，缓慢加入siRNA/lipofectamine 2000混合物，晃动培养皿，使其均匀分布。

（5）放回培养箱中培养4~6小时，更换含血清的完全培养基。

（6）放回培养箱中培养48~72小时。

（7）收集细胞，提取RNA或蛋白质，通过RT-PCR检测靶基因mRNA水平，或通过免疫印迹法检测靶基因蛋白水平，以验证RNA干扰效率（RT-PCR和免疫印迹法见本书相关章节）。

3. 实验结果　同对照组相比，如靶基因mRNA水平或蛋白水平明显降低，则表明RNA干扰有效果，否则，则表明RNA干扰无效果。

4. 注意事项

（1）RNA易降解，实验中所用的离心管、Tip均需用DEPC水处理。

（2）为尽可能避免脱靶效应（off-target），应选择合适的siRNA靶序列，通过BLAST，选择不与其他基因高度同源的序列。

（3）siRNA的终浓度一般为1~50nM，可通过预实验确定最佳浓度。

(四)作业与思考题

1. **作业**　简述RNA干扰的原理。

2. **思考题**　如何避免RNA干扰脱靶效应？

(五)附录(试剂配制)

1. 0.1%DEPC水　1000ml双蒸水中加入1ml DEPC，充分搅拌，静置过夜后，高压蒸汽灭菌。

2. 20μM siRNA　用DEPC水配制。

二、慢病毒载体介导的靶向 *NudC* 基因的 RNA 干扰

(一)实验目的和要求

掌握慢病毒载体介导RNA干扰的原理和方法。

(二)实验用品

1. **材料**　HeLa细胞、293T细胞。

2. **器材**　移液器、枪头、超净工作台、细胞培养箱、细胞培养皿、Eppendorf管、0.22μm滤器。

3. **试剂**　DMEM培养基、Opti-MEM培养基、小牛血清、PBS、消化液、PolyJet转染试剂、慢病毒载体系统（LV3-siNudC、pVSVG、pDelta 8.91）。人NudC siRNA靶序列为：5'-AACACCTTCTTCAGCTTCCTT-3'，阴性对照siRNA序列为：5'-TTCTCCGAACGTGTCACGTTT-3'。

（三）实验内容与方法

1. **实验原理** 慢病毒载体可以将外源的siRNA有效地整合到宿主染色体上,从而达到持久性表达目的序列的效果。其基本思路是:将siRNA对应的靶序列设计成回文结构,中间用9个不配对的碱基形成发夹结构,后面连接5个胸腺嘧啶,将靶序列克隆入病毒载体内,位于RNA聚合酶Ⅲ的启动子后,病毒经过扩增后感染细胞,就能在细胞内表达所需的siRNA,由于回文结构后面加了5个连续的胸腺嘧啶,RNA聚合酶Ⅲ转录到这个位置时就会终止,转录出的RNA形成发夹样结构后会在3'端形成2个突出的尿嘧啶,这类RNA也成为短的发夹RNA（short hairpin RNA,shRNA）,类似于天然的siRNA,从而诱发RNA干扰,达到沉默靶基因的目的。

目前常用的慢病毒载体系统为3质粒或4质粒系统。本实验采用3质粒系统,其中PLV-3为核心质粒,带有病毒包装、逆转录和整合所需的顺式作用元件以及药物筛选基因（puromycin）,pVSVG和pDelta 8.91为包装质粒,编码病毒包装的所需的包膜蛋白。shRNA序列被克隆到PLV-3质粒上。

慢病毒载体介导RNA干扰的优点是:慢病毒载体感染能力强,可用于感染依靠传统转染试剂难于转染的细胞系,如原代细胞、干细胞、不分化的细胞等,并且病毒载体可以整合到染色体上,因而可以持续表达相应的siRNA;同时,病毒载体上通常带有筛选基因,可以通过相应的药物筛选,去除未转染的细胞。其缺点是,操作较烦琐,实验周期长,除了构建病毒载体,还要病毒载体包装和纯化,滴度测试,以及感染靶细胞等步骤;此外,病毒载体具有潜在的安全隐患,有关病毒的操作需在生物安全柜中进行,对实验设备和操作都有严格的要求。

2. **方法与步骤**

（1）在100mm培养皿中接种5×10^6 293T细胞,置于细胞培养箱中培养。

（2）第2天,转染293T细胞。转染前0.5~1小时,弃培养基,加入5ml含10%血清的新鲜培养基。

（3）在一个1.5ml离心管中加入500 μl无血清DMEM培养基和8 μg LV3-siNudC、4 μg pVSVG和6 μg pDelta 8.91质粒。在另一个离心管中加入500 μl无血清DMEM培养基和54 μl PolyJet,盖紧离心管盖,上下翻转数次混匀,静置5分钟。以同样的方法配制RNA干扰阴性对照。

（4）将步骤（3）中质粒混合物加到PolyJet中,上下翻转数次混匀,短暂离心,室温静置15~20分钟。

（5）将DNA/PolyJet混合物加入到细胞培养皿中。

（6）转染48小时后,收获含病毒的上清,4000rpm离心10分钟,将病毒上清液转移到新的离心管,用0.22 μm滤膜过滤,分装,−70℃保存备用(如短期内使用,可保存于4℃,避免反复冻融)。

（7）在6孔板中接种HeLa细胞,每孔5×10^5细胞。

（8）第2天,吸弃培养基,加1ml新鲜培养基和0.5ml病毒上清液。置于细胞培养箱中培养24小时。

（9）吸弃上清,加入新鲜培养基,继续培养3~5天。

（10）收集细胞,提取RNA或蛋白质,通过RT-PCR检测靶基因mRNA水平,或通过免疫印记法检测靶基因蛋白水平,以验证RNA干扰效率（RT-PCR和免疫印迹法见本书相关章节）。

3. **结果** 同对照组相比,如靶基因mRNA水平或蛋白水平明显降低,则表明RNA干扰有效果,否则,则表明RNA干扰效果不佳。

4. **注意事项**

（1）可根据病毒滴度调整步骤（7）中病毒上清液的加入量。

（2）所有病毒实验应在生物安全柜中进行。

(四)作业与思考题

1. **作业**   简述慢病毒载体介导的RNA干扰的原理和基本步骤。

2. **思考题**   比较化学合成siRNA和慢病毒介导的体内合成siRNA在RNA干扰方面的优缺点。

（闫小毅）

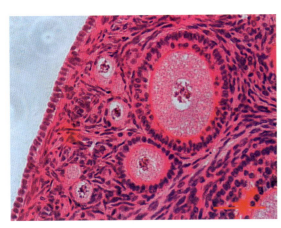

图1-1　兔卵巢部分结构示意图

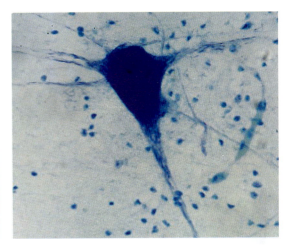

图1-2　猪神经细胞图

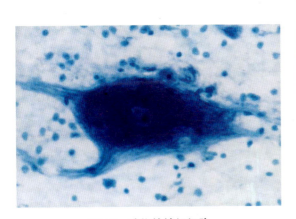

图5-2　动物的神经细胞

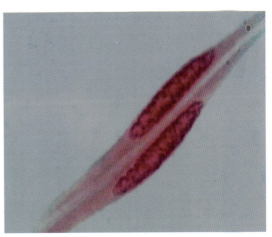

图5-3　动物的平滑肌细胞

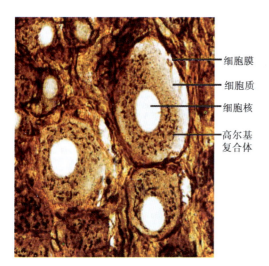

细胞膜
细胞质
细胞核
高尔基
复合体

图7-1   兔脊神经节细胞(示高尔基复合体)

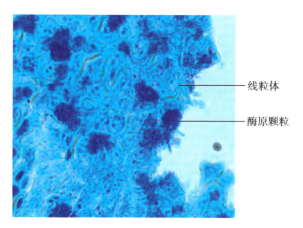

线粒体
酶原颗粒

图7-2   大白鼠胰腺细胞劳弗氏快蓝染色(示线粒体)

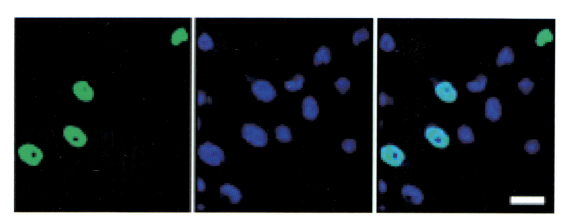

图25-2   BrdU掺入法检测S期细胞